무엇이 성과를 만드는가

지은이 에두아르도 브리세뇨 Eduardo Briceño

글로벌 기조연설가이자 학습 문화와 높은 성과를 위한 프로그램 개발자. 펜실베이니아대학교에서 경제학, 공학 학사 학위를, 스탠퍼드대학교에서 경영학, 교육학 석사 학위를 취득했다. 스탠퍼드 재학 시절, MBA 과정을 밟으면서 마인드셋 연구 최고 권위자인 캐럴 드웩에게서 받은 가르침을 토대로 구글, 마이크로소프트 등 세계 유수의 기업에서 성장 마인드셋 문화를 조성하는 데 큰 기여를 하고 있다. 커리어 초반, 세계에서 가장 오래된 대형 벤처 캐피탈 회사 중 하나인 스프라우트그룹의 최연소 투자 전문가로 활동하면서 성과에 대한 압박 때문에 만성 성과 증후군에 갇힌 스스로를 발견하고는, 기존의 사고방식과 삶에 변화를 주고자 스탠퍼드 MBA 과정에 지원했다. 그곳에서 자신의 인생을 바꾼 한 사람인 캐럴 드웩을 만났고, 고정 마인드셋에서 벗어나 '성장 마인드셋'을 갖추는 것이야말로 삶과 커리어에서 더 많은 성취를 할 수 있는 방법이라는 것을 깨달았다. 졸업 후에는 성장 마인드셋 개발 서비스를 제공하는 최초의 민간 기업 마인드셋웍스를 캐럴 드웩과 공동 설립했으며, CEO로 재임했다. 그의 TED 강연 〈How to Get Better at the Things You Care About〉과 〈The Power of Belief〉는 1000만 회가 넘는 조회수를 기록하며, 성장 마인드셋을 통해 사람들의 삶을 뒤바꾸는 데 일조하고 있다.

briceno.com/newsletter
linkedin.com/in/Eduardo-Briceno
@ebriceno8

구글, MS, 스탠퍼드가
증명한 성과의 과학

에두아르도 브리세뇨 지음 | 이영래 옮김

무엇이 성과를
만드는가

THE PERFORMANCE
PARADOX

부·키

옮긴이 이영래

이화여자대학교 법학과를 졸업했다. 현재 가족과 함께 캐나다에 살면서 번역에이전시 엔터스코리아에서 출판 기획 및 전문 번역가로 활동하고 있다. 옮긴 책으로는 《인생의 의미》《파타고니아 인사이드》《운동의 뇌과학》《부의 추월차선 위대한 탈출》《빌 게이츠 넥스트 팬데믹을 대비하는 법》《제프 베조스, 발명과 방황》《항상 이기는 조직》《사업을 한다는 것》 등 다수가 있다.

무엇이 성과를 만드는가

초판 1쇄 발행 2025년 1월 24일

지은이 에두아르도 브리세뇨
옮긴이 이영래
발행인 박윤우
편집 김송은 김유진 박영서 백은영 성한경 장미숙
마케팅 박서연 정미진 정시원 함석영
디자인 박아형 이세연
경영지원 이지영 주진호
발행처 부키(주)
출판신고 2012년 9월 27일
주소 서울시 마포구 양화로 125 경남관광빌딩 7층
전화 02-325-0846 | 팩스 02-325-0841
이메일 webmaster@bookie.co.kr
ISBN 979-11-93528-44-0 03320

만든 사람들
편집 박영서 | 디자인 이세연

내 누이와 나를 최우선으로 여겨 주신 어머니와 아버지,
목표를 향해 나아갈 수 있도록 해 주고, 또 인생의 모든 순간을
가치 있게 만들어 준 사랑하는 아내 앨리슨,
내 잠재력을 믿어 주시고 나에게 삶을 바꿀 수 있는
길을 보여 주신 캐럴 드웩에게 이 책을 바칩니다.

1부
성장하는 개인

1장   성과의 역설   13

2장   배움의 장에 뛰어들어라   39

3장   일하면서도 배울 수 있다   64

4장   학습자가 갖춰야 할 태도   83

5장   실수의 힘   116

6장   학습은 성과의 반대말이 아니다   150

7장   진정한 성장은 어떻게 이루어지는가   167

2부
학습하는 조직

8장   학습하는 조직은 무엇이 다른가   193

9장   유연한 조직이 살아남는다   235

10장   팀워크가 발휘하는 마법   259

11장   성장을 위한 리더십   289

12장   뛰어난 리더는 뛰어난 학습자다   313

3부
삶을 움직이는
마인드셋

13장 이제부터 성과의 시간이다   345

14장 마침내 역설을 극복하다   365

맺는말: 학습은 계속된다   386

감사의 말   388

참고문헌   394

추천의 말

박소연
《일 잘하는 사람은 단순하게 합니다》
《일하면서 성장하고 있습니다》 저자

인사이트와 용기를 동시에 주는 책이다. 일하면서 배우고, 배우면서 성과를 낼 수 있는 삶이 가능할까. 저자는 구체적인 사례와 솔루션을 통해 유쾌한 태도로 조언해 준다. 일하는 사람이라면 현재의 실행 방식을 더 자주, 많이, 완벽하게 해내느라 애쓰는 굴레에 종종 빠지곤 한다. 하지만 저자가 현명하게 조언한 것처럼 성과라는 건 노력을 무작정 더 투입하기보다는 의도적인 학습을 통해 다음 단계로 넘어갈 때 빛나는 법이다. 비슷한 피아노 곡을 수백 곡 연주하는 것보다 큰 공연을 앞두고 다섯 곡을 집중적으로 연습할 때 실력이 급격히 느는 것처럼 말이다. 저자는 다른 사람들이 어떻게 학습과 실행을 영리하게 병행하면서 성장하는 즐거움을 누리는지, 어떻게 우리도 그 방식을 체화할 수 있는지 친절하게 설명해 준다. 개인의 성장에 관한 1부 후반부에서 살짝 집중력을 잃을 때쯤이면, 독자의 마음을 읽기라도 한 듯이 조직의 성장에 관한 2부 내용이 시작된다. 리더라면 지나치지 말고 2부까지 꼭 읽어 보기를 권한다. 나는 이 책을 읽으면서 두 가지 감정을 느꼈다. 주변에서는 칭찬 일색이라더라도 본인만은 지나칠 수 없었던 정체의 순간을 저자가 담담하게 고백할 때 부끄러움을, 더 나은 방식으로 일하는 삶을 응원할 때 용기를 갖게 되었다. 나는 이 책을 오랫동안 서재에 보관하고, 생각날 때마다 펼쳐 볼 것이다.

신수정

KT 부문장

《일의 격》《커넥팅》저자

대부분의 개인과 조직은 성과를 창출하기 위해 엄청나게 노력한다. 그런데 불행히도 성과는 나아지지 않고 번아웃만 찾아오는 경우가 많다. 마인드셋 연구의 권위자이자 스탠퍼드대학교 심리학과 교수인 캐럴 드웩으로부터 가르침을 받은 저자는 이를 '성과의 역설'이라 표현한다. 이 책은 성과에 초점을 맞춰 열심히 실행만 해서는 발전을 가져올 수 없음을 말한다. 그러면 지속 가능한 성과를 창출하는 방법은 무엇일까? 저자는 성과에 학습을 결합해야 한다고 주장한다. 이 두 영역을 결합하면 더 높은 성과를 달성하면서도 더 나은 건강, 관계, 공동체를 누릴 수 있음을 실증한다. 고성과를 창출하고자 하는 개인, 리더, 경영자 그리고 기업에 이 책을 추천한다. 개인과 조직의 지속 가능한 성장과 성과를 가져올 통찰은 물론, 다양한 학습 방법을 얻게 될 것이다.

1

성장하는
개인

1장

성과의 역설

반직관적으로 보이겠지만 계속되는 실행은
오히려 성과를 저하시킨다.
성공을 향한 길은 직선이 아닌 경우가 많다.

안잘리Anjali는 상사인 살마Salma가 "내가 피드백을 좀 할까 하
는데"라고 운을 뗄 때마다 손에 땀이 차는 걸 느꼈다.[1] 그녀는 "됐
어요! 이미 할 만큼 했다고요"라고 소리치고 싶은 충동을 느꼈다.
정말이다. 그녀는 회사에 입사한 이래 직속 상사들과 매니저들로
부터 하나같이 긍정적인 피드백을 받아 왔다. 개선 가능한 부분에
대해 살마처럼 직접적으로 짚어 주는 매니저는 만나 본 적이 없었
다. 더구나 그는 그녀가 맡은 일 중에도 물류 부문을 지적하는 때
가 많았고 그녀에겐 물류에 대해 자세히 파악할 만한 시간이 없었

다. 안잘리는 자신을 늘 고객을 우선하는 배려심이 깊고, 말뿐이
아닌 실천하는 사람이라고 생각했다. 고객의 전화를 받는 일과 회
사의 데이터베이스를 업데이트하는 일 중에 선택을 해야 한다면
그녀는 100퍼센트 전화를 받을 것이다.

　살마와 대화를 하면 뭘 제대로 알지 못하는 어린아이로 되돌
아간 듯한 기분이 들었다. 살마가 또 한 번 그 무시무시한 피드백
이란 단어를 언급하면서 일을 달리 할 수 있는 방법을 제안하기 시
작하자, 안잘리는 참지 못하고 이렇게 말했다. "저는 이미 최선을
다해 일하고 있어요!" 잠깐의 고통스러운 침묵 후에 살마는 미소를
지어 보였다. "안잘리, 열심히 일하라는 게 아니라 더 쉽게 일할 방
법을 알아내려는 거야." 안잘리는 그런 식으로 생각해 본 적이 없
었다. 그녀는 모든 피드백을 자신이 일을 엉망으로 한다는 은근한
경고로 여겼다.

　전화벨이 울리면 지노 바르바로Gino Barbaro는 항상 재빨리 달려
가 수화기를 들었다.[2] 바텐더나 웨이터가 수화기로 손을 뻗을라치
면 그들을 쫓아버렸다. 이곳은 그의 이름을 건 식당이고 식당의 평
판은 곧 자신에 대한 평가와 다름없기 때문이다. 이런 이유로 지
노의 트라토리아Gino's Trattoria에서 뭔가 바로잡을 것이 드러날 때면,
그가 직접 나서곤 했다. 그는 식당에서 일어나는 거의 모든 일에
그렇게 접근했다. 언제나 머릿속으로 다음에 해야 할 일을 생각했
다. 전화 주문을 받고, 주방 직원을 관리하고, 재료와 일용품을 주

문하고, 청소를 하고, 은행 일을 보고, 밤이면 문단속을 하고…. 그
는 자신 이외에 다른 사람이 이런 일을 할 수 있다고 생각하지 않
았고, 누군가를 교육할 시간도 없었다.

　2008년 불경기 동안 식당은 손해를 보기 시작했다. 지노는 시
간을 더 투자해 모든 일을 '완벽하게' 하는 식으로 이 상황에 대응
했다. 하지만 오래지 않아 그것만으로는 식당을 다시 일으키기 힘
든 처지가 되었다. 매주 70시간씩 12년을 일한 끝에, 그는 녹초가
되어 버렸다. 더 열심히 일해서 비용을 줄이고 사업을 홍보해 적자
에서 벗어나는 일이 더 이상은 불가능했다. 잠시 하던 일을 멈추고
다른 시도를 해보는 것에 대해 생각해 볼 만한 시간도 없었다. 뭔
가 달라져야 할 시점인 것만은 확실했다. 그를 비참하게 만들지 않
고, 시간에 쫓기지 않으며, 번아웃을 겪게 하지 않는 사업 방식을
고안해야 했다.

　더글라스 프랑코Douglas Franco는 페루의 투자 회사 엔포카Enfoca
가 페루 리마에 기반을 둔 성인 대상의 고등 교육 기업 비시바Visiva
를 인수하는 과정에서 영입되었다.[3] 이 투자 회사는 수뇌부의 변
화를 통해 비시바를 더 빨리 성장시킬 수 있을 것이라고 생각했다.
CEO 자리에 앉은 더글라스는 비시바의 임직원들, 특히 경영진이
사업이 최적화 상태에 들어섰다고 생각하고 있다는 사실을 깨달았
다. 더글라스는 이런 태도가 회사를 침체시키고, 팀이 새로운 아이
디어를 실험하지 못하게 하는 원인이 될까 염려했다. 성장을 가속

시키려면, 일에 대한 새로운 접근이 필요했다. 그들에 대한 불만과
투자자에게 성공적인 결과를 보여야 한다는 압박을 동시에 느낀
더글라스는 새로운 동료들이 개선의 기회를 중요하게 생각하도록
하는 데 공을 들였다. 하지만 이러한 그의 노력은 곧 팀원들의 저
항에 부딪혔다. 그들은 결코 입장을 굽히지 않았고, 개선보다는 자
신들의 능력을 입증하는 데 전념했다. 코로나19 팬데믹이 시작되
자, 학생의 등록이 급감하고 매출이 곤두박질쳤다. 더글라스가 비
시바의 새 출발을 앞두고 구상했던 그림과는 거리가 멀었다. 그는
팀이 자신에게 좋은 인상을 주기 위해 노력하는 것을 멈추고 그와
함께 새로운 해법을 찾는 일에 나서게 할 방법을 찾아야 했다. 더
구나 시간이 얼마 없었다.

　안잘리, 지노, 더글라스의 이야기는 추후에 계속된다. 이들의
문제를 언급했으니, 이번에는 내 문제에 대해 이야기할까 한다. 커
리어 초반에 나는 세계에서 가장 오래된 대형 벤처 캐피탈 회사 중
하나인 스프라우트그룹Sprout Group의 최연소 투자 전문가였다. 혁
신의 선두에 있는 다양한 경영진, 업계, 기업을 접하는 것은 즐거
운 일이었다. 나는 나보다 경험과 지식이 훨씬 많은 투자자나 운
영자들 곁에서 이사회의 일원으로 일하는 흥미로운 기회를 얻었
다. 하지만 지금 와서 그때를 떠올릴 때 가장 생생하게 기억이 나
는 것은 내가 성과에 대해 느꼈던 엄청난 압박이다. 우리는 회의실
에 앉아 스타트업 팀이 자신들의 벤처에 대해 하는 피칭pitching(투자

를 유도하는 사업 설명-옮긴이)을 들었다. 기업가들이 회의실을 나가면, 우리는 그 기회에 대해 우리가 받은 인상을 돌아가며 이야기했다. 커리어를 막 시작한 나로서는 그 투자가 매력적인지 아닌지에 강한 확신을 가질 만한 지식이 없었다. 그러나 나는 그런 척했다. 동료들이 의견을 나눌 때면, 나는 어느 쪽을 옹호해야 할지 결정해야 했다. 내 차례가 돌아오면, 머릿속에서 상충되는 생각과 불확실성에 대해서는 침묵한 채 내 모든 생각이 한 방향을 가리키고 있고 내 추천에 강한 확신을 가지고 있다는 듯이 행동했다. 실사를 할지 그 기회를 거절할지, 그러니까 투자를 할지 말지, 한쪽을 택한 뒤 확신을 가지고 그것을 옹호했다. 내 생각을 전부 드러내지 않음으로써 우리가 더 깊이 생각해 보고 더 나은 결과를 도출하는 데 도움이 될 수 있는 질문과 관점을 덮어 두고 있었다. 이것이 불안감을 유발했다. 나는 우리 팀을 돕고 싶었지만, 한편에서는 아는 것이 많고, 결단력이 있고, 자기 의견에 대한 확신을 가진 사람으로 보여야 한다는 내 믿음이 발목을 잡고 있었다.

　그렇게 몇 년이 지나자 내가 하는 일에 대해서 잘 아는 듯이 행동하는 데 아주 능숙해졌다. 하지만 속으로는 솔직하지 못하다는, 진짜가 아니라는 생각에 사로잡혔다. 나는 계속해서 가식적으로 행동했다. 결국 이런 느낌이 주는 만성적인 스트레스가 내 몸을 공격했다. 지속적인 압박감으로 근육이 지나치게 수축해서 결국에는 이완하는 능력을 잃는 지경에 이른 것이다. 근육은 좋든 싫든 영향을 받게 되어 있다. 근육이 너무 짧아지고 단단해진 나머지 혈액이 스며들어 적절한 기능과 치유에 필요한 영양소를 공급하는 일이 불가능해졌다. 타이핑부터 마우스 사용, 운전, 문 여닫기, 양치질까지…. 손을 사용하는 모든 일이 고통스러워졌다. 여러 명의 전문의를 만난 후에야 근막 동통 증후군이라는 반복성 긴장 장애 진단을 받았다. 시간이 흐르면서 상태는 점점 악화되었다. 나는 같은 증상으로 하루에 10분 이상 손을 사용하지 못하는 사람들을 만나고 겁을 집어 먹었다. 나는 병을 치료하기 위해 할 수 있는 모든 일을 하기로 마음먹었다. 하지만 이내 내가 바꿔야 하는 것이 단지 자세만이 아니라는 생각이 들었다.

만성 성과 증후군에 갇히다

각자 상황은 다르지만 안잘리, 지노, 더글라스의 동료들, 그리고 나는 모두 같은 증상을 겪고 있다. 그리고 나는 이 증상, 모든 과제를 가능한 한 흠 없이 하려는 끊임없는 시도를 '만성 성과 증후군Chronic Performance Syndrome'이라고 부른다.

— 이런 사연들이 친숙하지 않은가?
— 언제나 체크 목록의 과제를 지우느라 허덕대지는 않는가?
— 대부분의 시간을 오로지 일을 정확하게 하는 데에만 쏟고

있는가?

— 불확실성, 느낌, 의문을 억누르고 언제나 하고 있는 일에 대해 잘 아는 것처럼 보이기 위해 애쓰고 있는가?

— 피드백을 받느니 벌겋게 달아오른 석탄 위를 걷는 게 낫겠다는 생각이 드는가?

이 모든 것이 만성 성과 증후군의 징후다. 모든 일을 정확하게 하려는 것은 합리적인 목표인 것처럼, 결단력이 있어 보이는 것은 현명한 커리어 전략인 것처럼 보일 수도 있다. 하지만 이런 습관은 우리의 기술, 자신감, 일, 개인의 삶에 치명적인 영향을 주기 쉽다. 만성 성과 증후군 때문에 삶의 일부 영역에서 침체된 것 같은 느낌도 받게 된다. 더 많은 시간 일을 하고 과제에 더 많은 노력을 기울이는데도, 앞으로 나아가지 않는 것처럼 보이는가? 삶이 끝나지 않는 술래잡기 놀이처럼 느껴지는가? 그것이 만성 성과 증후군이다. 과제나 문제에 더 많은 에너지를 쏟지만 효율의 수준은 변하지 않는 상태 말이다.

역설을 마주하다

대부분의 사람이 성공하려면 열심히 일을 해 나가기만 하면 된다고 생각하고 하루하루를 보낸다. 우리는 평생에 걸쳐 그런 이야기를 들어 왔다. 뭐가 문제지? 열심히 일을 했는데 왜 성과는 나아지지 않지? 그 답은 역설이다. 나는 이것을 '성과의 역설Performance Paradox'이라고 부른다. 능란하게 프레젠테이션을 하거나, 동료들에게 동기를 부여하거나, 갈등을 해소하는 등의 어려운 새 기술을 익히려 노력하지만, 아무리 열심히 해도 나아지는 것 같지가 않다. 분명 모든 팀원이 열심히 일을 하는 데도 당신 팀이 올리는 성과는 매달 똑같다. 가족, 친구, 동료와 보다 깊이 있는 관계를 맺고 싶지만 대화는 늘 피상적이다.

　성과의 역설은 반직관적인 현상이다. 우리가 계속해서 성과를 내려고 하면 할수록 오히려 성과는 떨어진다. 아무리 열심히 해도, 우리가 알고 있는 방식으로만 일하면서 실수를 최소화하려고 한다면, 기존 수준의 이해, 기술, 효율에 갇혀 있게 된다. 성과를 개선하기 위해서는 실행만이 아닌 다른 걸 해야 한다. 그것이 바로 역설이다. 사실 오로지 생산에만 집중해서는 생산성을 향상시킬 수 없다. 계속해서 '하는 것'에만 몰두하면, 해내는 일은 줄어든다. 이런 성과의 역설에 속아 더 많은 시간을 성과를 내는 데 보내는데도 결국 정체에 빠지고 마는 경우가 너무나 많다. 햄스터의 쳇바퀴에 갇히는 것이다. 일뿐만이 아니라 인간관계, 건강, 취미, 삶의 모든 측면이 마찬가지다. 최선을 다하고 있는 것 같지만 사실 우리는 창조하고, 연결하고, 이끌고, 살아가는 더 나은 방법을 발견할 기회를 놓치고 있다. 왜 이렇게 많은 사람이 성과의 역설에 걸려드는 걸까? 이런 사람들은 무언가에 압도되어 있다는 느낌, 숨 쉬기 어려운 느낌을 당연한 반응으로 여긴다. 그리고 우리는 그에 대한 해답이 더 열심히, 더 빨리 일하는 것이라고 생각한다. 하지만 실행에 더 많은 시간을 할애하는 것은 결코 결과를 개선시키지 못한다.

해답은 더 보람이 있고, 궁극적으로 더 생산적인 다른 일을 하는 것이다. 이 역설을 이해하고 극복하는 방법을 찾는 것이 이 책의 주제다. 우리는 만성 성과 증후군이 얼마나 만연해 있는지 살펴보며 개인, 팀, 조직이 이를 어떻게 극복할 수 있는지 알아볼 것이다. 이것은 우리가 끊임없이 변화하는 세상에서 살아남고 번영하기 위한 최후의 열쇠다.

삶의 이안류

세상이 코로나19 팬데믹으로부터 벗어남에 따라 나는 '세계 최초의 중년 지혜 학교'로 알려진 모던 엘더 아카데미Modern Elder Academy에서 일주일간 개최하는 워크숍에 참석했다. 나의 멘토인 칩 콘리Chip Conley가 몇 가지 수업을 맡고 있었다. 멕시코 엘 페스카데로의 근사한 시설에서 진행된 워크숍은 질이 높고 유익한 강의들로 넘쳐 났다. 우리 코호트의 구성원들은 서로에게 지원을 아끼지 않는 현명한 이들이었다. 모든 것이 더없이 만족스러웠다.

하지만 내게는 단 하나 아쉬운 점이 있었다. 캠퍼스는 아름다

운 해변에 자리하고 있었지만 위험한 해류 때문에 바다에 들어가
지 말라는 경고를 들었던 것이다. 나는 베네수엘라에서 성장했다.
바다에서 불과 45분 거리에 살았던 나는 바다 수영을 몹시 좋아했
다. 그런데 엘 페스카데로에서 그런 경고를 보고 나니, 맛있는 초
콜릿이 가득 쌓여 있는 테이블 앞에서 먹지 말라는 말을 들은 사
람이 된 기분이었다. 내게는 조언을 무시하고 수영을 해도 괜찮을
거라는 확신이 있었다. 하지만 잘못된 판단으로 물에 빠져 죽거나,
더 심각하게는 경고를 무시했다가 구조를 받아야 해서 다른 사람
까지 위험에 빠뜨리는 사람이 되고 싶지는 않았다. 1마일 떨어진
곳에 안전하게 수영을 할 수 있는 해변인 플라야 세리토스가 있다
는 이야기가 나를 안심시켰다. 어느 날 일찍 눈이 떠진 아침에 나
는 플라야 세리토스로 달려갔다가 그날의 워크숍을 위해 제시간에
돌아올 계획을 세웠다. 도착한 해변은 천국같이 보였다. 잠깐 조깅
을 한 후 물에 뛰어들었다. 해안을 향해 큰 파도가 밀려왔지만 나
는 어떻게 해야 할지를 알고 있었다. 모래 바닥으로 내려가 파도가
지나가기를 기다렸다가 다시 수면으로 올라와 수영을 하면서 해안
에서 멀어졌다. 파도가 지나가고 나자 바다는 잔잔해졌다. 나는 하
늘을 바라보며 물 위에 떠서 앞뒤로 흔들리는 느낌을 즐겼다. 평화
속에서 그 순간을 온전히 즐기며 삶과 자연에 감사했다. 내가 꿈꾸
던 바로 그것이었다. 나는 고개를 들고 해안에서 상당히 멀어진 것
을 발견했다. 강한 해류가 나를 바다 쪽으로 밀어낸 모양이었다.

아직 이른 시간이어서 해변은 한산했다. 그곳에는 오직 나뿐이었
다. 이건 아닌데 하는 생각이 들었다.

목표가 갑자기 전환됐다. 운동을 좀 하면서 바다를 온몸으로
느끼고 삶에 감사하려던 계획은 단 하나의 무엇보다 중요한 목표,
육지까지 살아서 돌아가는 데 집중하는 것으로 바뀌었다. 나는 해
안으로 수영을 하기 시작했다. 얼마 후 잠시 헤엄을 멈추고 내가
얼마나 전진했는지 확인했다. 그러곤 내가 전혀 움직이지 못했다
는 것을 깨달았다. 이안류rip current, 離岸流(한두 시간 정도의 짧은 주기
를 두고 매우 빠른 속도로 해안에서 바다 쪽으로 흐르는 좁은 표면 해류-
옮긴이)가 나를 바다로 밀어내고 있었다. 미국에서만 매년 100명

성과의 역설

성공으로 향하는 길은 겉으로 보이는 것과 다를 때가 많으며 직선 코스도 아니다

이상이 이안류로 물에 빠져 죽는다.[4] 이렇게 나처럼 이안류에 끌려 들어 가는 식의 상황을 맞으면 신경계는 투쟁 도주 모드로 전환된다. 도망갈 길이 없으면 싸워야 한다고, 더 힘을 내서 최선을 다해 바다를 이겨야 한다고 되뇐다. 하지만 싸움을 계속하는 것은 목적지에 이르는 최선의 방법이 아니다. 더 열심히 더 빠르게 하더라도 말이다.

해안으로 돌아가기 위해서는 학습과 함께하는 실행이 필요했다. 그저 실행만으로는, 즉 해안으로 곧바로 헤엄쳐 가는 것만으로는 불가능했다. 심한 압박감이 있는 상황이지만 그 가운데에서도 어떤 길이 나를 해안으로 데려다줄지 실시간으로 배워야 했다. 나는 몸을 거의 수직으로 돌려 해안과 평행으로 헤엄치기 시작했다. 처음에는 이안류가 나를 더 멀리 밀어냈다. 하지만 얼마 후 물결이 가라앉았고 나는 해안을 향해 비스듬히 꾸준하게 헤엄쳐 갔다. 슬슬 지치기 시작할 즈음 배영으로 자세를 바꿔 피로한 근육을 쉴 수 있게 했다. 결국 내 앞에서 파도가 만들어지는 것이 느껴졌다. 나는 해안에 가까워지고 있었다. 나는 다시 몸을 뒤집어 곧바로 해안을 향해 속력을 냈다. 큰 파도를 지나치고 나자 나는 심호흡을 하고 파도가 나를 해안으로 던져 내도록 몸을 맡겼다. 마침내 파도가 나를 삼켰고 나는 해변에 내던져졌다. 몹시 지치고 어지러웠지만 마침내 안전해졌다.

왜 열심히 일할수록 성과는 떨어지는가

바다의 이안류에 휩쓸린 적은 없더라도 인생의 이안류에 휩쓸린 경험은 다들 있을 것이다. 삶의 이안류는 보이지 않더라도 항상 존재한다. 우리는 종종 가진 것을 모두 쏟아 넣고 밀고 나가도 바라던 효과를 얻지 못하는 상황에 처한다. 같은 일만 계속 하느라 목표를 향해 진전하는 더 나은 길을 찾지 못하는 순간 말이다. 위임하는 법을 배우려 하지 않는다면 리더로서 성장하고 더 많은 성취에 이를 기회를 놓친다. 마찬가지로 곡을 계속 같은 방식으로만 연주하면 더 아름답게 연주하는 법은 배울 수 없다. 한계 너머를 탐색하기보다는 이미 아는 것을 실행하기로 선택하는 순간부터 성과의 역설에 휘말리고 마는 것이다. 물론 일을 완수하기 위해서는 실행이 필요하다. 지노는 피자 가게를 운영하기 위해 계속해서 주문을 받고 음식을 내야 했다. 나는 내가 가진 모든 바다 수영 기술을 이용해서 이안류를 이기고 해안까지 살아 돌아가는 데 집중해야 했다.

오늘날의 복잡하고 빠르게 변화하는 세상에서 번성하려면, 성과와 학습의 균형을 찾고 이 둘을 통합해야 한다. 생사가 오가지 않는 덜 위험한 상황을 생각해 보자. 글을 더 잘 쓰거나 요리를 더 잘하는 방법이 매일 더 많은 글을 쓰고 매일 밤 맛있는 세 코스의 정찬을 요리하는 것이라고 생각하는가? 정답은 그게 아니다. 거

기에 역설이 있다. 어떤 활동을 실행하는 데에만 집중하면, 우리의
기술은 정체된 상태에 있게 된다. 관련성을 잃을 혹은 그보다 더
한 일을 겪을 위험이 있다. 우리는 성과의 역설에 사로잡혀 늘 하
던 대로 더 많은 일을 하려고만 할 때가 너무나 많다. 도전을 받아
들이지 않고, 피드백을 요청하지 않고, 뜻밖의 일과 실수를 배움의
기회로 보지 못한다. 작가라면 사람들에게 초고에 대한 비평을 청
해야 한다. 요리사라면 다른 나라 요리에서 쓰이는 재료를 실험해
보아야 한다. 지금 하고 있는 것에만 집중할 것이 아니라 우리가
알지 못하는 미지의 것을 찾아내야 한다. 진정한 번영을 위해서는
학교에서 성과에 집중하라는 가르침을 받기 전, 어린 시절에 가지

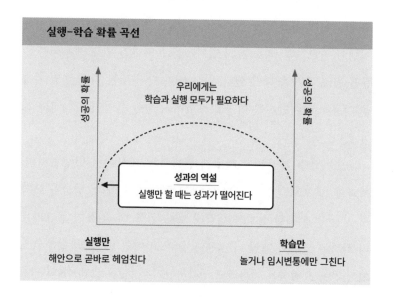

실행-학습 확률 곡선

우리에게는
학습과 실행 모두가 필요하다

성과의 역설
실행만 할 때는 성과가 떨어진다

실행만
해안으로 곧바로 헤엄친다

학습만
놀거나 임시변통에만 그친다

고 있던 호기심과 학습 습관을 되찾아야 한다. 이는 우리가 무엇을 추구할 수 있는지, 우리가 어떤 사람이 될 수 있는지에 있어 한계가 없는 가능성을 열어 준다. 그 결과 세상이 변화하고, 새로운 도전과 가능성이 부상하는 과정에서 우리의 커리어도 성장할 준비를 갖추게 된다.

선혜엄에 갇힌 조직

성과의 역설에 갇혀 있는 팀과 조직을 기다리는 것은 암울한 결과다. 많은 사람이 계속 해류와 싸우면서 맹목적으로 앞으로 나아가려 하고, 새로운 식견이나 전략을 찾는 습관을 개발하지 않은 채 실행에만 집중하면서 어려움과 실패를 경험한다. 회의가 과제를 분배하는 수단으로서만 기능하고 질문을 산출하거나 배운 것을 공유하는 구조를 갖지 못하면, 팀은 일을 하는 더 나은 방법을 찾고 증폭시킬 기회를 놓친다. 마찬가지로 신규 고객을 유치하거나, 코드를 작성하는 등의 성과에만 목표를 두고, 새로운 영업 기술이나 소프트웨어 통합 기법과 같은 것을 배우는 데 집중하지 않으면, 직원들은 의도치 않게 만성 성과 증후군에 갇히게 된다. 이 과정에서 기업이 압박감에 굴복해 과도하게 절차를 표준화하고 직원들에게 일을 하는 옳은 방법이 단 하나뿐이라고 말하는 것은 경쟁업체에 자신들을 빠르게 따돌릴 수 있는 문을 열어 주는 것과 같다. 이런 기업은 곧 경쟁력을 잃고 시대에 뒤떨어지게 된다.

기업의 곤란한 습관은 성장에 대한 반응으로 나타나곤 한다. 직원의 수가 늘어나면, 리더는 가능한 한 싸게 물건을 제조하는 데에만 관심이 있던 산업 혁명 때에 등장한 전형적인 관리 아이디어로 되돌아가곤 한다. 하지만 빠르게 변화하는 오늘날의 서비스 경제에서 가장 중요한 문제는 충족되지 않은 니즈를 찾고, 혁신을 추진하고, 서비스를 개인화하는 것이다.

조직이 명령과 통제의 유혹에 굴복하면, 질문을 하는 근로자, 자신이 모든 답을 가지고 있는 것은 아니라는 점을 선뜻 인정하는 근로자는 눈에 거슬리고, 느리고, 부담스러운 존재로 비춰진다. 사람들은 생각을 공유하거나, 피드백을 요청하거나, 실험을 하는 것이 안전하지 못한 일이라고 느끼기 시작한다. 자신의 사회적 입지를 위협하거나 커리어를 망치고 싶어 할 사람은 없다. 그렇게 사람들은 침묵을 지키는 법을 배운다. 어느새 관리자들은 실수가 없는 사람으로 스스로를 묘사하기 시작한다. 하지만 그럴수록 그들이 성장할 기회는 사라지고 아이러니하게도 팀과 조직의 성과는 위협당한다. 경영진이 결점이 없는 성과에 집착하면 진정한 성장은 물론 재정적인 성장도 불가능해진다. 성과에만 집중하는 것에서 학습을 통합하는 것으로 초점을 옮길 수 있는 조직이어야 더 나은 준비를 갖추고 경쟁자를 능가할 수 있다.

마인드셋은 인생의 전환점이 될 수 있을까

어린 시절, 나는 학교 시스템으로부터 학습이 아닌 점수에 집중하라는 가르침을 받았다. 아마 당신도 비슷할 것이다. 예를 들어 학교에서 주어진 모든 과제가 등급이나 숫자로 평가되어 학생들이 이미 잘하고 있는 것에만 집중해야 된다는 메시지를 전달했다. 이러한 접근 방식은 학생들이 끊임없이 학교를 성과 영역으로 받아들이게끔 만들었다. 하지만 학교에서는 학생들이 능숙하지 않은 과제에 도전하고, 개선할 점에 대해 꾸준히 피드백을 받는 데 대부분의 시간을 보낼 수 있어야 한다. 만약 학생이 평소에 주어진 과제를 늘 완벽하게 해낸다면, 그건 그 과제가 너무 쉽다는 뜻이다.

표면적으로는 학교의 지속적인 성과 강조가 효과적으로 작동하는 것처럼 보였다. 어쨌든 나는 일류 대학에 진학했으니까 말이다. 이후 나는 월스트리트의 투자 은행과 실리콘 밸리의 유명한 벤처 캐피탈 회사에서 일하게 되었다. 20대의 나는 과거에 상상했던 것보다 훨씬 많은 봉급을 받았다. 성과에 집중한 결과, 나는 꿈의 직업을 얻었다. 하지만 그런 내 모습이 마음에 들지 않았다. 항상 내가 아는 것보다 많이 알고 있는 척하면서, 충분한 자격이 없는 데도 조언을 일삼고, 확신하지 못하는 상황에서도 자신감을 드러내는 게 끔찍하게 싫었다. 그런 식으로 수십 년을 적당한 수준에서 벗어나지 못한 채 살다가 후회만 남기고 싶진 않았다. 그 방식

대로라면 나는 탄탄한 커리어를 유지할 게 확실했다. 그렇다면 그
대가로 무엇을 내놓아야 할까? 손을 쓰지 못할 수 있다는 위협으
로 인해 나는 손으로 하고 싶은 일에 대해 생각해 보게 되었다. 나
는 커리어에 모든 시간과 에너지를 투자했고, 항상 내가 아는 방법
으로 최선을 다했으며, 그로 인해 확실한 성공에 이르렀다. 하지만
그 모든 것이 뭘 위해서인지는 정확히 알지 못했다. 변화가 필요했
다. 나는 스탠퍼드대학교에 진학해 경영학 석사와 교육학 석사 과
정을 밟기로 했다. 결과적으로 고배를 마셨지만, 돌이켜 생각해 보
면 그것은 불운을 가장한 축복이었다. 수백만의 사람들이 성공과
재능에 대해서 생각하는 방식을 바꾸어 놓은 심리학자 캐럴 드웩
Carol Dweck이 아직 스탠퍼드에서 교편을 잡기 전이었기 때문이다.

2년 뒤 다시 스탠퍼드에 지원해 합격한 후, 소중한 스승이자
멘토이며 친구인 캐럴을 만난 것은 인생을 바꾸는 경험이었다. 마
인드셋mindset*에 대한 그녀의 선구적인 연구는 나의 인간관계, 커
리어, 인생을 바꾸어 놓았다. 마인드셋에 대해서 깊이 있게 공부하
기 시작하자, 완전히 새로운 시각으로 내 삶을 다시 평가할 수 있
게 되었다.[5] 내가 얼마나 자주 (내 지능과 능력이 고정적이라고 믿는)
고정 마인드셋fixed mindset에 갇혀 있었는지, 그것이 어떻게 일에서,

---

* 인간의 역량과 능력이 고정된 것인지 발전할 수 있는 것인지에 대해 우리가 갖고
있는 믿음

축구장에서, 내 인간관계에서 나를 만성 성과 증후군의 습관으로
이끌었는지 알게 되었다. 고정 마인드셋에서는 완벽에 못 미치는
모든 것이 자존심에 상처를 주며, 따라서 우리는 성과에 대해 더
불안을 느끼고 개선이 아닌 증명에 내몰리게 된다. 나는 지능과 재
능이 고정적이라고 믿었기 때문에 더 똑똑하고 더 나은 사람이 되
기 위해 노력하는 대신 내가 얼마나 똑똑하고 재능이 있는지 보여
주는 데 집중했다. 즉 결함을 없애기 위해 노력했다. 하지만 캐럴
의 연구는 그녀가 성장 마인드셋growth mindset이라고 부르는 것을 키
우기로 선택함으로써 내가 이런 습관에서 벗어나 삶과 커리어에서
더 많은 성공을 즐길 수 있다는 것을 알려 주었다. 성장 마인드셋
은 우리의 능력과 자질이 발전할 수 있다는 믿음이다.

성장 마인드셋이 놓친 것

나는 캐럴로부터 그녀 연구의 핵심적인 통찰, 즉 행동과 결과
를 바꾸기 위해서는 우리 능력의 본질에 대한 믿음을 바꿔야 한다
는 것을 배웠다. 변할 수 있다는 믿음을 갖기 시작하는 것만으로는
부족하며, 궁극적으로는 만성 성과 증후군의 습관에서 벗어나야
한다는, 흔히 알려지지 않은 사실도 이해하게 되었다. 동료, 친구,
가족에게 내 관점을 밝힐 때는 증거만 골라내기보다 내 모든 생각
을 내보여야 다른 사람의 반응으로부터 배움을 얻을 수 있다. 수업

이나 일을 선택할 때는 내가 가장 잘할 수 있는 것을 하기보다 배울 것이 있는 도전을 받아들여야 한다. 실수를 했을 때는 감추고 덮기보다는 그에 대해 인정하고 토론을 해야 한다. 그리고 가장 중요한 것은 언제나 내가 무엇을 개선하려고 노력하고 있는지, 그 방법이 무엇인지를 유념해야 한다는 점이다.

동시에 나는 성장 마인드셋이 아무리 강력해도 그것이 특효약은 아니라는 것을 배웠다.[6] 성장 마인드셋은 필수적인 토대이고, 거기에 성장을 위한 효과적 전략·습관이 함께해야 한다. 앨버타대학교의 교육심리학자 마리아 쿠투미수Maria Cutumisu가 진행한 일련의 연구가 이 사실을 뒷받침한다. 쿠투미수가 이끄는 연구진은 성장 마인드셋이 비판적인 피드백을 요청하고 그에 따라 자신의 작업을 수정하려는(기술과 성과를 개선하는 데 효과적인 것으로 입증된 2가지 전략) 대학생들의 자발성에 어떤 역할을 하는지 알아보고자 했다.[7]

학생들에게는 온라인 게임에서 포스터를 디자인하라는 지시와 함께 비판적인 피드백을 청할 기회가 주어졌다. 피드백을 읽은 후 그들은 포스터를 그대로 낼 수도, 수정할 수도 있었다. 성장 마인드셋의 힘을 목격했던 사람들을 놀라게 만드는 결과가 나왔다. 여러 차례 연구가 학생들의 마인드셋과 학습 선택(즉 비판적 피드백을 청하기로 결정할지) 사이에 큰 연관성이 없다는 점을 발견한 것이다. 달리 말해 마인드셋만으로는 학생들이 질 높은 포스터를 만드는 열쇠인 효과적인 학습 기법을 사용하도록 만들지 못했다. 마인드셋이 중요치 않다는 뜻이 아니다. 비판적인 피드백을 요청하고 작품을 수정한 학생들은 분명 피드백으로부터 많은 것을 배우고 또래들보다 더 나은 성과를 거뒀다. 하지만 여기에서 배워야 할 요점은 성장 마인드셋을 가졌다는 것만으로 그들이 실제로 기술을 개선하는 효과적인 전략을 배우거나 실행하는 법을 알게 되는 건 아니라는 점이다.

너무나 많은 사람이 개선을 위해서는 단순히 더 열심히 일하는 것이 왕도라고 생각한다. 하지만 그것은 사실이 아니다. 이런 오해로 인해 사람들은 개선을 이끌어 내지 못하는 방법으로 더 열심히 일을 하고, 이후 이것을 더 나아질 수 없다는 증거로 받아들이고 만다. 즉 고정 마인드셋을 갖게 되는 것이다. 계속해서 배우고 성장할 수 있다는 이해만으로는 충분치 않다. 효과적으로 배우고 나아지려면, 성장을 지원하는 습관과 전략을 개발하고 실행해야 한다. 그런 건 이미 학교에서 다 배웠다고 생각할지 모르지만, 사실 우리의 교육 시스템은 사람들에게 배우는 방법을 가르치는 데 초점을 맞추지 않았다.

성과의 역설과 그것을 극복하는 방법을 이해하지 못하면, 성장 마인드셋에 대한 신념은 피상적이고 취약한 상태로 남을 것이다. 성장과 성공을 위해서는 우리가 변화할 수 있다는 신념은 물론 방법에 대한 역량도 개발해야 한다. 이 두 요소는 함께 발을 맞추면서 서로를 강화한다. 이후 이 책에서 보게 될 것처럼, 이들은 안 잘리, 지노, 더글라스의 동료, 그리고 내가 궤도를 변화시키기 위해 서 필요로 했던 요소들이다.

개인에서 조직으로

더 큰 성장과 성공을 이룰 수 있다는 신념과 습관은 단지 개 인 차원을 넘어서 팀과 조직 단위로 확대되어야 한다. 사람들은 주 변의 다른 사람들을 관찰함으로써 자신의 신념과 습관을 발전시키 기 때문이다. 나는 조직이 성장 마인드셋 문화와 노하우를 발전시 키는 데 도움을 주는 일을 사명으로 삼았다. 나는 캐럴 드웩의 제 자이자 동료인 리사 블랙웰Lisa Blackwell과 공동으로 교육자, 부모, 아 이들 사이에 성장 마인드셋의 문화를 촉진하는 학교 프로그램을 개발하고 제공하는 조직을 설립했다. 캐럴 드웩, 스티브 골드밴드 Steve Goldband, 엘런 코나르Ellen Konar는 조언자와 멘토로 기꺼이 시간 을 할애해 주었다. 우리는 다른 성장 마인드셋 옹호자들과의 공동 작업을 통해 상당한 영향력을 발휘했다. 성장 마인드셋은 이제 전 세계 많은 학교와 대학의 핵심 원칙으로 자리를 잡았다. 하지만 문 화의 변화가 필요한 곳은 비단 학교만이 아니었다. 비즈니스 분야 에 몸담았던 배경을 고려해, 나는 비즈니스 쪽에 집중해야겠다는 생각을 가졌고, 그 결과 전문가와 리더들이 삶을, 커리어를, 조직을

변화시키는 데 힘을 보태기 시작했다. 지난 15년 동안 나는 세계
굴지의 대기업을 비롯한 크고 작은 수백 개 기업들이 성장 마인드
셋의 신념과 노하우가 가진 힘을 발견하는 데 도움을 주고 그들이
학습 문화와 시스템을 구축하는 것을 지원하는 데 참여했다.

　　학습하는 조직learning organization은 사람의 발전을 우선하는 조직
이다. 모두가 매일 성장하기 위해, 그러면서 서로를 돕기 위해 일
터에 온다. 리더들은 직원들이 질문을 던지고, 색다르게 보일 수
있는 창의적인 아이디어를 공유하고, 세상을 보는 다른 방식을 발
견하도록 영감을 불어넣으며 그런 일에서 본보기를 보인다. 회의
는 과제를 완수하는 데 초점을 맞출 뿐 아니라 새로운 식견을 공유
하고 질문을 던지는 시간이 된다. 성과 관리 시스템은 결과 지표뿐
아니라 각 개인이 얼마나 많은 것을 배우고 다른 사람들의 성장에
얼마나 기여하는지에도 초점을 맞춘다. 학습하는 조직은 구성원이
틀에서 벗어난 생각을 하고, 혁신하고, 효과적으로 실행할 수 있도
록 하면서 그들이 다른 조직을 능가하도록 이끈다.

　　나는 연구 과정에서 사람들이 더 효과적으로, 더 높은 질로,
더 즐겁게 일을 하는 새로운 방법을 찾을 때 더 행복해 하고 의욕
을 느낀다는 것을 발견했다. 사람들은 두려움을 떨치고 창의성, 탐
구, 실험을 추구하는 방법을 발견한다. 동료들을 경계하는 대신 자
신들의 생각을 보다 투명하게 공유하기 시작하며, 이로써 더 깊이
있고 보다 협력적인 관계를 구축한다. 그들은 현실에 얽매여 있다

는 느낌을 덜 받으며, 회복성이 더 크고, 주체적으로 변화를 추진한다고 느낀다. 결과적으로 그들은 더 높은 매출, 이윤, 영향력을 달성한다.

우리 모두가 학습과 실행 사이를 보다 유연하게 오갈 수 있게 될 때 어떤 일이 벌어질지 상상해 보자. 계속해서 성과 모드에 있어야 한다는 강박을 버리면 우리는 각각의 상호작용을 반드시 이겨야 하는 싸움으로 보지 않게 될 것이다. 또한 정답이어야 한다는 집착을 학습에 대한 열정으로 대체한다면, 더 큰 진전을 이루는 창의적인 방법을 발견하게 될 것이다. 그렇게 우리의 새로운 역량을 탁월한 성과로 풀어내는 방법을 배우게 되면 사회의 큰 문제에 대한 해답을 만들어 내는 데 더 나은 준비를 갖추게 될 것이다. 하지만 학습과 성장을 계속하는 일상의 습관을 키우기 전까지는, 어린 시절 도망치기를 갈망했던 성과 중심의 숨 막히는 교실에 우리 스스로를, 우리 팀을 가두어 두고 긴 시간을 보내야 한다.

미지의 것에 호기심을 갖고 탐구하는 전문가를 원하는가? 우리 자신, 우리 팀, 우리 조직의 호기심에 다시 불을 붙이길 원하는가? 우리 모두가 아직 알지 못하는 것이 얼마나 많은지를 받아들이고 그 일에 헌신할 수 있다면 어떨까?

이 책은 나와 내 동료들이 함께 일했던 개인과 조직으로부터 얻은 가르침의 결과다.

　1부에서는 누구나 성과의 역설을 극복하고 평생의 발전으로 나아가는 데 사용할 수 있는 핵심 원칙과 전략을 공유한다. 금전적 어려움에서 벗어나고 싶다는 바람에서 효과적인 학습과 성과 습관을 받아들인 세 아이의 엄마를 만나게 될 것이고 어떻게 그녀가 미국에서 가장 성공한 재무 설계사가 되었는지, 그 여정을 함께할 것이다.

　2부에서는 리더, 팀, 조직이 무엇을 통해 비범한 성장을 달성하는지, 그들은 학습과 성과 사이를 어떻게 오가는지 진단한다. 더 글라스를 비롯한 많은 리더들이 어떻게 동료들에게 개선과 성장 촉진의 영감을 불어넣는지 보게 될 것이다.

　마지막으로 3부에서는 이런 가르침을 가장 가치 있는 목표에서의 비약적인 발전을 이루는 데 어떻게 적용시키는지 보게 될 것이다.

　손가락 끝에 무수한 학습의 기회가 주어져 있는 오늘날의 우리는 학습자의 천국, 지식과 기회의 바다에서 살고 있다. 하지만 이런 변화의 빠른 속도 때문에 학습하지 않는 사람은 이안류에 끌려들어 가고 만다. 당신은 둘 중 어떤 길을 선택하겠는가?

성찰

* 업무나 생활에서 성과의 역설에 속아 만성 성과 증후군에 갇혀 있는 부분은 없는가?

* 내 동료나 내가 아끼는 사람들이 만성 성과 증후군에 갇혀 있지는 않은가?

* 만성 성과 증후군에는 어떤 결과가 따를까?

과제

* 성과를 위한 노력과 개선을 위한 노력은 어떻게 다를까?

2장

배움의 장에
뛰어들어라

성과의 역설을 극복하고 성장을 이루기 위해서는
일과 삶에 학습 영역을 통합시켜야 한다.

당신이 뛰어난 체스 실력을 갖추기를 바란다고 가정해 보자.
어떤 일을 해야 할까? 보통 이런 답이 나온다. "가능한 한 많은 체
스 게임을 하면 된다." 매우 논리적이고 타당한 생각으로 보인다.
하지만 이는 그릇된 가정이기도 하다. 이렇게 생각해 보자. 많은
사람들이 헤아릴 수 없이 많은 시간을 컴퓨터 앞에서 타이핑을 하
며 보낸다.[1] 그렇다면 세계적인 수준으로 타이핑을 할 수 있는 사
람이 몇이나 될까? 이것보다 더 당혹스럽고 더 위험한 예가 있다.
연구에 따르면, 평균적으로 일반의들이 진료를 본 기간이 길어질

수록, 환자들의 예후는 악화된다고 한다. 하버드 의과대학의 과학
자들이 이 주제에 대한 62개의 연구 결과를 분석해 발견한 사실이
다.[2] 마찬가지로 체스에 대한 연구는 체스 게임을 많이 하는 것이
가장 좋은 개선 방법이 아니라는 것을 보여 준다.[3] 토너먼트에서
게임을 하는 데 많은 시간을 보낸 사람이 반드시 순위가 높은 게
아니라는 것이다.

　　리처드 윌리엄스Richard Williams는 테니스에서도 이와 같은 원리
가 통한다는 것을 일찌감치 알고 있었다. 그 결과 그의 딸 세레나
Serena와 비너스Venus는 일반적인 통념을 거슬렀다.[4] 프로로 전향하
기 전 몇 해 동안 주니어 테니스 토너먼트에 출전하지 않은 것이
다. 대신 그들은 학교와 코트에서 진지한 학생으로 임했다. 〈킹 리
처드King Richard〉라는 전기 영화를 보면, 리처드가 딸들의 성공을 위
해 얼마나 주도면밀한 계획을 세웠는지 알 수 있다. 테니스 시간을
경기가 아닌 연습에 할애했고, 그렇게 그들은 세계 최고가 되었다.
윌리엄스 자매가 배운 가장 중요한 사실은 개선의 주된 방법이 모
든 시간을 경쟁에 쏟아붓는 일이 아니라는 것, 달리 표현하자면 만
성 성과 증후군에 갇히지 않는 것이란 점이다. 어떤 분야든 개선과
높은 성과를 위해서는 2개의 서로 다르지만 똑같이 강력한 마음의
상태, 즉 학습 영역Learning Zone과 성과 영역Performance Zone에 참여해
야 한다.[5] 각 영역은 목적이 다르며 요구하는 초점과 도구들도 다
르다. 소금과 후추처럼, 두 영역 모두 우리 삶의 레시피에 영향을

주고 성장을 돕지만(3장에서 살펴볼 것이다) 그 성질은 매우 다르다.

　최선을 다해 어떤 일을 하면서 실수를 최소화하려 노력할 때, 우리는 성과 영역으로 들어간다. 체스나 테니스 토너먼트에 참가하거나 촉박한 시간 안에 과제를 완수하려 할 때처럼 말이다. 이 영역에서는 시간을 최대한 활용하는 방법, 최선을 다해 일하는 방법을 배울 수 있다. 하지만 항상 최고의 성과를 목표로 분투해야 한다는 의미는 아니다. 모든 시간을 성과 영역에 할애하면 이내 정체, 좌절감, 번아웃이 뒤따른다. 그것이 바로 만성 성과 증후군이다. 앞서 이야기한 지노를 기억하는가? 그는 자신의 식당을 운영하느라 필사적으로 노력하고 있었지만 앞으로는 나아가지 못하는 만성 증후군에 갇혀 있었다.

　그것이 학습 영역에 들어가야 하는 이유다. 학습 영역에서는 기술과 지식을 성장시키는 데 집중한다. 체스 선수라면 기존의 역량을 약간 넘어서는 체스 퍼즐을 푸는 것, 프로 농구 선수라면 점프슛만을 30분간 연습하는 것, 배우라면 오디션 전에 코치에게 아프리칸스어Afrikaans(네덜란드어에서 발달한 언어로 남아프리카공화국에서 사용됨-옮긴이) 억양을 배우는 것, 영업 사원이라면 새로운 고객과의 만남에서 여러 가지 피칭을 시험해 보고 어떤 것이 가장 좋은 결과로 이어지는지 추적하는 것이 여기에 해당된다. 학습 영역에서는 탁월함을 향해 나아가는 여정에서 질문하고, 실험하고, 실수를 한 뒤 반성하고, 조정을 가한다. 이것은 개선된 기술과 뛰어난

결과라는 형태로 미래의 배당을 낳는 장기적 투자다. 학습 영역 참
여에 꼭 많은 시간을 할애해야 하는 것은 아니다. 다만 의지가 필
요하다. 피드백을 구할 때, 새로운 방식으로 일을 시도할 때, 우리
가 입찰한 모든 계약을 경쟁사가 계속 따내는 이유를 살필 때마다
우리는 학습 영역으로 들어가게 된다. 누군가가 내가 한 일에 대해
비판할 때 분노로 대응하는 대신, 그들을 진정으로 이해하고 그들
로부터 배움을 얻겠다는 솔직한 시도로 그들이 어떤 이야기를 하
는지 귀를 기울이기로 결정하는 때가 학습 영역을 수용하는 순간
이다.

　　당신이 프로 골퍼라고 생각해 보자.[6] 학습 영역은 골프 연습
장에서 하는 일이다. 그곳에서 당신은 다양한 어프로치를 실험하
고 어떤 것이 가장 효과가 좋은지 확인한다. 골프 토너먼트는 당
신이 가장 잘하는 것에 집중해 성과 영역에서 시간을 보내는 곳이
다. 골프 연습장은 부담이 큰 상황에서 우리가 탁월한 경기 운영을

	성과 영역	학습 영역
목표	성과	개선
활동의 목적	성과	개선
집중하는 부분	완전히 익힌 것	알지 못하는 것
실수	피한다	예상한다
주된 혜택	즉각적인 결과	성장과 미래의 결과

할 수 있게 대비하는 곳이다. 두 영역을 구분할 수 있게 되면 왜 그토록 많은 사람이 만성 성과 증후군에 사로잡히는지 쉽게 알 수 있다. 대부분의 조직은 학습을 염두에 두고 만들어지지 않는다. 직장을 관찰해 보면 승진으로 가는 길은 차안대遮眼帶(경마에서 말이 측면이나 후면을 볼 수 없도록 말머리에 씌우는 기구-옮긴이)를 낀 경주마처럼 흠결 없이 목표를 향해 경주해야만 하는 환경이라는 것을 알게 될 것이다. 하지만 우리는 이런 접근 방식이 혁신과 성장을 방해한다는 사실을 우리는 깨닫지 못한다. 성장의 문화, 지속적인 개선이 성과의 향상을 이끄는 그런 문화를 조성하고자 한다면, 성장하고자 하는 노력이 그 가치를 보상받을 수 있도록 해야 한다. 결국 우리는 자신과 동료들에게 토너먼트만이 아니라 연습장도 함께 제공해야 한다.[7]

학습이 성과를 부른다

어느 날 아침 리지 딥 메츠거Lizzie Dipp Metzger는 도울 일이 없는지 보기 위해 남편의 사무실을 찾았다.[8] 그녀는 그날 오후 자신이 할 일거리를 들고 사무실을 나갔다. 리지와 그녀의 남편 브라이언Brian은 힘겨운 시기를 지나고 있었다. 브라이언은 주문형 레이싱 카를 제작하는 사업을 그만두고 고향인 엘패소로 돌아온 참이었다. 그들은 아직 대출을 갚고 있는 중이었다. 그때 셋째 아이를 임

신했다는 것을 알게 되었다. 브라이언은 이사 후에 뉴욕라이프_{New}
York Life에서 보험을 판매하는 일을 시작했다. 리지는 가족이 이 어
려운 전환기를 무사히 통과하도록 하기 위해 할 수 있는 일이라면
무엇이든 했다. 때때로 생명보험이 필요할 만한 사람들의 전화번호
를 모아 아이들을 데리고 브라이언의 사무실로 가서는 그가 꼭 전
화를 걸도록 하기도 했다. 그 과정에서 리지는 매니저들의 눈에 띄
게 되었고, 그들은 그녀가 일에 열의를 가지고 있다는 것을 깨달았
다. 그들은 리지에게 뉴욕라이프의 보험 설계사 자리를 제안했다.

　그녀는 보험에 특별한 관심이 없었고 자신이 영업에 소질이
있다고도 생각지 않았다. 생명보험을 판다는 것은 리지에게 큰 변
화였다. 하지만 그녀에겐 잃을 것이 없었고 그녀는 그렇게 그 일에
뛰어들기로 결정했다. 성과의 역설에 빠져 매일 가능한 한 많은 영
업 전화를 걸겠다는 마음을 먹게 되기 쉬운 상황이었다. 하지만 리
지는 새로운 직업을 잘 해내기 위해서는 배워야 할 새로운 기술이
많다는 것을 알고 있었다. 따라서 처음부터 자신의 능력을 입증해
보이고 단기적인 수입을 극대화하는 일에 뛰어드는 대신, 새로운
일과 관련해 배울 수 있는 것들을 가능한 한 많이 배우면서 자신의
능력을 키우기 시작했다. 개인 금융과 고객에게 제안할 금융 상품
들에 대해서는 물론이고 동료들이 발견한 효과적인 전략과 도구들
에 대해서도 더 많은 것을 배워야 했다. 리지는 단순히 일에 뛰어
드는 것보다 기술을 개발하는 일이 우선이라는 점을 이해하고 있

었다. 첫 출발부터 그녀는 학습 영역을 위한 시간을 마련했다. 그
녀는 전문가로 자신을 개발할 수 있는 프로그램이 어떤 것인지 찾
고 최고의 위치에 있는 사람으로부터 배움을 얻기 위해 노력했다.
"들을 수 있는 모든 수업을 들었습니다. 한 번이라도 변명을 만들
어 빠지지 않도록 마음을 다잡았습니다. 매 분기에 마스터 코스 하
나, 지정 코스 하나를 마치겠다고 제 자신과 약속했습니다."[9] 리지
의 말이다. 결국 그녀의 인내는 빛을 발했다. 그녀는 최고의 멘토
와 코치들을 만나기 시작했고 그 과정에서 업계에서 최고의 성과
를 내고 있는 몇몇 설계사들이 정기적으로 모여서 함께 공부하는
스터디 그룹을 운영한다는 것을 알게 되었다. 그녀는 그 모임에 가
입을 요청했다.

보험 설계사가 되고 7년이 흘러, 리지는 수천 개 뉴욕라이프
지사에서 가장 높은 성과를 내는 설계사가 되었다. 4년 후에는《포
브스Forbes》가 선정한 미국 최고의 재무 설계사 중 12위에 이름을
올렸고, 이듬해에는 6위가 되었다.[10] 그녀의 보험 계약액은 총 6억
8000만 달러가 넘는다. 그녀가 세계 수준의 재무 설계사가 될 수
있었던 것은 자신의 기술을 개선할 능력이 있다는 신념에 효과적
인 학습 습관이 더해졌기 때문이다. 이제 당신 자신, 당신의 팀, 당
신의 조직에 대해 생각해 보자. 만성 성과 증후군을 극복하고 더
나은 학습 습관을 기를 기회, 리지처럼 완전히 새로운 수준의 성장
과 결과에 이를 기회가 보이는가?

우리는 진정으로 학습하는 법을 배운 적이 없다

일이나 취미에 귀중한 시간을 수없이 투자하면서도 실질적인
진전을 보지 못하는 사람이 그토록 많은 이유는 무엇일까? 새로
영입한 슈퍼스타급 직원이 우리가 알고 있는 그들의 역량에 훨씬
못 미치는 성과를 보이는 것은 왜일까? 진정으로 성장을 장려하고
촉진하는 조직을 만드는 것이 왜 그렇게 어려운 것일까? 우리 대
부분이 장기에 걸쳐 지속적으로 성장하고 개선하는 방법을 배운
적이 없기 때문이다. 고도로 숙련된 전문가들조차 마찬가지다. 우
리는 어떤 것을 더 잘하려면 열심히 해야 한다고만 배워 왔다. 혹
은 어떤 것에 능숙해졌다면, 혹은 뛰어난 실력을 갖추게 되었다면,
그것으로 됐다고 믿어 버리게 되었다. 이미 탁월하게 하는 일에 왜
더 노력을 기울여야 하지? 이렇게 생각하게 된 것이다. 이런 마음
가짐은 우리의 삶과 커리어에 치명적인 영향을 미친다. 성장에 헌
신하지 않으면 뒤처질 위험이 있다. 체스 게임을 가능한 한 많이
하는 것이 게임을 잘하는 최선의 전략이 아니듯, 일을 반복적으로
한다고 해서 보험 영업에서[11] 혹은 프레젠테이션에서 진전을 보이
는 것은 아니다. 일과 동시에 실험을 하고, 피드백을 구하고, 반성
하고, 변화를 실행하지 않는 한은 말이다. 기술적인 실행에 관해서
라면, 우리는 일의 완수에 집중하는 것을 멈추고, 학습 습관을 받
아들여야 한다.

학교에서의 내 경험을 떠올려 보면, 교실에서의 기억이 흐릿하다. 내게 학교는 절대 사용할 일이 없을 것 같은 대수 방정식, 누구 것이든 전혀 관심이 없는 암석, 나와 아무 관련도 없는 역사 속 인물과 장소 등 내 인생과 아무런 관계도 없다고 느껴지는 일들에 대해 강의하는 교사들의 끝없는 퍼레이드였다. 그 경험은 교사와 부모님, 그리고 시스템을 만족시키는 방법, 사실을 암기하고, 시험에 통과하고, 다음 단계로 진전하는 방법을 확실히 파악하게 해 주었다. 그렇다면 그 대가는 무엇일까? 나는 만성 성과 증후군에 갇히게 되었다. 돌이켜 보면 나는 내 인생과 진정으로 관련이 있어 보이는 어떤 것에 대해서도 배우지 못했다. '학습'의 목표는 그 외의 일들을 하기 위해 학위를 따는 것이라고 배웠다. 나는 실리콘밸리의 직장이라는 현실 세계까지 그 비극적인 가르침을 끌어들였다. 나는 '내 일을 하는 데' 너무 집중한 나머지, 일을 더 효과적으로 할 수 있게 해 주었을 귀중한 학습 기회들을 놓쳤다. 즉 나는 성과의 역설에 사로잡혀 있었다.

실리콘밸리는 업무를 겸한 점심 식사에 큰 가치를 두는 문화를 갖고 있다. 지금 생각해 보면 학습 지향적인 문화였다. 사람들은 이 자리에서 여러 가지 질문을 하고, 서로의 지혜를 나누며, 새로운 트렌드, 사업 전략과 식견을 공유한다. 나는 이 비즈니스 런치를 피상적인 인맥을 만드는 자리라고 여겨서 피하곤 했다. 그 당시 동료들로부터 내가 하고 있는 일에 대해서 얼마나 많은 것을 배

올 수 있는지 알았더라면 비즈니스 런치에 훨씬 더 많이 참석하고
그 시간을 즐길 수 있었을 것이다.

넷플릭스의 공동 창업자이자 전 CEO인 리드 헤이스팅스Reed
Hastings는 자신의 책[12], 《규칙 없음No Rules Rules》에서 자신과 다른 실
리콘 밸리의 경영진들이 종종 서로를 따라다니면서 대화를 나눈다
는 이야기를 들려주었다. 내가 커리어 초기에 깨닫지 못했던 것을
그는 이미 파악하고 있었다. 학습은 교실에서만 이루어지는 것이
아니라는 사실을 말이다. 학습은 우리가 어떤 위치에 있든 일과 삶
에서 계속해야 하는 것이다. 이런 유형의 직업적인 성장, 혁신, 기
술적인 실행 사이의 관계를 일찍 알았더라면 하는 아쉬운 마음이
든다.

학습과 성과 사이의 관계에 대해서 명확히 알고 싶었던 것이
나만의 바람은 아니었다는 점을 나중에야 알게 되었다. 몇 년 후,
두 영역의 프레임워크를 경영진과 전문가 대상의 내 워크숍에 통
합하기 시작한 나는 대단히 많은 사람이 비슷한 갈망을 갖고 있다
는 것을 발견했다. 사람들은 학습과 성과 사이의 차이를 파악하고,
성과의 역설에 얼마나 심하게 걸려들어 있는지를 깨닫고 난 후, 그
들의 일과 삶에서 펼쳐지는 역학을 보다 명확하게 볼 수 있게 되었
다. 이 프레임워크는 강력한 통찰력과 생생한 대화를 만들어 내며,
명확성과 더 나은 팀 조율을 이끌어 낸다. 내 클라이언트들처럼 학
습과 성과, 두 영역의 생생한 이미지를 얻고 싶다면, 일상에서 한

발 걸어 나와 곡예의 영역으로 들어가 보자.

세계 수준의 곡예사가 되는 법

태양의 서커스Cirque du Soleil를 본 적이 있는 사람(3억 7500만 이
상이 그 범주에 속한다)이라면 이 형태의 예술을 구현하기 위해서 연
기자에게 비범한 기술이 있어야 한다는 것을 익히 알 것이다. 50
여 개국 이상의 1000명이 넘는 연기자들이 보여 주는 경외감을
자아내는 곡예는 인재 개발 시스템이 원활하게 기능하지 않고서는
구현이 불가능한 일이다.[13] 아마 대개의 사람들은 태양의 서커스의
연기자들이 무대에서 이루어지는 루틴을 연습하는 데 많은 시간을
할애했기 때문에 그 자리에 있는 것이라고 생각할 것이다. 그럼 푸
른색과 노란색 줄로 가려진 서커스 천막을 걷고 그 안을 자세히 살
펴보기로 하자.

사실 몬트리올에 있는 태양의 서커스 국제 본부의 연습실[14]이
나 길에 세워진 연습 텐트에 걸어 들어가면, 연결이 끊기거나 연기
자가 매트나 망에 떨어지는 모습을 많이 접하게 된다. 이미 철저히
알고 있는 것을 연습하는 데에는 많은 시간을 투자하지 않기 때문
이다. 대신 그들은 새로운 곡예에 필요한 역량을 키우는 데 열중한
다. 이 과정을 통해 연기자들이 발전하고, 쇼가 진화하고, 조직은
시간을 성과 영역에서만 보낼 때 발생할 수 있는 정체를 피할 수

있다. 태양의 서커스는 많은 연기자를 올림픽 출전 선수들, 세계 최고의 기량을 키워 내는 최고 수준의 코치들 밑에서 수년간 효과적인 훈련을 해 온 선수들 중에서 선발한다. 그럼에도 불구하고 태양의 서커스에 입단해 몬트리올에서의 교육이 시작되면 그들은 몇 주, 혹은 몇 달에 거쳐 쇼에 참여하는 데 필요한 기술과 루틴을 배운다. 본부를 떠나 공연을 시작하는 연기자들의 일과는 정오에 출근하는 것으로 시작되곤 한다. 하지만 하루의 대부분은 밤의 공연 무대에서와 같은 연기에 할애되지 않는다. 그들은 오후를 온통 학습 영역에 할애한다. 공중제비를 할 수 있는 횟수를 늘리거나 이전보다 더 많은 횃불을 돌리는 것과 같은 특정한 기술을 연마하는 것이다.

이 중요한 시기에 안전을 보장하는 핵심적인 방법들이 있다. 예를 들어 연기자가 새로운 도전을 받아들일 수 있다고 느낄 때까지 횃불에 불을 붙이지 않는 것이다. 물론 직장에서 불이 붙은 막대를 공중에 던지고 받아야 하는 사람은 많지 않을 것이다. 하지만 좀 더 생각해 보면 대부분의 사람이 건강, 안전, 생계에 중대한 영향을 미치는 여러 가지 결정을 곡예하듯 처리하고 있다. 우리가 하는 많은 선택이 불이 붙은 막대가 아닌 숫자나 단어를 만지는 일이기 때문에 덜 위험하고 덜 중요하다고 할 수 있을까? 그렇다면 우리는 팀원들이 역량을 향상시킬 수 있도록 확실한 안전망을 마련해 두고 있는가? 태양의 서커스와 같은 혁신적인 기업의 연기자들

은 학습과 성과 사이의 차이를 파악하는 훈련을 받는다. 과연 우리
는 일이나 생활을 그런 식으로 파악하고 있을까?

연습은 완벽을 만들지 못한다

멜라니 브룩스Melanie Brucks는 스탠퍼드 경영대학원의 박사 과
정 학생이었다. 그녀는 창의성에 대한 과학 논문을 조사하다가 놀
라운 것을 발견했다. 연습과 반복이 더 창의적인 돌파구로 이어질
수 있는지에 대한 연구가 거의 없었기 때문이다. 대부분의 사람이
당연히 그럴 것이라고 가정하고 있었던 것이다. 멜라니는 스탠퍼
드의 동료인 마케팅학과 교수 후앙 쯔치Szu-chi Huang와 팀을 이뤄 브
레인스토밍에 "연습이 완벽을 만든다"라는 말이 적용되는지에 대
한 조사를 시작했다. 문제는 간단하고 직설적이었다. "매일 연습
하면 브레인스토밍을 더 잘하게 되는가?"[15] 답은 완벽한 "노"였다.
매일 브레인스토밍에 시간을 할애하자 결과는 오히려 악화되었다.
더 흥미로운 점은 연구 대상자들은 자신들이 나아지고 있다고 생
각했다는 것이다. 반면 심사위원단은 거기에 동의하지 않았다. 아
이디어의 창의성은 떨어졌다. 대체 무슨 일이 일어난 것일까?

멜라니와 후앙은 참가자들에게 실행을 통한 연습을 지시했다.
하지만 실행을 통한 '연습'은(정기적으로 브레인스토밍 시간을 갖거나,
체스 게임을 많이 거나, 많은 환자를 보는 등) 사실상 연습이 아니다.

그들이 실제로 하고 있는 일은 실행, 즉 어떤 일을 최선을 다해 하려고 노력하는 것이었다. 응원을 하는 관객이나 평가하는 매니저가 없다면 실행처럼 보이지 않을 테고, 브레인스토밍과 같은 창의적인 일에 관여할 때라면 실행하는 것처럼 느껴지지도 않을 것이다. 하지만 당신의 뇌는 그 둘의 차이를 알지 못한다. 뇌는 여전히 아는 것에 집중하면서 최선을 다하려 노력할 뿐이다. 그렇다면 그런 연습이 정말 완벽을 만들까? 그렇지 않다. 사실 완벽은 내가 가능하면 쓰지 않으려고 무척 노력하는 단어다. 이 단어는 더는 개선의 여지가 없다는 것을 암시하며, 그것은 곧 고정 마인드셋의 정의이기 때문이다. 완벽은 진보의 방향이 될 수는 있겠지만 목적지가 될 수는 없다. 완벽이란 도달할 수 없는 것이기 때문이다.

하지만 멜라니와 후앙의 연구는 연습이 완벽은커녕 진전이라는 결과조차 내지 못한다는 것을 보여 준다. 아는 한도에서 일을 하는 식으로 연습을 한다면 말이다. 효과적인 연습에는 구체적인 하위 기술에 집중하고, 도전적인 것을 시도하고, 피드백을 통해 오류를 수정한 뒤, 다시 시도하기를 반복한다. 다시 말해서 효과적인 연습은 아직 숙달하지 못한 것에 주의를 기울여 아직 이해하지 못하거나 잘하지 못하는 것과 씨름하는 일이다. 그것이 학습 영역에 속해 있다는 것이 의미하는 바다.

브레인스토밍 기술을 개발하고자 하는 팀이 의도적으로 학습 영역에 참여하려면 어떻게 해야 할까? 팀원들은 전략을 테스트한 뒤 그 전략들이 보다 풍성한 브레인스토밍 시간으로 이어지는지 분석해야 한다. 연구에 따르면 여러 문화가 섞인 다양한 배경의 사람들을 포함시킴으로써 브레인스토밍의 효과를 높일 수 있다고 한다.[16] 효과가 입증된 다른 접근법으로는 다른 사람의 영향을 받기 전에 혼자 생각할 시간을 갖거나[17], 아이디어의 질보다 양에 집중하거나[18], 브레인스토밍 전에 게임(일례로 팀 전체가 워들Wordle(단어 맞추기 게임-옮긴이)을 하는 등)을 하는[19] 방법이 있다.

다음 브레인스토밍 시간 전에는 참가자들이 잠시 산책을 한 뒤 회의에서 나온 아이디어와 토론의 질을 평가하는 테스트를 해 볼 수도 있다. 여기에서 내가 강조하고 싶은 것은 브레인스토밍 시간의 효율을 높이는 방법이 아니라 우리가 개선하고자 하는 모든 것에 효과적인 학습 전략을 끌어들이는 방법이다. 그것이 성과의 역설을 극복하는 데 필요한 일이다. 명심할 것은 학습 영역에서는 (개선이 목표일 때) 아직 숙달하지 못한 것에 집중해야 한다는 것이다. 이는 실행 과정에서 빈틈이 발생할 수밖에 없다는 의미이기도 하다. 브레인스토밍이든, 회의를 원활하게 운영하는 것이든, 고객의 전화에 응대하는 것이든, 비행기를 디자인하는 것이든 학습 영역에서 하는 모든 것은 도전하고, 실수를 검토해서 배움을 얻고, 무엇을 개선할지 판단하는 것이다.

그렇다면 두 영역을 통합해, 달성해야 하는 것을 실행하면서 배움을 얻을 수 있다면 어떨까? 이 질문에 대한 대답을 찾기 위한 사례로 가장 최근 장을 보러 갔던 기억을 떠올려 보자. 당신은 하나 이상의 목표를 곡예하듯 한꺼번에 해냈을 것이다. 좋아하는 음식을 고르면서, 가족들의 요청을 충족시키고, 예산을 지키면서, 새로운 요리법을 시도해 보기 위한 재료를 찾았을 것이다. 이런 다양한 목표들을 어렵지 않게 오갈 수 있었을 것이고, 어쩌면 자신이 예산 목표와 간식의 기호 사이를 오가고 있다는 것을 의식조차 하지 못했을 것이다. 이런 유려한 흐름을 학습 목표와 성과 목표 사이에서도 달성할 수 있다면 어떨까? 불가능한 일이 아니다. 사실 효과적인 팀과 조직들은 모두 그런 식으로 운영되고 있다. 이것이 높은 수준으로 일을 해내면서 기술을 비약적으로 발전시키는 방법이며, 기업들이 상당한 성장률을 보이고 큰 영향력을 행사하면서 시장에서 리더가 되는 방법이다.

영역은 마음의 상태다

영역이란 도대체 무엇이며, 또 무엇은 영역이 아닌 걸까? 학습 영역과 성과 영역은 마음의 상태이며 거기에 관련된 전략이라 볼 수 있다. 여기서 말하는 영역은 어떤 장소나 시간, 영구적인 상태가 아니라 사고와 행동의 방식이다. 그렇다면 당신이 어떤 영역에 있는지는 무엇이 결정할까? 현재 당신이 주의를 기울이고 있는 것이 결정한다. 당신이 기술을 개선하고 학습을 촉진하는 전략을 사용하는 데 집중하고 있다면, 당신은 학습 영역에 있는 것이다. 당신이 능력을 최대한 발휘해서 실행하는 데 주의를 기울이고 있다면, 당신은 성과 영역에 있는 것이다.

정체는 새로운 신호다

난처한 부분이 있다. 기술 발전의 초기 단계에서라면 실행이 곧 성장으로 이어질 수도 있다. 뭔가 새로운 것을 시도할 때는, 실행만으로도 기술이 0인 상태에서 숙련의 초기 단계까지 올라갈 수 있다.[20] 무대 공포증이 있는 사람이 프레젠테이션(처음 해보는 일)을 하라는 지시를 받았다고 가정해 보자. 동료들 앞에 나서서 이야기를 하는 식의 실행만으로도 개선해야 할 부분을 알아차릴 수 있을 것이다. 프레젠테이션 도중에 농담을 했고 그 때문에 분위기가 좋아졌다면 다음에는 꼭 농담을 포함시켜야겠다고 생각할 수도 있다. 사람들이 이전의 슬라이드를 다시 보여 달라고 했다면 사람들의 이해도를 확인해야 한다는 것을 배울 것이다. 동료가 유용한 피드백을 주었다면 무대에 오르는 것이 꼭 그렇게 겁이 나는 일은 아님을 깨닫게 될 것이다. 이제 두 번째, 세 번째 프레젠테이션은 분명 첫 번째보다 나아질 것이다.

하지만 어느 정도 실력이 붙은 뒤라면 무대에 올라 사람들 앞에서 이야기를 하는 것만으로는 기술을 더 향상시킬 수가 없다. 만

성 성과 증후군에 갇혀, 준비하는 시간은 점점 짧아지고 같은 방법
과 농담을 반복적으로 사용하기 시작할 것이다. 곧 발전은 중단될
것이다. 스스로도 그리고 관객도 프레젠테이션이 신선하지 않다고
느끼게 될 것이다. 그런 식으로 같은 일을 계속해서 반복하게 된다
면 예리하고 날카로운 면을 유지할 수 없다. 성과의 역설은 그렇게
작동한다. 계속해서 자신을 성과 영역에 제한하면, 지금은 높은 수
준으로 가동되는 기술과 효율성도 시간이 지나면서 곧 정체되고
심지어는 저하될 것이다.

비너스와 세레나의 아버지처럼 발전을 위한 단계를 제시하는
멘토를 만나는 행운을 누리지 않는 한, 우리는 학습 영역과 성과
영역의 차이를 이해하지 못한 채 나이를 먹는다. 결국 성취하는 방
식과 개선하는 방식이 같다고 생각하게 된다. 일을 완수하려면 그
저 열심히 해야 한다고 말이다.

우리의 노력이 정체로 이어지면, 우리는 가능한 곳까지 다 왔
다고 가정한다. 혹은 성공으로 가는 길은 더 늦게까지 더 긴 시간
일을 하는 것이라는 결론에 다다른다. 현실은 훨씬 자유롭다는 것
을 알지 못한 채, 성공을 지속적인 실행과 연관시키기 시작한다.
하지만 학습 영역에 정기적으로 참여하면 일을 더 현명하게, 더 효
율적으로, 더 효과적으로 할 수 있는 방법을 알아내고 배울 수 있
다. 연설 기술을 향상시키고자 한다면 경험이 많은 연설가와 자신
의 영상을 비교·분석하거나, 기법을 발전시킬 방법에 대한 책을 읽

고, 코치에게 훈련을 받고, 발표를 할 때마다 새로운 것을 시험해
보고, 피드백을 요청해야 한다. 이미 알고 있는 것에 의존하고 싶은
유혹이 들 때도 있겠지만(특히 시간이 촉박할 때), 학습 영역에 참여
하면 우선순위를 정하고, 협력하고, 짧은 시간에 더 많은 일을 완수
하는 능력을 개발시키는 법을 배워 오히려 시간을 창출해 낼 수 있
다. 또한 이 과정에서 즐거움도 찾을 수 있다. 학습 영역의 행동은
성장에 필수적이지만 성과 영역의 중요성도 잊어서는 안 된다.

성과는 혐오스러운 단어가 아니다

성장 마인드셋을 전하는 일을 시작했을 무렵 나와 동료들이
새롭게 알게 된 사실이 있다. 사람들이 학습의 힘을 깨달으면서 성
과에 반감을 키우는 경우가 많다는 것이다. 추가 다른 방향으로 지
나치게 몰린 것이다. 성장 마인드셋을 옹호하는 사람들 사이에서,
성과가 나쁜 단어로 비춰지기 시작했다. 사람들은 성과 목표가 학
습 목표보다 열등한 것처럼, 성과가 성장이나 개선과 상반되는 것
인 듯이 이야기했다.

너무나 많은 사람이 성장 마인드셋을 변화와 영향력 확대의
중요한 재료가 아닌 최종 목표로 보기 시작했다. 학습이 성장에 있
어 중요하기는 요소인 건 맞지만, 성과도 마찬가지로 중요하다. 셰
프가 새로운 레시피만 실험할 수는 없는 법이다. 셰프는 레스토랑

이 손님으로 꽉 찼을 때 신속히 음식을 만들어 접시에 올리고 서버의 손에 쥐어 주는 일도 해야 한다. 야구 심판이 자기의 판정 영상을 돌려 보고만 있을 수는 없다. 심판은 부담이 심한 가운데에서도 올바른 판정을 해야 한다. 그 때문에 수천, 수만의 팬으로부터 원성을 산다 해도 말이다. 마찬가지로 영업 사원이 효과적인 영업 기법에 대한 책만 읽고 있을 수는 없다. 잠재 고객을 고객으로 전환시켜야 한다.

성과는 결코 나쁜 것이 아니다. 성과는 반드시 필요하다. 성과는 일을 완수하며, 일에 기여하는 방법이다. 무작정 성과를 거부하는 게 능사가 아니다. 다만 학습과 균형을 맞추고 통합시켜 장기에 걸쳐서 결과를 향상시켜야 한다. 모든 시간을 성과에만 할애한다면 더 나아질 수 없고, 모든 시간을 학습에만 할애한다면 어떤 것도 해낼 수 없다. 두 영역을 모두 이용해야만 결과와 영향력을 더 향상시킬 수 있다.

그렇다면 하나의 영역에서 다른 영역으로 전환해야 하는 때를 어떻게 알 수 있을까?

미래에서 일하고 미래에서 산다

당신이 분기 마지막 주 할당량을 채워야 하는 영업 사원이라고 가정해 보자. 거액의 보너스가 걸려 있는 일이다. 할당량을 거의 다 채우기는 했지만 아직은 모자라다. 그럼 우리는 그 주에 새로운 전략을 테스트하면서 학습 영역에 들어가야 할까? 합리적인 답은 "노"다. 이때는 세일즈 피칭 기술에 대해서 다시 생각해 보거나 새로운 시장에 진입해 보려 시도할 만한 시점이 아니다. 단기 성과를 극대화하려 노력할 때는 성과 영역을 우선하는 것이 이치에 맞다. 하지만 새로운 분기가 시작될 때라면 새로운 제품의 사양이 왜 고객에게 의미가 없는지에 대해 더 파고들거나 새로운 표적 시장에 대해 더 파악하는 일이 필요하다. 이 시기에 학습 영역에 들어가지 않는다면 영업 실적은 정체, 심지어는 하락할 것이다.

지속적인 변화에 준비를 갖추지 못하는 것(그리고 더 넓게는 미

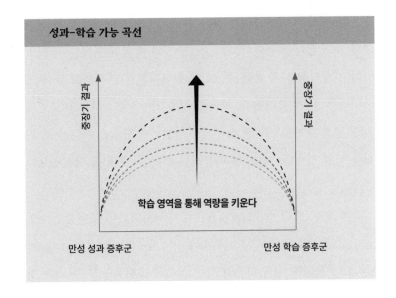

래를 고려하지 못하는 것)을 행동 경제학자들은[21] 현재 편향present bias
이라고 부른다. 달리 말해 인간은 현재를 과대평가하고 미래를 과
소평가한다는 것이다. 우리가 성과에 만성적으로 집착하는 데에는
지금 당장 일을 완수하고 즉각적인 보상을 얻는 데 집중하는 성향
이 큰 몫을 한다. 우리는 매주를 성공과 실패를 가르는 분기 말처
럼 대한다. 마치 상사가 우리에게 바라는 것이 그런 것이라고 생각
한다. 조직과 사회의 모든 수준에서 현재 편향이 판을 치고 있다.
나는 벤처 캐피털로 옮기기 전 월스트리트 투자 은행의 애널리스
트로 일하면서 투자자들이 상장 기업의 가치를 평가할 때 장기적
인 성장 전망보다는 주로 보고된 순이익이나 다음 분기의 예상이
익을 판단의 근거로 삼는 것을 직접 목격했다. 문제는 회사가 올해
혹은 다음 해에 벌어들이는 것은 주주가 앞으로 벌어들일 돈과 거
의 관계가 없다는 점이다. 당신이 2007년 애플의 주식을 갖고 있
었다고 생각해 보자. 애플은 그 해에 아이폰을 출시했고 그 해의
순이익은 35억 달러였다. 미래의 성장 가능성이 아닌 2006년과
2007년의 수익을 기반으로 주식을 팔았다면 당신은 큰돈을 벌 기
회를 놓친 것이다. 2022년 애플의 순수익은 1000억 달러였으니
말이다.

애플의 CEO 팀 쿡Tim Cook은 2018년 데이비드 루벤스타인
David Rubenstein의 토크쇼 〈피어투피어 컨버세이션즈Peer-to-Peer Conver-
sations〉에 출연해 이를 다음과 같은 식으로 표현했다.[22] "우리는 장

2장 | 배움의 장에 뛰어들어라

기를 내다보고 애플을 운영합니다. 저는 90일 동안 아이폰 몇 대를 파느냐에 집착하는 것을 늘 이상하다고 생각했습니다. 우리는 장기적인 유형의 의사 결정을 합니다." 물론 미래를 예측하는 것은 쉬운 일이 아니며 그것이 현재 편향이 시장을 지배하는 이유 중 하나다. 하지만 애널리스트와 투자자들에게서 비롯된 이런 압력 탓에 많은 고위 경영진이 가능한 성과 영역에만 매달리곤 한다. 이런 태도는 시간이 흐르면서 성과를 저해하며, 조직 전체로, 더 크게는 문화 전반으로 확산된다. 현재의 압력에도 불구하고 팀 쿡을 비롯한 성공적인 혁신가와 비즈니스 리더들은 생존과 번영의 유일한 길이 미래를 보고 미래를 만들어 나가는 데 필요한 역량을 키우는 것임을 누구보다 잘 알고 있다. 아마존의 창립자 제프 베이조스Jeff Bezos에 따르면, 아마존의 고위 경영진은 '미래에서 살라는' 압박을 받는다고 한다.[23] "아마존의 모든 고위 경영진은 저와 같은 방식으로 움직입니다. 그들은 미래에서 일하고 미래에서 삽니다. 제게 보고를 하는 어떤 사람도 현 분기에 초점을 맞추지 않습니다." 그는 〈피어투피어 컨버세이션즈〉에서 역시 억만장자인 기업가 데이비드에게 이렇게 말했다. "사람들이 나를 불러 세워 '이번 분기 실적이 잘 나왔네요. 축하드립니다'라고 말하면 저는 '감사합니다'라고 대답합니다. 하지만 속으로는 '이번 분기 실적은 이미 3년 전에 만들어진 것인데'라고 생각하죠. 2~3년은 앞서가야만 합니다."

최고의 혁신가들은 항상 다음에 올 것을 개발하기 위해 움직인다. 그렇다면 미래를 창조하기 위해 봉급을 받는 것이 아니라 회사의 현재 임무를 완수하기 위해 봉급을 받는 우리들의 경우에는 어떻게 해야 할까? 영향력을 키우고자 노력하는 것은 곧 현재와는 다른 미래를 만들려고 노력하는 것과 같다. 그것은 더 다양한 제품군일 수도, 더 나은 고객 서비스, 운영의 간소화, 더 많은 사람에게 서비스를 제공하는 일일 수도 있다. 이런 영역을 개선하는 책임을 맡고 있는 경우, 학습 영역에 참여하지 않고서는 그 목표를 달성할 수 없다. 스스로가 만성 성과 증후군을 경험하고 있는지 알고 싶은가? 이렇게 자문해 보자. "나는 현재 어떤 능력이나 자질을 개발하기 위해 노력하고 있는가?" 대답이 "모르겠다"라면 당신은 아마 만성 성과 증후군을 겪고 있을 것이다. 이번에는 믿을 만한 동료에게 물어보자. "내가 현재 어떤 능력이나 자질을 개발하기 위해 노력하고 있다고 생각하는가?" 동료가 이 질문에 답을 하지 못한다면, 혹은 당신이 정기적으로 그들의 피드백을 요청하고 있지 않다면 당신은 학습의 힘을 활용하지 못하고 있는 것이다. 학습 영역에 시간을 할애하는 것은 더 나은 성과를 내는 기술을 구축한다. 그리고 그와 동시에 성과 영역으로 돌아왔을 때 우리가 생각하는 방식도 바꾸어 놓는다. 우리는 실행 중에도 피드백과 성찰의 기회를 구축할 수 있는 방법을 배운다. 다시 말해 두 영역을 통합하는 방법을 배우는 것이다. 이는 다음 장에서 자세히 살펴볼 중요한 기술이다.

성찰

* 학교 이외에 학습 영역에 참여한 때는 언제인가, 거기에서 어떤 결과를 얻었는가?

* 나는 일과 삶에서 학습 영역에 얼마나 참여하고 있는가?

* 나의 팀과 조직은 학습 영역에 얼마나 참여하고 있는가?

* 두 영역을 더 적절히 내재화하면 내 삶은 어떻게 달라질 것인가?

과제

* 바쁘게 돌아가는 일상에서 학습 영역을 어떻게 통합할 수 있을까?

3장

일하면서도
배울 수 있다

실행을 통한 학습은 불가능하다. 하지만 '실행하는 동안의
학습'은 가능하다. 우리 대부분은 시간을 온전히 학습 영역에
할애하는 데에서가 아니라 일하는 방식을 바꿔 일을 완수하는
과정과 동시에 주기적으로 알고 있는 것 너머로 도약하는 데에서
가장 좋은 기회를 발견할 수 있다.

사이먼 티스미네즈키Simon Tisminezky가 화장품 구독 서비스 입시
Ipsy[1]의 성장을 이끄는 역할을 맡게 되었을 때 회사는 아직 규모가
작은 상태였다. 직원 20명 모두가 산마테오에 있는 큰 사무실 하
나에 모여 있었다. 하지만 사이먼은 일찍이 이 회사의 성장 잠재력
을 알아보았다. 입시는 다른 어떤 구독 서비스 회사보다 고객 유지
능력이 좋았다. 실제로 입시의 고객 이탈률(고객이 서비스 가입을 해
지하는 비율)은 최근 상장한 넷플릭스와 비슷했다. 이는 고객이 입
시의 서비스에 가치를 둔다는, 입시가 뭔가 특별한 것을 알아냈다

는 의미였다. 하지만 이 스타트업에게는 결정적인 문제가 있었다. 성장이 지나치게 빨랐던 것이다. 너무 빨라서 고객의 수요에 맞출 만큼 충분한 제품을 확보할 수가 없었다. 당시 입시의 서비스는 대단히 직관적이었다. 구독자는 매달 립글로스부터 세럼, 팩, 향수에 이르기까지 화장품이 가득 찬 새로운 '글램백Glam Bag'을 받았다. 그런데 고객들이 이 회사에 매력을 느끼게끔 만들었던 바로 그 요소가 성장에 문제가 되었다. 글램백에는 다른 파트너 회사들의 화장품 샘플이 들어 있었다. 그 샘플들은 몇 개월 앞서 주문해야 했는데, 입시가 너무나 빨리 성장하면서 얼마나 많은 제품이 필요할지 예측하는 것이 어려워졌다.

자원이 제한적인 작은 규모의 스타트업이었던 그들은 초과 주문을 경계했다. 하지만 서비스에 대한 입소문이 창업팀의 예상보다 훨씬 빠르게 퍼지자 그들은 스타트업의 초고속 성장 단계에 흔히 일어나는 문제에 직면하게 되었다. 제품보다 고객이 많았던 것이다. 팀은 기대가 큰 이 새로운 고객들을 놓치지 않기 위해 제조와 물류 과정이 속도를 따라잡을 때까지 신규 가입자를 대기 명단에 올려 두었다. 그렇다면 고객 확보의 속도를 더 높이는 것이 주된 역할인 사이먼은 어떤 입장에 놓였을까? 사이먼은 학습에만 매진하는 여유를 부릴 수가 없었다. 그는 회사가 구가하고 있는 인기를 자본화하는 데 힘을 보태야 했다. 하지만 성장을 책임진 새로운 리더가 성과 영역에만 갇혀 있을 수도 없는 일이었다. 결국 그

는 성장을 가속할 방법을 찾는 것과 동시에 회사가 앞으로 수년 동
안 지속할 수 있는 절차를 마련할 방법도 알아내야 했다. 사이먼은
기하급수적인 성장을 관리하는 일에 익숙했다. 그는 데이트 사이
트 스피드데이트SpeedDate의 공동창립자이자 CEO로서 이 스타트업
이 2000만 사용자, 1000만 달러의 연매출을 달성하도록 성장시
킨 이력이 있었다. 반면 입시나 미용, 소비재에 대해서는 잘 알지
못했다. 그는 어떻게 동시에 학습과 성장에 집중할 수 있었을까?

배울 시간이 없다는 핑계

조직이나 개인과 함께 15년 넘게 일을 해 오면서, 특히 성장
과 학습을 촉진하고자 하는 초기 단계에서 그들이 자주 겪는 혼란
을 다수 접한 바 있다. 대개 이런 식이다.

"개선할 수 있는 부분이 있다는 것을 알지만 언제요? 전 이미 일주
일에 80시간을 일하고 있어요."
"예산이 충분하다면, 학습에 더 많은 시간을 할애할 수 있게 해줄
겁니다. 하지만 지금 이대로도 모두가 할 일이 너무나 많다고요."
"이번 분기 목표 달성에 대한 부담이 이렇게 크지 않았다면, 3~4년
후에 필요한 역량을 키우는 데 더 집중할 수 있겠죠. 하지만 지금 저
희는 그럴 상황이 아니에요."

당신도 이런 질문을 던져 본 적이 있을 것이다. 우리가 학습에 투자하는 시간이 가치를 보장받으려면 어떻게 해야 할까? 어떻게 하면 실제로 성과를 개선하는 유형의 학습에 집중할 수 있을까? 학습 영역에 투자하는 것이 정말로 시간을 되돌려 줄 수 있을까? 바로 이번 장에서 세계 최고의 성과를 내는 사람들은 어떻게 강한 부담을 안고도 두 영역 사이를 이동하면서, 그 과정에서 시간을 아끼고, 성장을 가속하고, 성과를 높이는지 알아볼 것이다.

높은 고도에서의 학습

아카데미상을 수상한 다큐멘터리 영화 〈프리 솔로Free Solo〉[2]는 세계에서 가장 유명한 프리 솔로 등반가 알렉스 호놀드Alex Honnold의 여정을 다룬다. 그는 로프라는 안전장치 없이 믿을 수 없이 높은 곳을 오르는 등반가다. 엘 캐피탄El Capitan이라고 알려진 요세미티 국립공원Yosemite National Park의 3000피트(약 914.4미터) 수직 암반을 프리 솔로로 등반한 사람은 지금까지 호놀드가 유일하다.

하지만 프리 솔로 등반을 시도하기 전, 호놀드는 이미 로프를 이용해 마흔 번이나 엘 캐피탄을 올랐다. 이를 통해 그는 엘 캐피탄에 대해 자세히 파악했다. 그는 특정한 지점, 특히 난이도가 높은 구간에서 손과 발을 어떻게 위치시켜야 하는지 연구했다. 그의 연습에서 핵심이 되는 부분은 프리 솔로 등반 때 각 자세가 어떤 느낌일지 상상하는 것이었다.

호놀드가 학습 영역으로 들어간 것은 곧 생명을 구하는 일이나 다름없었다. 프리 솔로 등반 때는 어떤 실수도 용납되지 않기 때문이다. 로프가 없는 상태에서는 한 번의 실수만으로도 떨어져서 목숨을 잃을 수 있다. 그가 대부분의 등반에서 로프를 이용했던 것도 그 때문이다. 그는 감당할 수 있는 시간 동안만 성과 영역에 머물고 집중력을 잃는 순간에는 로프가 있는 학습 영역으로 돌아간다. 여기까지 보고 나면 당신은 아마 이런 생각을 할 것이다.

- 나는 목숨이 달린 일을 하지 않는다.
- 내 일은 예상이 불가능하고 빠르게 변화한다. 적어도 산은 한 곳에 있지 않은가!
- 나는 뭔가를 실제로 하기 전에 40회씩이나 연습할 만한 시간이 없다. 설사 그렇다 해도 내 상사는 절대 내가 그렇게 하도록 놔두지 않을 것이다.

그런 우려는 나도 충분히 이해한다. 하지만 일과 삶에서 학습과 성과의 두 영역을 통합한다면 우리는 더욱 시간을 절약하고 성과를 높일 수 있다. 알렉스 호놀드가 학습 영역에 쏟는 헌신을 배운답시고 암벽을 오를 필요는 없다.

도약이 유일한 선택지일 때

때로는 실행과 동시에 학습하는 것 외에 다른 방도가 없는 상황이 있다. 나는 수년 전 전 세계에 있는 보스턴컨설팅그룹Boston Consulting Group 수석 파트너들을 대상으로 온라인 기조연설을 하면서 이런 순간을 마주했다. 당시 나는 아내와 뉴멕시코 산타페에서 살고 있었다. 그날은 오전 12시 35분에 일어날 계획이었다. 그때 일어나면 오전 1시 40분에 있을 기조연설의 성과 영역에 들어가기까지 충분한 시간을 확보할 수 있다고 생각한 것이다.

나는 이 연설을 준비하기 위해 많은 노력을 기울였다. 보스턴컨설팅그룹의 여러 지사에서 프레젠테이션을 하면서 그 내용을 전 세계에 어떻게 공유하면 좋을지 곰곰이 생각해 보았다. 행사 전 몇 주에 걸쳐서 보스턴컨설팅그룹의 학습·개발팀과 협업하면서 연설을 조정했다. 심지어는 다른 시간대에 있는 호스트 둘과 각각 예행연습을 하기도 했다. 클라이언트 미팅을 위해 끊임없이 이동해야 하는 바쁜 사람들이 한 자리에 모이는 흔치 않은 기회여서 다시 스케줄을 잡는 것이 불가능했기 때문에 일을 제대로 해내야 했다. 나는 성과 영역으로 들어갈 모든 준비를 갖추고 있었다.

자정이 좀 지나 깨어난 나는 침대에서 일어나 불을 켰다. 그런데 불이 켜지지 않았다. 다른 조명 스위치를 켜 보았지만 마찬가지였다. 밖을 내다보니 이웃집 어디에서도 불빛은 보이지 않았다. 인터넷도 연결되지 않았기에 준비한 조명도 컴퓨터도 이용할 수 없었다. 데이터를 이용한 수신으로 핸드폰 핫스팟을 안정적으로 사용할 수 있을지도 확실치 않았다. 당장 해결책이 없었지만, 조금은 생각할 시간이 있었다. 어쨌든 나는 이를 닦으면서 창의적인 해법을 생각해 보려고 애썼다. 다만 이것 하나만큼은 확실했다. 연설을 할 수 있는 방법을 알아낼 수만 있다면, 위험을 무릅써야 하는 것일지라도 나는 시도할 것이란 점이었다. 나는 실행을 하는 동안 학습 영역에 들어가야 했다. 다른 방법은 없었다.

안전하고 검증된 접근법은 사용할 수 없는 상황이었다. 와이파이도 사용할 수 없었고 말이다. 산타페는 인구 8만 5000명의 도시로 한밤중에는 문 연 곳이 거의 없었다. 그렇더라도 전기가 들어오고 외부에서 와이파이에 접속할 수 있는 장소가 어딘가 있지 않을까 생각해 보았다. 하지만 그런 경우 조명이 어두울 테고 보스턴컨설팅그룹의 파트너들은 내 모습이 보이지 않아 혼란스러워할 게 분명했다. 결국 다른 선택지가 떠올랐다. 자동차 헤드라이트를 사용할 수 있지 않을까? 우리 집 차고 앞에 즉석으로 책상을 만들고 두 대의 차를 나란히 세워 헤드라이트가 나를 비출 수 있게 한 뒤 핸드폰을 인터넷 핫스팟으로 쓰면 되지 않을까? 휴대전화를 계속 작동하게 할 수 있는 외장 배터리가 있었고 내 노트북은 완충된 상태였다. 당시로서는 이게 최선의 방법이었고 나는 시도해 보기로 결정했다.

'무대'에 올라야 할 시간이 얼마 남지 않았다. 예행연습을 할 시간은 없었다. 휴대폰의 핫스팟 신호가 충분히 강한지는 직접 해보면서 배울 수밖에 없었다. 한밤중에 야외에서 기조연설을 하는 방법을 배워야 했다. 짜증이 난 이웃이나, 먹이를 찾아다니는 곰, 호기심 많은 퓨마가 방해를 할지도 모르는 상황이었다. 음향 기사, 조명 기사, 강연자 역할을 동시에 하는 법을 알아내야 했다. 달리 말하면 실행을 해야 하는 상황에서 동시에 학습 영역에 들어가 있어야 했다. 전기가 없는 곳에서 온라인으로 연설을 하는 방법은 기존에 내가 알고 있는 것이 아니었다. 로그인하기 직전, 나는 심호흡을 하고 내가 최선이라고 느끼는 방향을 향해 움직이고 있다고 스스로에게 최면을 걸었다. 이제 연사로서 할 수 있는 최선을 다하는 데 집중해야 했다. 주최 측과 참가자들에게 현재 내 상황을 설명하고, 내가 보이고 내 목소리가 들리는지 물었다. 그 뒤에는 내가 알고 있는 효과적인 연설 전략에 집중했다. 결과는 성공적이었다. 연설은 좋은 평가를 받았으며, 보스턴컨설팅그룹 내에 그 연설에 대한 이야기가 퍼졌다. 그것은 그들이 조직 내에서 성장 마인드셋을 촉진하는 데 도움을 주었다.

이 과정에서 나는 몇 가지를 배웠다. 산타페에서는 필요한 경우 핸드폰을 핫스팟으로 사용할 수 있다는 것이나 자동차 헤드라이트를 방송 조명으로 사용할 수 있다는 것도 말이다. 핫스팟이 작동하지 않았다면, 산타페에서 불가능한 것이 무엇인지 배우는 귀중한 기회가 되었을 것이다. 특히 위급 시에 어떤 일이 일어날 수 있는지 알게 된 나는 이제 필요할 때 조명을 연결할 수 있는 배터리식 발전 장치를 마련하고 시스템 대체 작동failover(주 시스템의 작동이 정지되면 예비 장치가 자동으로 대체 작동하는 것-옮긴이)이 가능한 2개의 다른 인터넷 서비스를 중복으로 신청해 두었다.

하지만 이 경험이 다시금 강조한 가장 큰 교훈은 창의적으로 생각하고 적절한 위험을 감수할 준비를 하는 일은 언제나 유용하다는 점이다. 문제는 언제든 일어나기 마련이다. 기술적인 고장, 공급망의 속도 저하, 교통 체증 등 하늘 아래에서는 어떤 일이든 일어날 수 있다. 그렇다고 언제나 최악을 예상해야 한다는 뜻은 아니다. 다만 학습 영역에 정기적으로 참여하는 일은 우리의 지속적인 성장을 확보하며, 처음에 보이는 것처럼 기존의 역량에 '갇혀' 있지 않고 그 수준을 넘어서는 것이 언제든 가능하다는 점을 우리에게 일깨워 준다. 학습 영역은 성장을 가능케 할 뿐 아니라 마인드셋의 전환을 가능하게 한다. 부담이 큰 성과의 상황도 학습의 기회로 볼 수 있게 해 주는 것이다. 그러나 마인드셋은 방정식의 일부에 불과하다. 효과적인 학습 영역 전략도 필요하다.

실행을 통한 학습의 함정

사람들은 어떤 일을 하면서 그에 대한 기술을 익히게 되는 상

황에서 얻는 이점을 '실행을 통한 학습'이라는 말로 설명하곤 한
다. 하지만 이는 단순히 어떤 것을 하면서 학습이 저절로 뒤따르기
를 기대하면 된다는 의미로 잘못 해석되곤 한다. 내가 2장에서 설
명했듯이, 실행만으로 개선이 이루어지는 것은 초보자일 때뿐이
다. 일에 능숙해지면 그런 효과는 더 이상 나타나지 않는다. 그때
부터는 성과 영역에 학습 영역을 추가해야 한다. 내가 두 영역의
통합을 실행을 통한 학습이 아닌 굳이 실행하는 동안의 학습이라
고 하면서 단순한 실행이 아니라고 강조하는 이유가 여기에 있다.

　　존 듀이John Dewey(미국의 철학자이자 교육자-옮긴이), 컬트 레빈
Kurt Lewin(독일의 심리학자-옮긴이), 데이비드 콜브David Kolb [*3]는 이 점
을 잘 알고 있었다. 이 개념에 대한 그들의 설명에는 실행만이 아
니라 가설을 발전시키고, 그 가설을 테스트하고, 성찰하는 일까지
포함되어 있다. 이 이론가들은 보통 그 과정을 하나의 사이클로 표
현했다. 이 사이클에는 여러 가지 버전이 있지만 모두가 동일한 기
본적인 과정으로 수렴된다.

— 새로운 것을 시도하고 그 효과를 경험한다.
— 관찰에 대해 성찰한다.

*　경험적 학습과 실행에 의한 학습을 개척한 교육 개혁가

　— 관찰을 기반으로 가설을 발전시킨다.

　— 가설을 테스트할 방법을 계획한다.

　— 새로운 것을 다시 시도함으로써 사이클을 반복한다.

　이 사이클은 단순히 실행만 하는 것과는 큰 차이가 있다. 듀이가 지적했듯이 "우리는 경험으로부터 배우는 것이 아니라 경험에 대한 성찰로부터 배운다." 강연자이자 관계 전략가인 트라카 사바도고Traca Savadogo는 사회생활 초반에 분주히 돌아가는 시애틀의 스타벅스에서 이른 아침 바리스타로 일하면서[4] 자기 버전의 경험적 학습 사이클을 만들었다.

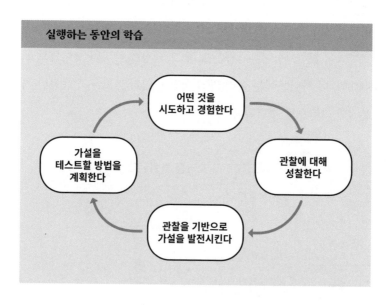

교대 근무가 끝나면 트라카는 대학에 가서 수업을 듣고, 오후에는 두 번째 아르바이트를 했다. 그녀는 학생 정부인 모델 UN Model UN과 올 칼리지 카운슬All College Council에도 몸담고 있었다. 이모두를 일정에 넣기 위해서 스타벅스 근무는 새벽 4시부터 시작하곤 했다. 잠이 부족한 바리스타였던 트라카는 주문을 외우기 힘든 때가 많았다. 바쁜 오전 시간에는 특히 더 그랬다. 그녀는 종종 동료에게 어떤 음료를 만들어야 하는지 상기시켜 달라고 부탁해야 했고 동료들은 이런 상황을 짜증스러워했다. 실수가 반복됐고, 그렇게 버려지는 제품이 생겼으며, 작업을 다시 해야 하다 보니 고객의 대기 시간은 길어졌다. 하지만 일을 그만둘 수는 없었다.

어느 날 그녀는 아이디어를 하나 떠올렸다. 그녀는 동료들에게 시끄러운 커피 기계와 고객들의 이야기와 같은 소음 속에서 주문을 소리쳐 말하는 대신 컵 옆면에 주문을 적어 달라고 부탁했다. 이 방법은 효과적이었다. 문제가 해결되었을 뿐 아니라 그 변화로 동료들이 주문을 더 잘 처리하게 되었으며 카페는 더 조용하고 차분해졌다. "우리는 그 방법을 사용하는 유일한 매장이었습니다." 트라카는 내게 말했다. 하지만 그런 성공에도 불구하고, 트라카가 다른 스타벅스 매장에서 근무를 시작했을 때는 그녀의 제안이 저항에 부딪혔다. 애초에 그 업무 방식은 스타벅스 직원들이 지시받은 게 아니었다. 또한 주문을 적는 것은 그들이 보기에 불필요한 추가적 단계에 불과했다. 지금이라면 트라카는 그 추가 단계가 주

문을 기억하는 데 도움을 주었다고 설명하겠지만, 당시에는 자신
의 약점을 공개해야 할지를 앞두고 망설일 수밖에 없었다.

　　다행히 스타벅스는 학습하는 조직이었다. "스타벅스는 항상
직원과 고객에게 피드백을 요청하고 그것을 매우 진지하게 받아들
입니다." 그녀가 말했다. 트라카는 목소리를 내기로 결심했다. 회
사가 뭔가 대단한 일을 해 나가고 있다고 느꼈고 거기에 기여하고
싶었기 때문이었다. 그녀는 그 관행이 효과가 있다는 것을 보여 주
는 데이터를 갖고 있었다. 그녀는 이미 실험을 해보았고 명확한 결
과를 얻었다. 그녀는 회사에 이렇게 이야기했다. "이 과정을 통해
내 개인의 정확도가 높아지고 낭비가 훨씬 줄었을 뿐 아니라, 고객
의 경험에 더 집중할 수 있게 되었습니다." 오랜 시간에 걸쳐 트라
카의 아이디어를 개선하고 다듬은 스타벅스는 이제 전 세계 매장
직원들로 하여금 컵에 주문 정보를 적게 하고 있다. 주문이 모바일
앱으로 이루어졌든, 드라이브스루를 통해 이루어졌든, 배달 파트
너를 통해 이루어졌든, 개인이 한 것이든, 모든 컵에는 그 안에 무
엇이 들어가야 하는지가 상세히 적힌다.

　　다른 것을 생각하지 않고 성과에만 집중했다면 트라카는 계속
해서 아침 시간에 실수를 저지르다가 어쩌면 해고를 당했을 것이
고, 그 과정은 그녀에게 더 많은 스트레스를 안겼을 것이다. 하지
만 그녀는 개인적으로 일을 더 잘해낼 수 있고, 다른 모든 바리스
타들에게도 도움이 되며, 스타벅스 매장을 더 조용하고, 차분하고,

효율적으로 만드는 새로운 관행을 개척했다. 이 이야기는 생각할 시간이나 문제 해결을 위한 시간이 많지 않아 보이는 부담이 큰 상황에서도 학습에 참여할 수 있는 방법에 대해 몇 가지 단서를 제공한다.

- 문제에 주목한다. 뭔가가 잘 작동하지 않는다는 것을 알아차린 순간은 학습 영역으로 들어가기에 가장 좋은 때다.
- 간단한 실험을 고안한다. 트라카는 '컵에 주문을 적는' 전략이 효과가 있을지에 주의를 기울이며 스스로에게 다음과 같은 질문을 던졌다. 고객들이 만족하고 있는가? 동료들이 그 변화에 불만이 없는가? 주문을 제대로 처리하는 일에서 개선이 나타나고 있는가?
- "이 효과를 극대화할 방법은 없을까?"라고 자문한다. 긍정적인 결과를 얻은 후, 트라카는 자신의 발견을 공유하고 다른 매장에서도 그 관행을 채택하는 것이 좋겠다고 제안했다.
- '다 아는 것처럼' 말하는 사람들의 저항에 부딪혀도 포기하지 말자. 트라카는 다른 지점에서 자신의 아이디어를 공유했다가 "여기서는 그런 식으로 일을 하지 않아"라는 말을 들어야 했지만 이내 새로운 관행으로 큰 성공을 경험했다. 왜 귀중한 교훈을 무시하는가?
- 실행에 꾸준히 전념한다. 트라카는 혁신 과정에서 고객 서비스

를 멈추지 않았다. 그녀는 스스로에게 "어떻게 하면 더 나아질 수 있을까?"라고 자문하는 동안에도 고객의 니즈를 충족하는 데 집중했다.

트라카 사바도고가 진행한 이 간단하고 위험도가 낮은 실험은 전통을 고집하는 것이 고객 경험을 개선할 수 있는 창의적인 해법을 평가 절하할 수 있음을 보여 준다. 기존의 방식에 지나치게 매달리면서 더 나은 방식이 있을 수 있다는 점을 고려하지 않는 것은 직원들에게 로봇처럼 정해진 동작만을 구현하라고 요구하는 것과 다를 바 없다. 사람들에게 "효과가 없는 것은 무엇일까?" "일을 더 낫게 할 수 있는 방법은 없을까?"라는 질문으로 현재의 상태에 이의를 제기하고 작은 규모의 실험을 할 수 있는 권한을 부여한다면, 우리는 고객 경험을 개선할 뿐 아니라 직원들로 하여금 자신의 창의적인 생각과 일에 대한 호기심을 갖게 할 수 있고, 이로 인해 그들의 헌신과 주인 의식까지 끌어올릴 수 있을 것이다.

맡겨진 일을 끝내겠다는 일념으로 대부분의 시간을 해야 할 일에만 투자하는 사람이 너무나 많다. 개선 가능한 방식으로 일을 하는 것으로 초점을 전환하면 정말 많은 것을 얻을 수 있다. 호기심을 잃지 않고, 의문을 제기하고, 새로운 것을 시도하고, 피드백을 구하고, 새로운 정보에 주의를 기울이는 방식 말이다.

	실행만	실행하는 동안의 학습
목표	성과	성과와 개선
전략	같은 것과 같은 방식으로	새로운 것을 시도한다
계획	완수하는 방법	테스트와 피드백
사고의 근원	내가 알고 있는 것으로 버틴다	다른 사람의 아이디어를 청한다
새로운 아이디어에 대한 반응	단기간에 적용할 수 있을 때만 실천	고려와 탐구
실수에 대한 반응	실수를 무시한다	실수에 대해 논의하고 그로부터 배움을 얻는다
피드백에 대한 접근법	피드백을 요청하지 않는다	피드백을 요청한다
성찰	성찰 없이 계속 과제를 수행한다	어느 시점에는 성찰한다
가장 중요한 접근법	아는 것에 머무른다	도전적인 목표를 추구한다

모두를 하나로

지금까지는 학습과 실행을 통합하는 방법을 탐구했으니 이제 이 장의 서두에서 만났던 사이먼 티스미네즈키의 이야기로 돌아가 그가 어떻게 새로운 회사의 천문학적인 성장을 이끌어 냈는지 알아보자. 사이먼은 X(구 트위터)를 통해 사람들이 입시에 대해서 어떻게 이야기하는지 확인함으로써, 이 회사가 사람들이 좋아하는 좋은 제품을 보유하고 있으며 고객들은 긍정적인 경험을 다른 사

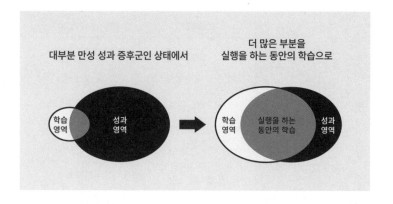

람과 공유하는 것을 즐긴다는 사실을 발견했다.

　그럼에도 여전히 개선의 여지는 남아 있었다. 주도적으로 입시에 대한 애정을 소셜 미디어에 공유하는 비율은 고객의 2.5퍼센트에 불과했다. 사이먼은 약간의 자극을 더하면 훨씬 더 많은 고객들이 '행복한 순간'을 공유하게 할 수 있겠다고 생각했다. 더 활발한 공유를 이끌어 내기 위해 테스트한 아이디어 중 대부분은 효과가 없었지만 그중 2가지만은 놀라운 성과를 냈다. 첫 번째는 소셜 미디어에서 입시에 대한 이야기를 공유하면 글램백 대기자 명단에 올라갈 수 있도록 하는 것이었다. 고객은 서비스 구독에 대한 기대감을 이야기하는 게시물이나 입시가 무료로 배포하는 동영상 중 하나에 대한 게시물 등 원하는 대로 무엇이든 공유할 수 있었다.

　두 번째 방법은 고객들이 그달에 글램백으로 받게 될 제품을 미리 보게 하는 것이었다. 입시가 글램백을 미리 공개하는 날이면 회사 웹사이트는 트래픽 과다로 서버가 다운될 정도였다. 사이먼은 고객이 입시에 대한 내용을 소셜 미디어에 공유할 경우 글램백 프리뷰를 3일 앞서 볼 수 있도록 만들었다. 두 번째 전략은 공유를 장려할 뿐만 아니라, 예정된 정기 발표일에 웹 서버에 가해지는 부담까지 덜어 주었다. 이 2가지 전략은 매우 성공적이어서 어느 시점에는 신규 입시 구독자의 60퍼센트가 여기에서 유입될 정도였다. 가장 좋은 점은 아이디어를 브레인스토밍하고, 테스트하고, 분석하는 직원들의 봉급 외에는 비용이 전혀 들지 않았다는 것이다. 이런 접근법으로 입시는 광고나 마케팅 비용 없이 연간 반복 수입 annual recurring revenue(구독 사업에서 발생할 것으로 기대되는 연간 총수입-옮긴이) 1억 달러에 이르는 경이로운 성장 속도를 달성할 수 있었다. 전례가 없는 성장이었다. 입시는 이를 토대로 결국 연간 반복 수입 10억 달러를 넘어섰다.

입시가 초기 제품 예측과 관련해 겪었던 문제는 어떻게 되었을까? 회사가 전례 없는 속도로 성장하는 와중에도 관행과 서비스가 발전을 거듭하면서 가입자의 수를 훨씬 쉽게 예측할 수 있게 되었다. 고객에 대해 더 많은 것을 배우고, 성장을 추진하는 시스템과 절차를 마련하는 데 헌신한 덕분에, 6개월 후의 주문을 보다 정확하게 예측할 수 있게 되었다. 예전에는 공급업체와 재고가 주문양을 따라잡을 때까지 긴 대기 명단을 둘 수밖에 없었지만, 새로운 시스템에 따라 가장 기대가 클 게 분명한 새로운 고객이 대기 명단에서 벗어나 빨리 제품을 만나 볼 수 있게 하는 수단을 제공할 수 있었다. 사이먼에게는 입시의 초기 성공을 성장으로 전환해야 하는 부담이 있었다. 구체적인 상황은 다를 뿐 이런 그와 같은 경험은 누구에게나 일어난다. 우리는 항상 배울 수 있는 것을 찾아 도전과 기회에 접근해야 한다. 다음 장에서는 상황에 앞서 성장을 주도하는 강력한 전략에 대해 알아보기로 하자.

성찰

* 나는 주기적으로 실행하는 동안의 학습에 참여하고 있는가? 아니면 주로 실행에만 시간을 보내고 있는가?

* 나는 알지 못하는 것으로 도약하는 데 필요한 새로운 지식과 기술을 아우르는 진정한 도전을 받아들이고 있는가?

* 개인적으로 그리고 동료와 함께 실행하는 동안의 학습을 매일 실천하려면 어떻게 해야 할까?

과제

* 개발하거나 더 발전시키고 싶은 기술이나 역량이 있을까? 그리고 어떻게 하면 그 일을 시작할 수 있을까?

4장
학습자가
갖춰야 할 태도

역량 개발의 종류가 다르다면 학습 영역 전략도 달라져야 한다.
주기적으로 우리가 어떤 방식으로 학습하고 있는지를
성찰하고 조정을 가한다면 발전과 개선의 노력에서
계속 더 나아질 수 있다.

가수는 마지막 멜로디를 부른 후에도 한참 동안 이어지는 엄청난 함성 속에서 무대를 내려왔다. 객석에 있는 4만 5000명의 팬들 중 어느 누구에게 물어보더라도, 그 공연이 "흠잡을 데 없었다flawless"라는 대답을 들었을 것이다. 그것은 그들의 우상이 여든한 번째로 빌보드에 올린 곡의 제목이기도 하다.[1] 하지만 가수의 생각은 달랐다. 그녀는 2013년 〈GQ〉와의 인터뷰에서 공연이 아무리 좋아도 언제나 개선의 여지가 있는 법이라고 말했다. 그녀가 공연 후에 침대에 쓰러지거나 파티에 참석하는 것이 아닌 다른 계획을 갖고 있는 것도 그런 이유에서다.² 그녀는 호텔방으로 돌아가 잠자리에 들기 전 방금 마친 공연 영상을 검토한다. 그러면서 자신을 포함해 댄서, 카메라 맨 등 공연의 모든 관계자에 대한 비평을 적는다. 다음 날 아침, 전체 스태프가 이 세계적인 스타가 적은 여러 페이지의 리뷰를 받아 든다.

비욘세Beyoncé는 수년에 걸쳐 세계 전역의 큰 무대에서 공연을 펼치며 전 세계의 수백만 팬들을 열광시켰다. 그녀는 어떤 아티스트보다 많은 그래미상을 수상했고³ 여성 아티스트 역사상 그래미 후보에 오른 횟수가 가장 많다. 그녀의 공연은 숨 막히는 기술력과 창의성의 향연, 수십 명의 재능 있는 댄서, 가수, 음악가들부터 뛰어난 무대 조명, 현란한 의상까지 수많은 요소가 통합된 인상적인 루틴으로 유명하다. 늘 무언가 강력한 한 방을 보여 준다. 하지만 비욘세는 무대에 서는 모든 프로들이 그렇듯이 학습 영역에서 열심히 갈고닦아 자신의 능력을 개발해야만 했다. 어린 시절 그녀는 〈스타 서치Star Search〉라는 TV 프로그램에 출연한 적이 있었는데, 경쟁 과정에서 탈락한 경험을 자기 인생을 결정지은 최고의 순간으로 꼽는다. 그녀는 해당 장면을 자신의 〈***플로레스***Flawless〉 뮤직비디오 첫 부분⁴에 삽입하기도 했다. 또한 그녀는 무대 공포증을 극복하기 위해 사샤 피어스Sasha Fierce라는 제2의 자아를 만들기도 했다. 지금까지도 그녀는 학습 영역에서 많은 시간을 보낸다.

"저는 제 공연들을 챙겨 봅니다." 그녀는 〈GQ〉에 이렇게 이야기했다. "그냥 공연을 보며 즐길 수 있다면 좋겠지만 어느새 조명이 늦게 들어오는 게 보이죠. '저 헤어스타일은 진짜 아니잖아'라거나 '다시는 저렇게 하지 말아야지'라고 생각하는 식입니다. 저는 제 자신을 완벽하게 만들기 위해 노력하거든요. 저는 성장을 원하고 언제나 새로운 정보를 갈망합니다." 비욘세는 자신의 재능과 자신이라는 브랜드가 수억 달러 가치를 갖게 만들면서 커리어의 모든 측면에서 믿기 어려울 정도의 성공을 거두었음에도 불구하고 학습과 성장을 결코 멈추지 않는다. 이 업계에서 25년 이상을 몸담으면서 그녀의 음악은 더욱 도전적이면서 깊이까지 갖게 되었으며, 그녀의 공연은 더욱 호화로워졌다. NPR(미국 공영 라디오)은 그녀를 21세기 가장 영향력 있는 여성 뮤지션[5]이라고 칭했다. 어떻게 하면 비욘세처럼 학습할 수 있을까?

이 장에서 나는 누구나 사용할 수 있는 대단히 강력한 6가지 학습 영역 전략을 소개할 것이다. 그 전략들은 특정 유형의 연습에 대한 이해부터 미 육군 아파치Apache 파일럿에서 영감을 얻은, 삶과 죽음을 가르는 상황에서 볼륨을 낮추는 방법에 이르기까지 다양하다.

학습 영역 전략 #1
의도적으로 연습한다

2021년 8월 26일, 록 밴드 푸 파이터스Foo Fighters는 로스앤젤

레스의 포럼Forum에서 경험이 거의 없는 드러머를 무대에 초대했
다.[6] 그 주인공은 열한 살의 난디 부셸Nandi Bushell로, 그녀는 남아프
리카공화국에서 태어나 영국에서 살고 있다. 그녀는 일 년 전, 트
위터를 통해 푸 파이터의 리더인 데이브 그롤Dave Grohl에게 드럼 대
결을 제안했다.[7] 〈더 레이트 쇼 위드 스티븐 콜베어The Late Show with
Stephen Colbert〉에서 그롤이 밝힌 바에 따르면, 처음에 그는 그저 그
제안을 귀엽다고만 생각했다고 한다.[8] 이후 그의 친구들로부터 도
전을 받아들이라는 문자가 쇄도했다. "우선 간단한 곡을 연주해서
아이에게 보내야겠다는 생각이 들었습니다." 그가 콜베어에게 말했
다. "하루 뒤 그녀가 답장을 보냈습니다. 상대를 때려눕히는 답이었
습니다. 그 친구에게 드럼으로 혼쭐이 나는 기분이었습니다!" 몇 개
월 동안 두 사람의 공개 드럼 배틀이 계속되었다.[9] 그롤이 도전 과
제를 연주해 녹음한 뒤 보내면 그녀가 그 곡을 배우고 연습하고 녹
음한 뒤 능숙한 연주 영상을 다시 보내는 식이었다. 그녀는 영상에
서 그롤의 표정까지 따라 하는 여유를 보여 주었다. 이들의 교류는
코로나19 팬데믹 동안 전 세계 수백만 팬들에게 기쁨을 선사했다.

　두 달 후 두 사람은 《뉴욕타임스New York Times》가 추진한 줌Zoom
통화를 통해 처음 화상으로 이야기를 나누었다.[10] "나는 도저히 너
만큼 잘할 수 없다는 걸 깨달았어." 그롤이 말했다. "그래서 드럼
연주를 막 그만둔 참이야." "계속 연습하고 또 하세요." 부셸이 말
했다. 그녀는 경험은 부족했지만 훨씬 더 중요한 것을 갖고 있었

다. 바로 전문성expertise이었다. 그날 밤 포럼에서 그렇게 능란한 연
주를 해내고 무대를 자기 것으로 만들 수 있게 한 것이 바로 그 전
문성이었다. 전문성은 나이와 상관없이, 젊은 늙었든, 그 사이의 어
디에 있든 개발할 수 있는 것이다. "하나씩 천천히 연주하세요. 제
대로 될 때까지요." 부셸은 《로스앤젤레스타임스Los Angeles Times》에
서 이렇게 말했다.[11] "'내가 제대로 하고 있는 건가?'에 대해 생각
하죠. 저는 그런 식으로 해요. 각 부분을 하나씩 연주해서 결국에
는 원래의 속도대로 한 곡을 전부 연주하는 거죠." 그녀는 그냥 연
습을 한 것이 아니었다. 그녀는 '의도적으로' 연습했다.

　의도적인 연습deliberate practice라는 용어를 만들어 낸 플로리다
주립대학교의 교수 앤더스 에릭슨Anders Ericsson은 커리어의 상당 부
분을 사람들이 어떻게 자신의 분야에서 전문가가 되는가에 대한
연구에 바쳤다. 그는 "전문가는 결코 태어나는 것이 아니라 만들어
지는 것이다"[12]라는 결론에 이르렀다. 전문성을 개발하지 않고서
는 누구도 전문가가 될 수 없다. 그리고 의도적인 연습은 사람들이
전문가의 경지에 이르기 위해 사용하는 주된 도구 중 하나다. "모
든 연습이 완벽으로 이어지는 것은 아니다."[13] 앤더스와 공저자인
마이클 J. 프리툴라Michael J. Prietula, 에드워드 T. 코클리Edward T. Cokely
는 2007년 《하버드비즈니스리뷰Harvard Business Review》에 발표된 그
들의 논문 〈전문가 만들기The Making of an Expert〉에서 이렇게 말했다.
"전문성을 키우기 위해서는 특별한 유형의 연습, 의도적인 연습이

필요하다. 대부분의 사람이 연습을 할 때 이미 알고 있는 것에 집중한다. 의도적인 연습은 다르다. 거기에는 당신이 잘하지 못하는 혹은 전혀 하지 못하는 어떤 것을 하기 위한 상당한, 구체적인, 지속적인 연습이 수반된다. 다양한 분야에 대한 연구가, 당신이 바라는 전문가가 되는 유일한 길은 할 수 없는 일에 노력을 기울이는 것임을 보여 주고 있다."

의도적인 연습을 하기 위해서는 다음과 같은 노력이 필요하다.[14]

- 하나의 능력을 그것을 구성하는 기술 요소들로 분해한다.
- 그 순간에 개선을 위해 노력하고 있는 하위 기술이 어떤 것인지 명확히 한다.
- 지금 할 수 있는 것을 약간 넘어서는, 안락 구역에서 벗어난 높은 수준의 도전에 온전히 집중한다.
- 피드백을 이용해 조정을 가하면서 반복한다.

이상적인 것은 숙련된 코치의 지도를 받는 것이다. 개선을 위해 고안된 활동은 영역마다 다른 경우가 많다. 훌륭한 교사와 코치는 그런 활동에 대한 이해도가 높기 때문에 전문적인 피드백을 줄 수 있다.

에릭슨은 '목적의식이 있는 연습purposeful practice'이라는 또 다른 범주를 생각해 냈다.[15] 이는 많은 부분에서 의도적인 연습과 동일한 원칙을 따르지만 숙련된 교사나 코치의 설명이 없는 연습을 말한다. 〈굿 라이프 프로젝트Good Life Project〉 팟캐스트에서 그가 설명했듯이, "목적의식이 있는 연습을 통해서라면 친구와 놀이 삼아 몇 년 동안 해야 얻을 수 있는 능력을 단 2시간 안에 얻을 수도 있다."[16] 이런 에릭슨의 연구는 때때로 '1만 시간의 법칙'으로 단순화된다. 하지만 1만과 같은 마법의 숫자는 존재하지 않는다.[17] 효과적인 방식으로 의도적인 연습을 많이 할수록 기량은 향상될 것이고, 엘리트나 세계적인 수준에 이르는 데 필요한 의도적인 연습의 시간은 그 분야의 경쟁이 얼마나 심한가와 같은 여러 가지 요소에 좌우된다.

테니스 선수가 코트에 있는 시간 전부를 친구들과 복식 경기를 하는 데 사용한다면, 즉 성과 영역에만 할애한다면 그 사람은 상당 기간 후에는 정체기를 맞을 것이고 그 수준을 크게 넘어서지 못할 것이다. 하지만 코치가 난이도를 높여 가며 발리를 연습할 수 있게 공을 보내 주면서 실수를 고치게 돕는 식의 의도적인 연습에 매진한 후에 경기를 가진다면 그녀의 고질적인 문제는 분명 고쳐질 것이다.

학습 영역 전략 #2
작은 것을 실험해 큰 것을 배운다

올리비에 페랭Olivier Perrin의 동료들[18]은 새로운 제품의 출시를
앞두고 들떠 있었다. 고객의 피드백을 반영한 새로운 스타일의 요
거트였다. 리더의 입장에서 대단한 제품의 론칭을 준비하는 열성
적이고 헌신적인 팀보다 더 중요한 것이 있을까? 그러나 그녀가
곧 알게 될 것처럼, 탄탄한 학습 과정이 뒷받침되지 않는 열정은
탈선으로 이어질 수 있다. 브랜드 식료품을 생산하는 거대 다국적
기업 제너럴밀즈General Mills의 글로벌 제품 디자인 책임자인 올리비
에는 커리어 초반에 이런 귀중한 교훈을 얻었다. 그의 팀은 본래
10개의 소매점에서 10주간 요거트를 테스트하는 소규모 실험을
원했다. 하지만 곧 신제품을 소량으로 제조할 방법이 없다는 것을
알게 되었다. 10개의 소매점에서 그런 테스트를 하는 비용은 미국
의 약 20퍼센트에 해당하는 지역 론칭 비용과 맞먹었다. 이 사안
을 분석하고 논의한 그들은 대규모 론칭을 결정했다. 일이 잘 된다
면 넓은 초기 시장을 근거로 규모를 빠르게 늘리고 경쟁에서 크게
앞설 수 있을 것이라 생각한 것이다.

제품이 매장에 깔리고 얼마지 않아 그녀의 팀은 한 지역 외에
는 기대에 미치는 성과를 올리지 못하고 있다는 것을 깨달았다. 그
들은 상당히 짧은 시간 안에 주된 원인을 파악했고 실행에 옮길 수

있는 해법도 생각해 냈다. 하지만 새로운 전략을 적용하기에는 문제의 규모가 컸기 때문에 해결 과정에서 난항을 겪을 뿐 아니라 시간도 많이 소요될 수밖에 없었다. 그런 대규모의 변화가 가능해졌을 때는 대부분의 소매업체가 매장 공간만 차지하고 매출에는 기여하지 못하는 이 제품에 대한 신뢰를 잃은 후였다. 이에 실망한 페랭의 팀은 제품 생산을 중단할 수밖에 없었다. 올리비에와 그의 팀은 이 일에 대해 숙고하면서 대규모 론칭이 실험의 주된 목표 달성을 더 어렵게 만들었다는 것을 깨달았다. 신제품의 소량 생산에 비용이 많이 드는 것을 고려하면 대규모 론칭이 비용 효율적으로 보일 수 있지만, 대규모 실험은 결국 훨씬 더 많은 비용을 초래하는 일이었다. 사실 그 프로젝트에는 치명적이었다. 올리비에의 팀이 인식했다시피, 그들이 실험을 구조화한 방식은 지나치게 성과 지향적이었다. 그들은 충분한 학습이 이뤄지기 이전에 규모를 키우는 데 집착했고, 결국 실험을 빠르게 반복할 다른 방법이 없어 지속적인 학습이 불가능했다. 대규모 론칭의 경우 포장이나 마케팅에 수정을 가하는 데 더 많은 시간이 들고, 관리해야 할 파트너와 고객이 많아지며, 조율해야 하는 물류 문제가 더 늘어난다.

사업의 핵심 측면에 대한 충분한 이해가 있기 전에 빠른 규모 확장의 유혹에 넘어간 것은 올리비에의 팀만이 아니었다. 2009년 뉴욕에 첫 지점을 연 루크 랍스터Luke's Lobster[19]는 어민과의 직접적인 협력으로 중개상들을 배제함으로써 미국 전역의 고객들에게 원

산지를 확인할 수 있는 지속 가능한 해산물을 공급하는 것으로 유
명한 레스토랑 체인이다. 이 회사는 놀라운 성장세를 보이며 이스
트빌리즈에 첫 매장을 연 지 10년 만에 매장을 30개나 늘렸다. 루
크 랍스터의 창립자 루크 홀든Luke Holden이 〈포모 사피엔스FOMO Sa-
piens〉 팟캐스트에서 패트릭 맥기니스Patrick McGinnis에게 말했듯이, 루
크 랍스터가 확장을 원했을 때 업계의 베테랑들은 새로운 도시로
확장하는 대신 루크가 이미 매장을 갖고 있는 도시에 매장을 늘리
라고 조언했다. 그런 식으로 좁은 시장에 집중함으로써 마케팅과
운영 비용을 제한하라는 것이었다. 열의를 가지고 이 전략을 실행
한 이 랍스터 체인은 기존 매장이 있는 지역에 여러 개의 다른 매
장을 여럿 만들었다. 하지만 계획한 대로의 효과를 거두지 못했다.
사람들이 랍스터를 먹는 방식은 햄버거나 부리토를 먹는 것과 달
랐다. 랍스터는 값이 비쌌기 때문에 사람들은 특별한 경우에만 그
음식을 먹었다. 먹는 빈도가 낮았던 것이다. 루크 랍스터의 고객들
은 랍스터를 먹기 위해서라면 타코를 먹을 때보다 먼 거리를 기꺼
이 운전하고 갈 생각이 있었다. 지점을 늘리자 고객들과의 물리적
거리는 가까워졌지만, 지점의 수에 비례에서 고객 기반이 늘어나지
는 않았다. 루크 랍스터는 많은 체인 레스토랑이 사용하는 전형적
인 집단화 전략이 그들 브랜드에게 최선의 성장 전략이 아니라는
결론을 내렸다. 이 경험은 구체적인 매장 입지에 대한 결정을 내리
기 전에 반드시 고객에 대한 이해가 선행되어야 한다는 점도 명확

히 해 주었다. 다른 시장으로 확장하기 전에 한 시장에서 가설을 테스트했다면 루크 랍스터는 그런 교훈을 훨씬 적은 비용으로 빠르게 얻을 수 있었을 것이고 이는 나머지 자본에 대한 높은 투자 수익률로 이어졌을 것이다. 하지만 가장 중요한 것은 그들이 보다 효과적인 학습 방법을 배웠다는 점이다. 이제 그들은 매장을 만들기 전 해당 지역 인구를 파악하는 데 더 많은 시간과 돈을 투자한다.

예상을 벗어나는 결과와 실패를 줄이고 수정과 반복을 빠르게 적용할 수 있는 작은 규모의 실험은 보통 훨씬 빠른 학습으로 이어진다. 성공적으로 규모를 확장할 대책을 더 빨리 갖추게 되는 것이다. 그렇다고 여러 가지를 동시에 테스트할 수 없다는 의미는 아니다. 1장에서 만났던 페루의 교육 기업 비시바의 새로운 CEO 더글라스 프랑코는 회사의 강력한 성장을 이끌고자 노력하고 있었다. 팬데믹이 시작되자 비시바는 수업을 온라인으로 제공하기 시작했고[20], 이로써 회사는 빠르고 비용이 적게 드는 실험을 시작할 수 있었다. 이후 더글라스는 경영진을 설득해 여러 나라에서 간단한 표준 실험을 진행함으로써 새로운 시장으로의 확장 테스트를 시작할 수 있었다. 그들은 지리적인 성장에 초점을 맞추고 미국이나 멕시코와 같은 큰 시장에서 파나마나 볼리비아와 같은 비교적 작은 시장까지 다양한 성격의 6개 나라를 선정했다. 미국과 같은 일부 국가에서는 결과가 좋지 않기 때문에 실험을 중단했다. 멕시코와 같은 다른 나라의 경우, 초기에 유망한 결과를 얻었기 때문에 실험과 학습을 계속하며 각 시장에 따른 식견과 최적화를 모색했다. 이 모든 실험에 든 자금은 총 2만 달러도 되지 않았지만, 이 적은 투자를 통해 수익성이 높은 3개 국가로 서비스를 확장할 수 있었다. 하지만 실험이 비시바의 발전에 너무 중요해져버린 나머지 그들은 어느 시점엔가 지나치게 많은 실험을 하고 있는 것을 발견했다. 그 결과 실험을 위한 예산을 마련하고 실험의 수를 한 번에 15회로 제한하기로 결정했다. 이는 실험의 목표를 보다 명확히 하고 3단계의 절차를 확립하는 추가적인 혜택을 낳았다.

첫 번째 단계인 인큐베이션incubation에는 대강의 빠른 실험이 포함된다. 테스트 결과에서 잠재력이 보이면 해당 실험은 더 많은 투자와 집중을 요하는 그린Green 단계로 이동한다. (멕시코의 그린 단계에서 비시바는 콜센터가 중요하다는 것을 배웠다.) 성공적인 실험은 최적화optimization 단계로 발전한다. 탐색에서 적용으로 이동하는 것이다. 이 마지막 단계에서는 효과가 있는 것이 무엇인지 학습하는 것보다 효과를 내는 부분에 더 많은 투자를 하는 데 집중한다. 단작은 규모로 조정을 가하는 일은 계속된다. 예산조차 필요 없는 실험도 있다. 나는 기조연설을 하거나 워크숍을 진행할 때 그 일부에 약간의 조정을 가하는 작은 실험을 시도하곤 한다. 이전에 사용해본 적이 없는 전혀 새로운 내용이나 활동으로 완전히 뒤바꾸는 것이 아니다. 내 고객들이 나를 고용하는 것은 전문적인 서비스를 제공받기 위해서지 내가 이전에 해본 적이 없는 것들에 대한 실험 대상이 되기 위해서가 아니기 때문이다. 하지만 고객의 특정한 니즈에 맞춘 새로운 개념이나 활동을 추가할 수는 있다. 대개의 경우, 그런 약간의 조정은 빛을 발한다. 이는 내가 전문가로서의 직관을 개발했기 때문이다. 하지만 사람들이 질문하는 것을 보고 더 자세한 설명이 필요하다거나, 더 많은 사례를 제공해야 한다거나, 그 활동에 더 많은 시간을 배정해야 한다는 것을 깨닫기도 한다.

학습 영역 전략 #3
열심히 말고 똑똑하게 일한다

NFL 최고의 쿼터백이라고 불리는 톰 브래디Tom Brady는 건강을 유지하면서 커리어를 확장하는 방법을 모색하는 것을 지속적인 관행으로 삼고 있다. 그 결과 그는 NFL에서 가장 나이가 많은 선수가 되었음에도 여전히 놀라운 수준의 경기를 펼친다. 그는 마흔셋의 나이에 일곱 번째 슈퍼볼을 차지하고, 다섯 번째 슈퍼볼 MVP에 오르면서 2021 시즌을 마무리했다. 이 시즌이 시작될 무렵, 그는 건강과 성과를 향상시킬 방법을 찾기 위해 어떤 방식을 썼는지 설명했다. "저는 다른 사람들이 뭘 하는지 관찰합니다."[21] 그는 팟캐스트 채널 〈암체어 엑스퍼트Armchair Expert〉에 출연해 댁스 세파드Dax Shepard와 모니카 패드먼Monica Padman에게 이렇게 말했다. "20년 동안 라커룸에서 많은 선수들을 봤습니다. 그들이 뭘 하

는지, 뭘 먹는지, 어떻게 먹는지를 다 지켜 보았죠. 그들이 몸에 대
해 이야기하는 것을 들을 때면 '저건 아니지, 저건 효과가 없어'라
고 생각할 때가 많았어요. 그러다 보면 '저 사람은 뭔가 알고 있구
나' 할 때가 있습니다. 그럼 그걸 제 루틴에 통합한 뒤에 성과로 증
명해 내는 거죠." 이런 과정은 톰이 미시건대학교에 있을 때 시작
됐다. 코치들이 실험의 가치를 역설했기 때문이다. "코치들이 몇
가지 도구를 줍니다. '이걸 시도해 봐' 혹은 '상황을 이런 방식으로
봐'라고요. 그 방식이 효과가 있으면 저는 '그래? 그럼 더 해보자!'
라고 생각하죠. 그렇게 공을 던지는 다른 기법을 시도해 봅니다.
그러고는 '또 해볼 수 있는 건 없나?'라고 생각하죠." 시간이 흐르
면서 그는 열심히 하는 것이 아닌 똑똑하게 하는 것의 중요성을 배
웠다고 말한다. "우리는 열심히만 하면 원하는 대로 어디든 갈 수
있을 것이라고 배우며 크죠. '하루에 한 번 운동을 하고 있으니까
하루에 두 번 운동을 하면 더 나아질 거야'라고 생각합니다. 저는
잘못된 것을 열심히 할수록 오히려 더 빨리 악화되는 길로 가게 된
다고 생각합니다. 적절한 루틴, 적절한 과정이 있어야 노력의 대가
를 얻을 수 있습니다." 혼자든 다른 사람과 함께 할 때든 더 똑똑하
게 일하는 방법을 계속해서 찾아야 한다. 그리고 그 아이디어들을
테스트하고 효과가 있는 것은 무엇인지, 바꿔야 할 것은 무엇인지
성찰해야 한다. 또한 주기적으로 팀원들과 모여서 기회가 있는 영
역이나 다음에 시도해 볼 것에 대한 관점을 공유해야 한다.

카를로스 모레노 세라노Carlos Moreno Serrano[22]는 연간 반복 수입이 1억 달러가 넘는 빠르게 성장하는 영국 기반의 기업 소프트웨어업체 소나타입Sonatype에서 고객 지원 업무를 책임지고 있다. 그는 팀원들을 귀중한 아이디어의 원천으로 여긴다. 뿐만 아니라 회사에 들어오는 수많은 신입 사원들을 단순히 교육이 필요한 사람들이 아닌, 신선한 아이디어를 지닌 귀중한 자원으로 본다. 신입 사원들은 새로운 팀의 모든 동료들과 짧은 일대일 미팅을 갖고 서로에 대해서 알아가기 시작한다. 카를로스는 신입 사원과의 미팅에서 그들이 현재 일하는 방식에 의문을 제기하고, 자신들이 관찰한 내용을 공유하고, 현재보다 더 나아지기 위해 주도적으로 움직일 것을 격려한다. 소프트웨어가 대단히 복잡하기 때문에 소나타입의 조직사회화 과정은 3개월에 걸쳐 이루어진다. 하지만 그는 신입 사원들이 입사 첫날부터 운영에 영향을 줄 수 있도록 용기를 불어넣는다. 최근 입사한 고객지원팀의 팀원 리처드 팬먼Richard Panman은 팀이 매일 하는 핵심 과정, 즉 고객에게 제공하는 조언, 정보, 통계를 포함한 분석 보고서의 자동화를 제안했다. 이 팀은 그 이전 해에 1년 동안에 걸쳐 각 보고서 제작에 필요한 시간을 이틀에서 약 75분으로 줄였고, 모든 사람들이 그 결과에 만족해 했다. 하지만 리처드는 동료들이 보고서 제작에 여전히 많은 시간을 할애한다는 것을 알아차렸다. 그는 그 과정 전체를 자동화할 수 있지 않을까 생각했다. 카를로스는 원시정보가 지나치게 복잡하기 때문에

불가능할 것이란 생각이 들었지만, 리처드가 옳기를 바라면서 시
도해 보라고 격려했다. 리처드는 조직사회화 과정을 거치면서 동
시에 코드를 작성했다. 그의 혁신 덕분에 제작 과정이 완전히 자동
화되어 이제는 보고서를 만드는 데 1분밖에 걸리지 않는다. 카를
로스는 내게 이렇게 말했다. "그는 어느 하나 빠지는 데가 없는 결
과물을 가져왔습니다. 우리는 어안이 벙벙해졌죠." 카를로스는 리
처드를 소나타입의 '가치 향상 챔피언values champions' 후보에 올렸다.
카를로스는 소나타입의 사내 행사(나는 이 행사에서 연설을 맡았다)
에서 상영된 영상에 출연해 리처드가 어떻게 회사 핵심 가치 실천
의 귀감이 되었는지를 설명했다. "이 후보 선정에는 여러 가지 가
치가 반영되었지만[23] 가장 두드러지는 것은 '대담함being bold'입니
다. 리처드는 다른 고민 없이 바로 실행에 들어갔습니다. 신입 사
원이었고 조직사회화 과정조차 마치지 않은 상태였지만 자동화를
위해 코드를 작성하는 데 시간을 할애했습니다. 대단한 일입니다.
신입 사원이 첫날부터 큰 영향을 미칠 수 있다는 것을 보여 주었기
때문입니다." 카를로스의 격려와 리처드의 실행은 모두를 위한 일
로 이어졌다. 장기에 걸쳐 더 똑똑하게 일하는 것으로 말이다. 당
신도 이런 결과를 꿈꾼다면, 다음의 몇 가지 조언들을 실천해 보기
바란다.

　── 효과가 있는 것과 없는 것, 달리 시도해 봐야 할 것을 고려하는

습관을 만든다. 캘린더에 반복 알림을 설정해 두고 혼자서 혹은 동료들과의 정기적인 회의에서 이런 것들을 함께 성찰해 보는 시간을 갖는다.

- 문제나 불만이 있는 지점을 찾고 어떻게 하면 그것을 개선의 기회로 전환할 수 있을지 생각한다. 예를 들어 조직에서는 회의의 수와 운영 방법이 불만의 원인이 되는 경우가 많은데, 이는 재구조화의 기회가 될 수 있다는 의미다.

- 지금 하고 있는 일을 왜 하고 있는 것인지, 더 높은 수준의 목표를 달성할 더 나은 방법은 없는지 자문한다. 최종 목표를 달성할 수 있는, 지금 당신이 하고 있는 것과는 전혀 다른, 더 나은 방법이 있을 것이다.

- 전문성을 키운다. 기사, 책, 팟캐스트, 수업을 통해 효과적인 관행에 대한 인식을 확장한다. 전략의 변화에 영감을 줄 수 있을 것이다.

- 주변 사람들로부터 배운다. 자신의 숙고 결과를 공유하고 다른 사람들에게 그들의 생각과 피드백을 구한다. 여럿이 머리를 모을 때 한 사람이 한 것보다 현명한 결과를 얻을 수 있다.

- 일을 하는 더 나은 방법이 항상 존재한다는 것을 기억한다. 완벽하지 못한 것을 당연하게 생각하고 지속적인 발전에 기여한다.

학습 영역 전략 #4
'에어 센스'를 강화할 새로운 습관을 만든다

샌넌 폴슨Shannon Polson의 헬멧에서 경보음이 울렸다.[24] 빠른 시간 안에 결정을 내려야 할 때였다. 그녀는 보스니아 상공에서 아파치 헬리콥터를 조종하고 있었다. 그 경보는 그녀와 부조종사의 헬기가 세계에서 가장 치명적인 대공 시스템의 조준 범위 내에 들어왔다는 알림이었다. 샌넌은 무기가 활성화될 경우(적이 버튼 한 번만 누르면 되는 일이었다) 그녀와 부조종사는 죽은 목숨이라는 것을 잘 알고 있었다. 무전기에서 목소리가 흘러나왔다. "불안하다면 기지로 돌아오십시오." 관제사가 말했다. "하드 덱hard deck(제한 고도-옮긴이) 아래로 내려가면 안 됩니다." 영화 〈탑 건Top Gun〉을 봤다면 "하드 덱 아래로 내려간다"라는 것이 기체를 지상에 지나치게 가까이 가져간다는 의미라는 것을 알 것이다. 보스니아 상공에서라면 이는 국제 교전 규칙 위반이다. "불안했냐고요? 당연히 불안했죠." 샌넌은 당시를 회상했다. "몇 초안에 결정을 내려야 하는 상황이었습니다." 샌넌은 숙련된 조종사였다. 1995년 그녀는 세계에서 가장 진보한 가공할 위력의 헬리콥터, 아파치 헬기를 조종하는 미 육군 최초의 여성 조종사가 되었다. 이 순간 막중한 부담감을 안고 임무를 수행하는 그녀의 능력은 진정한 시험대에 올랐다. 그래서 그녀는 어떻게 했을까? 그녀는 손을 뻗어 경보의 볼륨을 낮쳤다. 조종사와 부조종사는 계속 임무를 수행했다. 섀넌은 자신의 결정이 며칠, 몇 주에 걸친 몇 시간짜리 브리핑은 물론이고 수년 간의 연구, 훈련, 시뮬레이터를 통한 의도적인 연습, 헤아릴 수 없이 많은 임무를 기반으로 한 것이라고 내게 설명했다. 그녀는 실제 교전보다는 도발일 가능성이 더 높다는 점, 하드 덱 아래로 내려가면 수사를 받고 이륙 금지 조치가 내려지고 어쩌면 집으로 돌아가야 할 수도 있다는 점도 알고 있었다. 달리 표현하자면, 임무를 계속한다는 결정은 섀넌이 지닌 '에어 센스air sense(조종사로서의 직관-옮긴이)', 즉 그녀가 직감의 수준까지 발전시킨 지식, 전문성, 경험에 의거한 것이었다. 조종사로서 그녀의 직관은 이 중요한 순간을 헤쳐 나가게 해 주었다. 대공시스템 경보를 다루는 방법을 온라인에서 검색하기 시작하는 것은 적절한 조치가 될 수 없었다. 그녀가 비행 중에 중대한 결정을 내릴 수 있었던 것은 위험과 보상의 비중을 재빨리 가늠하고, 집중해야 할 가장 중요하고 관련성이 높은 일을 파악할 수 있었기 때문이다.

섀넌 폴슨처럼 생사의 기로에서 결정을 내려야 하는 상황에 직면하는 사람은 많지 않다. 그런데도 우리 버전의 에어 센스를 개발하는 일이 중요할까? 인터넷 검색 엔진과 인공 지능이 어디에나 있는 지금, 우리는 머릿속에 얼마만큼의 지식을 저장해야 할까? 하급자가 와서 동료에 대한 불만을 토로할 때라면, 온라인 검색에 들어가기보다 그 순간 상황에 대처하는 방법을 익히는 것이 훨씬 효과적이다. 나만의 에어 센스를 개발해 둔다면, 대인 관계 기술, 관계, 상황을 빠르게 고려해서 어떻게 현 상황에 개입해야 할지 결정할 수 있을 것이다. 에어 센스는 어떤 질문을 던져야 할지, 어떤 지침을 주어야 할지 알려줄 것이다.

당신이 몸 담고 있는 다국적 기업이 새로운 국가에 진출하려고 있을 때라면, 그곳으로 향하는 비행기 안에서 관련 정보나 책자를 읽는 것보다는 그 나라를 여행하면서 그곳의 문화를 깊이 있게 이해하는 것이 훨씬 더 효과적이다. 모든 지식을 한 사람이 확보하고 있을 필요는 없다. 팀이 공동의 에어 센스를 개발하는 것도 고려해 보자. 해당 지역의 언어, 관습, 추세에 대한 깊이 있는 지식을 지닌 지원자로 채용을 확대하려면 어떻게 해야 할까? 어떤 현지 파트너와 힘을 합칠 수 있을까?

통합된 지식은 가정 내에서도 유용하다. 내 친구 알리시아 긴즈버그Alicia Ginsburgh가 여기에 관련된 일화를 공유해 주었다. "임신 9개월일 때[25] 한밤중에 양수가 터졌어. 남편은 바로 전화기를 들어 '양수 파열'을 검색하기 시작했지. 몇 달이나 준비해 왔는데 지금 인터넷을 검색하느니 그냥 일어나서 나를 좀 도와줬으면 하는 마음이었어." 지나치게 검색에 매달리는 사람을 본다면 고개를 젓게 되는 것이 당연하지만, 한편으로는 누구나 올바른 결정을 내리기에는 정보가 부족한 것 같은 경험을 해보았을 것이다. 내 아내 앨리슨은 내가 토스터기에 불을 냈던 일을 즐겨 이야기한다. 당시 나는 너무나 당황해서 어째야 할지 갈피를 잡지 못하고, 날지 못하는 새처럼 양팔을 퍼덕이기 시작했다. 그녀는 차분하게 토스터로 걸어가더니 플러그를 뽑았다.

에어 센스를 개발하고 싶다면 다음의 접근법을 고려해 보자.

▌개선이 필요한 표적 영역을 파악한다

최종 목적지와 학습 목표들을 확인하고 매일 아침 그것을 상기한다. 그런 식으로 시간을 보내다 보면 목적과 목표들이 하루를 시작할 때 자연스레 떠오르게 될 것이다. 이로써 목표와 관심사와 관련성이 큰 정보를 마주쳤을 때 그것을 더 잘 알아차리게 된다. 예를 들어 고정 마인드셋에 빠질 때를 알아차리자는 목표를 매일 아침 상기한다면, 이런 순간을 포착하는 데 더 능숙해지고 결국은 마인드셋을 전환할 수 있게 될 것이다.

▌전문 지식을 얻을 수 있는 수준 높은 정보원을 찾고 접근한다

좋은 팟캐스트를 구독하고, 소셜 미디어나 뉴스레터로 정기적으로 정보를 전달하는 전문가를 팔로우하고, 정기 모임이나 프로젝트를 진행하는 동료나 멘토에게 연락을 취한다. 물론 각자에게 효과가 있는 방식으로 콘텐츠에 정기적으로 접근하는 습관을 길러야 한다. 나는 포켓Pocket이라는 앱을 이용해서 내가 읽고 싶은 기사를 저장하고 시간이 날 때나 점심 식사를 할 때 보고 싶은 영상 목

록을 만들어 둔다. 흥미롭게 보이는 팟캐스트를 추천받으면 구독
을 한다. 운동을 할 때면 한계를 밀어붙이는 의도적인 연습에 집중
할 때도 있지만, 강도가 다소 낮은 운동을 하는 경우에는 도중에
팟캐스트를 듣는다. 목표는 가능한 한 많은 콘텐츠에 접근하는 것
이나 흥미롭게 보이는 모든 콘텐츠를 듣는 것이 아니라, 정기적으
로 귀중한 정보에 접근하는 습관을 길러서 전문성과 기술을 지속
적으로 향상시키는 것이다. 두뇌 계발은 많은 콘텐츠를 빨리 밀어
넣는 게 아니라 학습 영역에 꾸준히 참여함으로써 이루어진다.

▌혼란과 좌절에 어떻게 대응할지 생각한다

어떤 것을 처리할 방법을 알지 못하거나, 동료와의 갈등이나
고객의 질문 등 문제를 해결하는 과정에서 효율을 내지 못한다고
느낄 때마다, 학습 영역으로 전환한다. 피드백과 아이디어를 모으
거나 온라인에서 검색을 한다. 이후 새롭게 얻은 식견을 나만의 시
스템(스케줄 알림이나 디지털 플래시카드와 같은)에 포함시켜 새로운
사고의 방식을 내 에어 센스에 통합한다.

▌주변의 사람들을 자문단으로 이용한다

동료의 강점과 전문 분야에 대해서 반드시 파악한다. 취미나
관심사도 알아 두는 것이 좋다. 내 삶을 함께하는 사람들은 정보,
자원, 아이디어의 보고다. 마찬가지로 나의 지식과 관심사도 공유

해서 그들이 필요할 때 요청할 수 있도록 하자. 팀원과 동료들에게 아이디어를 공유하고 질문을 하도록 격려하자. 카를로스 모레노 세라노가 새로운 업무 방식을 시도할 수 있는 분위기를 만들지 않았더라면 신입 사원인 리처드는 고객 보고서에 대한 자신의 아이디어를 대담하게 공유하지 못했을 것이다. 그러니 당신도 자신만의 접근법을 개발하길 바란다. 매일 일기를 쓰거나, 산책을 하면서 성찰의 시간을 갖거나, 플래시카드 앱(이 책의 참고 자료에 나열된 앱과 같은)을 사용하는 등 당신에게 잘 맞는 방법들을 찾게 될 것이다. 우리는 더 효과적인 전략을 사용하는 일에 있어서 언제나 더 나아질 수 있다. 이것이 삶의 여정을 더 흥미롭고 풍요롭게 만들어 줄 것이다.

학습 영역 전략 #5
불도저가 되지 않는다

앤더스 에릭슨과 공저자들이 《하버드비즈니스리뷰》에서 언급했듯이, 바이올린 연주자 나탄 밀스타인Nathan Milstein은 다른 음악가들이 하루 종일 연습하는 것을 보고 걱정에 휩싸인 적이 있었다. 자신의 연습량은 훨씬 적었기 때문이다. 그는 자신의 멘토인 전설적인 바이올리니스트 레오폴트 아우어Leopold Auer에게 몇 시간을 연습해야 하냐고 질문했다. 아우어는 "얼마나 오래 연습하느냐는 중요치 않아.[26] 손가락으로만 연습을 하면 아무리 해도 충분치 않을 거야. 하지만 머리로 연습을 한다면 2시간이면 족하지"라고 답했다. 밀스타인은 "집중해서 할 수 있다고 느끼는 만큼 연습해야 한다"라는 결론을 내렸다.

학습 영역에 있든 성과 영역에 있든 불도저 방식bulldozing*은 단기적으로만 효과가 있을 뿐이다. 장기적으로는 정신적·정서적 상태를 번갈아 개선하기 위해 노력하는 전략이 더 효과적이다. 하루 종일 치어리더 모드에 있는 것은 효과도 떨어지고 진이 빠지는 일이다. 계속해서 성찰 모드나 피드백 모드, 수면 모드에 있는 것도 마찬가지다. 1만 시간 동안 억지로 밀어붙이는 것과 창의적인 활동과 휴식을 혼합해 1만 시간을 집중하는 것은 전혀 다르다. 노벨상을 수상한 과학자들 가운데[27] 취미로 연기, 춤, 기타 공연 예술을 즐기는 사람의 비율은 다른 과학자(그리고 일반 대중)보다 20배가 높다. 많은 사람이 의도적인 연습이 많을수록 역량이 향상된다고 믿는다. 하지만 에릭슨과 동료 랄프 크람페Ralf Krampe와 클레멘스 테쉬-뢰머Clemens Tesch-Römer는 1993년에 진행한 획기적인 연구에서 세계 수준의 연주자들이 의도적인 연습 참여에 제한[28]을 둔다는 사실을 발견했다. 양질의 의도적인 연습에는 뇌가 하루 종일 지속

---

*   가능한 한 모든 시간을 한 가지를 하는 데 사용하는 것을 뜻할 때 사용하는 용어

할 수 없는 수준의 집중력이 필요하기 때문이다. 다시 말해 휴식이 필수적인 것이다. 연구에 참여한 바이올린 연주자들은 수면이 연주 실력 향상과 대단히 관련성이 높다고 평가했다. 이 엘리트 연주자들은 연습에 따른 피로를 회복하기 위해 낮잠을 자는 것을 비롯해 하루 평균 8.6시간 잠을 잔 데 비해, 숙련도가 떨어지는 학생들은 하루 7.8시간을 잔다고 보고했다. 이런 결과는 엘리트 연주자들이 수면을 극히 중요한 요소로 평가하고 일반인들보다 더 많은 시간을 잠에 할애한다는 다른 연구의 결과들과도 일치한다. 이는 곧 자신에게 맞는 루틴을 찾는 일이 중요하다는 지적으로 이어진다.

많은 사람이 지속적인 리듬을 만드는 것이 도움이 된다는 것을 안다. 예를 들어 나는 일찍 잠자리에 들어서 알람 없이 일어난다. 이렇게 하면 기분이 대단히 좋을뿐더러 학습 영역과 성과 영역 모두에 맑은 정신으로 임할 수 있다. 뿐만 아니라 나는 내 입맛에 맞으면서 몸과 정신이 필요로 하는 것을 공급하는 영양가 있는 음식을 찾고 준비하는 법도 배웠다. 대개는 커피를 마시지 않지만, 늦게까지 깨어 있어야 하거나 다음날의 성과가 중요할 때는 모닝커피가 내 정신이 좋은 성과를 내는 데 유용한 추가적인 자극제가 되어 준다는 것을 발견했다. 내 방식을 공유한 이유는 그저 하나의 예를 들기 위함이다. 사람마다 효과가 있는 전략이 다 다르다. 우리 모두 기호, 상황, 추구하는 바가 다르기 때문이다. 각자가 조화롭게 느끼는 습관의 조합을 찾아 개발해야 한다. 자신의 습관을 떠

올리며 하루를 어떤 속도로 보내는지 생각해 보자. 긴 시간 동안
하나의 일에만 집중할 때, 타이머를 설정하는 것을 선호하는 사람
들이 있다.[29] 그리고 타이머가 꺼지면 잠깐 쉬면서 스트레칭을 한
다. 나 역시 이런 방법의 약간 수정된 버전을 사용한다. 매일 아침
마다 알람을 맞춘다. 다음 약속을 위해 이전에 하던 모든 일을 멈
추고 주의를 기울여야 하는 모든 시점에 캘린더 알람을 설정하는
것이다. 이후 집중이 필요한 일을 시작할 때는, 하던 일을 멈춰야
할 시간을 적어두고, 모든 장치를 끄고, 모든 방해의 원천을 차단
한다. 그리고 특정 배경 음악을 틀고 집중력을 높인다. 보통은 하
고 있는 일에 몰두해서 원래 적어 두었던 시간을 훨씬 지나 버리는
몰입 상태를 유지하곤 한다. 이후 자연스럽게 일을 멈추는 시점이
되면, 휴식을 취하고, 돌아다니고, 한껏 긴장을 풀고 다른 종류의
일이나 활동을 한다. 나에게는 이런 방법이 잘 맞지만 당신에게는
적합한 다른 방법이 있을 수 있다. 주기적으로 새로운 전략을 시
도하고, 효과가 있는지 살피고, 이런 과정을 반복해 진화를 멈추지
않도록 해야 한다. 변화가 없이는 발전도 있을 수 없다.

　유럽 연합의 선구자 중 하나로 여겨지는 프랑스의 기업가이자
외교관 장 모네Jean Monnet[30]는 자서전에서 아침마다 자연 속을 걷는
것이 문제 해결에 대단히 중요한 역할을 했다고 썼다. 그는 그 시
간에 아이디어를 얻었다. 물론 그가 읽은 책, 나머지 시간에 한 다
른 모든 작업도 그에게 자양분이 되었을 것이다. 그의 성취가 외부

세계와의 접촉이 없이 숲속을 걷기만 해서 이루어진 것은 아님이 분명하다. 고독과 자극 모두가 뛰어난 역량에 필수적인 요소였다. 우리 행동의 많은 부분은 무의식적으로 이루어지기 때문에 우리가 기르는 습관에 대해서 사전적 조치를 취해야 한다. 위대한 물리학자 알버트 아인슈타인Albert Einstein에게 음악은 커다란 기쁨을 줄 뿐 아니라 연구의 효율을 높이는 취미였다. 그의 천재성이 음악에 대한 몰입을 통해 눈에 띄게 향상되었다는 증거도 존재한다. 기량이 뛰어난 바이올리니스트였던 아인슈타인은 과학자가 되지 않았다면 음악가가 되었을 것이라고 말했다. 《컨버세이션The Conversation》의 한 보도에서, 재혼한 그의 아내 엘사Elsa는 아인슈타인이 "생각에 완전히 빠져 있는"[31] 것처럼 보였던 때를 회상했다. 아인슈타인은 서재와 피아노를 오가며 몇 개의 코드를 연주한 뒤 메모를 하곤 했다. 그로부터 2주 뒤, 그는 "일반 상대성 이론의 초안을 들고 나타났다."

학습 영역 전략 #6
이유를 찾는다

효과적이고 의욕적인 학습자가 되려면,[32]

— 개선이 가능하다는 '성장 마인드셋'을 믿어야 한다.

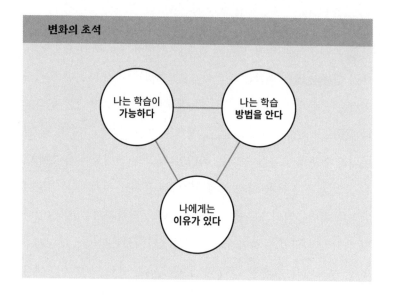

변화의 초석

나는 학습이 가능하다

나는 학습 방법을 안다

나에게는 이유가 있다

— 학습 영역을 통한 개선 방법을 알아야 한다.

— 목적의식이나 활동이 흥미롭거나 재미있는 이유[33], 강력한 학습 공동체의 일원이라는 소속감 등 개선을 위해 노력하는 명백한 이유가 있어야 한다.

나는 이것을 변화의 초석cornerstones of change라고 부른다.

우리는 가끔 이유를 잊어버릴 때가 있다. 학습 영역에서도 방법에 대한 질문에만 갇혀 있는 경우가 있다. 제품 기능을 더 잘 묘사할 수 있는 방법은 뭘까? 회의를 더 잘 이끄는 방법은 뭘까? 더 나은 테니스 선수가 되는 방법은 뭘까? 같은 것들 말이다. 방법에 대한 질문도 중요하지만 이유에 대한 질문도 최종적인 목표를 달성하는 전혀 다른 방법을 찾는 데 도움이 될 수 있다. 이를테면 이런 것이다. 나는 왜 제품 기능을 더 잘 묘사하고 싶은 걸까? 아마 사람들이 제품에 흥분하도록 만들고 싶어서일 것이다. 왜 그렇게 하고 싶은 걸까? 아마 제품을 꼭 갖고 싶은 것으로 여기도록 하는 데 도움이 되기 때문일 것이다. 왜 도움이 될까? 그들이 필요로 하는 것을 얻기 위한 조치를 취할 수 있기 때문이다. 그것이 보다 중요한 최종 목표라면, 나는 어떻게 해야 그 일을 더 잘할 수 있을까? 이럴 때는 아마도 제품 기능에 대한 이야기보다는 사람들이 직면하는 문제에 대한 질문을 던지는 것부터 시작하는 편이 나을 것이다. 왜 회의를 보다 잘 이끌고 싶은 걸까? 아마 보다 효과적인 팀을 만들기 위해서일 것이다. 어떻게 하면 그 일을 더 잘 할 수 있을까? 다른 사람이 회의를 이끌도록 코칭한다면 가능할 것이다. 왜 테니스를 더 잘 치고 싶을 걸까? 아마 일에서의 스트레스를 해소하고 테니스를 즐기는 친구들과 시간을 보내는 방법을 얻기 위해서일 것이다. 그렇다면 테니스보다 여유로운 활동을 하면서 친구들과 즐기고 스트레스를 푸는 다른 방법도 있지 않을까?

　　우리는 온종일 같은 활동을 함으로써 불도저처럼 억지로 밀어붙이는 실수를 저지르는 것처럼, 하위 목표들을 개선하는 데 지나치게 집착하는 실수를 저지르기도 한다. 그럴 때일수록 왜라는 질문을 던짐으로써 거기에서 벗어날 수 있다. 애초에 효과가 없는 것에 억세게 매달리기보다는(이런 일이 아무런 가치가 없는 것은 아니더라도, 왜라는 질문을 던지고 성찰할 때까지는 그 가치를 알 수 없다), 최종 목표에 있어 끈기와 성장의 사고방식을 가져야 한다.[34]

다양한 전략

이미 당신 일과에 자리 잡은 전략도 있을 수 있다. 하지만 여기에서 소개하는 전략들을 하나의 의식으로 삼는다면 대부분의 시간을 꾸준히 학습 영역에서 보내는 습관을 키울 수 있다. 당신에게 잘 맞는 전략도, 효과가 없는 전략도 있을 것이다. 중요한 것은 당신에게 효과가 있는 것을 찾는 실험을 하고 거기에서부터 지속적인 개선을 해 나가는 것이다. 나는 가장 강력하고 보편적인 학습 영역 전략들을 강조했지만, 그 외에도 많은 전략이 있다. 일부 전략은 음계를 연습하거나 그랜드마스터들의 게임에서 체스 말의 위치를 분석해 왜 그런 수를 두었는지 파악하는 것과 같이 특정한 영역에 해당되는 것들이고, 다른 일부 전략은 실험을 하거나, 보다 경험이 많은 사람 밑에서 수습생으로 일을 하거나, 동료나 친구의 직업을 체험하는 등 보다 일반적이고 어떤 영역에든 적용할 수 있는 것이다. 또 일부 전략에는 의도적인 연습, 독서, 온라인 조사와 같이 따로 시간을 할애해야 하는 것들이 있다. 예상을 벗어난 일이나 실수에 주의를 기울이거나, 새로운 아이디어를 잊지 않게 기록

하거나, 개를 산책시키는 동안 팟캐스트를 듣는 식으로 시간이 거의 들지 않는 전략도 있다. 일부 전략은 시간을 내 어떤 영역에 개선이 필요한지 확인하고, 개선 방법을 다른 사람들과 논의하고, 실행 과정에서 피드백을 요청하는 등 주도적으로 성장을 추진하는 데 도움이 되는 것들이다. 예기치 못한 일에 놀라거나 후회하는 대신 배움을 얻는 방식으로 반응하는 전략도 있다. 다음의 표는 이들 두 차원의 다양한 학습 영역 전략을 보여준다.[35]

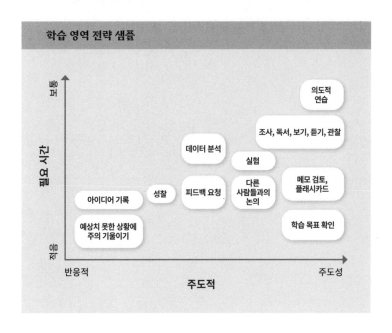

당신이 개선하려는 기술이 어떤 것이든, 다음과 같은 보편적

인 공식이 존재한다.

- 개선하고자 하는 기술이 무엇인지 확인한다.
- 기술 개발 방법을 논의하는 전문가의 글을 읽거나 이야기를 듣는다.
- 그들이 추천하는 것을 시도한다.
- 정기적으로 피드백을 수집하고 당신의 루틴을 개선할 방법을 성찰한다. 정체기에 이르렀을 때 다시 발전을 이루는 데 도움이 될 새로운 연습, 실험, 전략은 무엇인가?

성찰

* 내가 개선을 위해 노력하고 있는 것이 무엇이며 그 방법은 어떤 것인지 매일 스스로에게 상기시킬 방법이 있는가?

* 내 주위의 사람들은 내가 어떤 노력을 하고 있는지 알고 있는가? 나는 정기적으로 그들의 피드백을 요청하고 있는가?

* 시간이 흐르는 과정에서 나는 성장과 개선을 이루고 있는가? 그렇지 않다면 방해가 되고 있는 것은 무엇인가? 내가 시도해 볼 다른 전략은 무엇인가?

* 개선하려고 시도했음에도 해결하지 못한 기술은 무엇인가? 이 영역에서 성장하는 데 이용할 수 있는 전략은 어떤 것인가?

과제

* 실수로부터 많은 것을 배우거나, 실수를 최대한 활용하거나, 실수를 피할 수 있는 때는 언제이며 그 방법은 무엇인가?

5장

실수의 힘

실수란 보편적으로 좋다, 나쁘다를 구분할 수 없는 것이다.
학습과 성과를 개선하려면 다양한 종류의 실수가
언제 어떻게 유도되는지 명확히 밝히고,
피하기 위해 노력하고, 대응해야 한다.

텍사스대학교의 로버트 듀크Robert Duke 교수가 이끄는 연구진
은 피아노 연주 실력을 향상시키는 가장 좋은 방법에 대한 연구를
시작했다.[1] 그들은 상급 수준의 학생들에게 드미트리 쇼스타코비
치Dmitri Shostakovich 협주곡 1번의 한 악절을 익히라고 지시하고 메
트로놈 없이 목표 속도로 자신 있게 연주할 수 있을 때까지 필요한
만큼 오래 연습을 하도록 했다. 다음 날 학생들에게 그 곡을 연주
해달라고 요청했다. 연습 시간을 면밀하게 분석한 후 연주 순위를
매겼다. 어떤 결과가 나왔을까? 연구진은 '얼마나 많이, 얼마나 오

래' 연습했는가보다는 학생들이 연습 중에 사용한 '전략'이 연주의 질에 훨씬 더 큰 차이를 만든다는 것을 발견했다. 그들은 높은 순위에 오른 참가자들과 나머지 참가자들이 가진 연습 시간에서 가장 눈에 띄는 차이는 '실수를 어떻게 처리하는가'와 관련이 있다는 점을 알아냈다. 높은 순위의 참가자들도 초반에는 다른 참가자와 같은 빈도로 실수를 했다. 차이는 그들이 같은 실수를 계속 저지르지 않게 하는 전략들을 사용했다는 점이다. 학생들은 구체적인 실수의 원천을 확인하고 문제가 교정될 때까지 필요한 수정 사항을 반복해서 연습했다.

이 연구가 보여 주듯이, 실수는 고통스럽긴 하지만 중요하고 강력한 도구다. 실수는 지속적인 개선에 있어 필수적이다. 아직 해결되지 않은 문제를 확인하고 새로운 해법을 생각해 내는 일을 수반하는 실수는 혁신의 필수적인 부분이기도 하다. 이 과정을 위해서는 세상을 면밀히 관찰하고, 더 나은 효과를 내는 가설을 개발하고, 아이디어를 테스트해야 한다. 이런 아이디어들이 효과를 내지 못한다 해도 우리가 이유를 성찰하고, 교훈을 얻고, 더 현명한 시도를 한다면, 결국 실행 가능한 혁신을 창출할 수 있다. 고정 마인드셋에서는 실수를 개인적인 결함으로 간주하기에 유독 뼈아프게 느껴진다. 포기를 위한 변명으로 실수를 사용하기도 한다. 하지만 성장 마인드셋에서는 실수를 진단해서 그로부터 배움을 얻고 실수와 관련된 부분에서 더 훌륭한 역량을 개발해 나간다.

실수로부터 배울 수 있고 실수가 우리를 더 강하게 만들어 준
다는 점은 많은 사람이 어느 정도 이해하고 있는 부분이다. 하지
만 현실에서 실수의 영향력은 훨씬 더 강력하다. 생물학적인 수준
에서도 두뇌를 바꾸고 능력을 개발하는 데 있어 실수는 필수적이
다. 스탠퍼드의 신경과학자 앤드류 휴버먼Andrew Huberman은 약 25세
이후에는 신경가소성*을 촉발하는 경우가 무엇인가에 의해 정말
로 충격을 받았을 때, 아주 나쁜 일이 일어났을 때, 그리고 실수를
했을 때뿐이라고 지적한다.[2] 실수는 두뇌가 진지하게 주의를 기울
이도록 한다. 두뇌는 실수에 직면했을 때 "뭔가 새로운 일이 벌어
지고 있군"이라고 생각하는 것이다. 물론 적극적으로 비극을 추구
할 사람은 없다. 일부러 나서서 예상치 못한 일을 불러일으킬 수도
없는 법이다. 따라서 가장 효과적인 방법은 결코 완벽하게 끝낼 수
없는 도전적인 활동에 참여하고 그 과정에서 저지르는 실수로부터
우리의 신경가소성이 배움을 얻게 하는 것이다.

　이 원리를 좀 더 깊이 파고들어 그 작용하는 방식을 이해해 보
자. 뭔가를 배우려고 노력하는 과정에서 실수를 중심으로 일어나
는 분투는 우리 신경계가 각성도를 높이는 에피네프린epinephrine과
집중력을 높이는 아세틸콜린acetylcholine이라는 화학 물질을 분비하

---

*　생각의 패턴을 바꾸는 두뇌 배선의 변화

게 한다. 이런 화학 물질들이 작용하면, 우리의 뇌는 실수를 교정할 방법을 찾기 시작한다. 이후 약간의 성공을 경험하면, 또 다른 화학 물질이 분비된다. 이 도파민이라는 물질을 통해 가소성, 즉 학습이 일어난다. 휴버먼이 지적하듯이, 혼란에 직면했을 때 포기하고 새로운 것으로 옮겨 가는 것은 우리가 할 수 있는 최악의 일이다. 혼란의 감정이야말로 신경가소성이 막 일어날 것이란 신호기 때문이다. 하지만 약간의 진전을 경험할 때까지 분투를 이어 가면, 도파민은 두뇌에 이 새로운 접근이 기존의 것보다 효과가 좋다는 메시지를 전달한다. 이렇게 신경의 재배선 과정이 시작되는 것이다. 포기한다면 뇌는 포기에 능해지지만, 계속한다면 뇌는 인내에 능해진다. 연습하다 말고 기타를 케이스에 집어넣고 싶을 때, 골치를 썩이고 있는 스프레드시트 공식을 내던져 버리고 싶은 유혹이 들 때면 이 점을 기억하자. 휴버먼은 혼란을 좋은 것으로 보게끔 뇌를 훈련시키는 일이 가능하다고 말한다. 그러니 우리는 멘탈 모델을 변화시켜 실수와 맞붙고 거기에 성장이 따르는 과정의 가치를 인정하며, 심지어는 즐기게끔 할 수도 있다. 이 장에서는 그 방법을 살펴볼 것이다.

성찰의 힘

학습과 개선을 위해서는 기꺼이 실수를 저질러야 할 뿐 아니라 실수에 주의를 기울이고 성찰해야 한다. 실수를 알아차리는 것은 학습 영역에 들어가 실수를 관찰하고, 실수에 대해서 논의하며, 거기에서 무엇을 배울 수 있는지 탐색하는 단서가 되어야 한다. 우리는 다음과 같은 질문을 던져야 한다.

- 이 실수로부터 배울 수 있는 것은 무엇인가?
- 앞으로 다르게 할 수 있는 것은 무엇인가?
- 내 실수가 누군가에게 피해를 줬다면, 내가 유발한 피해를 복구할 방법이 있는가?

미시간대학교의 연구자들은 성장 마인드셋을 가진 사람들의 경우 실수를 한 후 고정 마인드셋인 사람들에 비해 자신의 실수에 상당히 더 주의를 기울이고 후속 질문에 보다 정확한 답을 한다는 것을 발견했다.[3] 이 연구진은 "실수에 대한 인식과 주의는 실수에서 배움을 얻고 회복하는 개인의 성장 마인드셋과 긴밀하게 관련되어 있다"라고 결론지었다. 실수 자체가 학습으로 이어지는 것은 아니다. 학습을 이끄는 것은 실수에 대한 성찰이다. 그렇다면 실수에 대한 성찰은 어떻게 하는 것일까? 실수에 집착하거나 우리의 통제를 벗어나는 것들에 사로잡혀서는 안 된다. 앞으로 달리할 수 있는 것을 찾고 거기에 주목하면 된다. 개선의 여지는 항상 존재한다. 어떤 것도 완벽하게는 할 수 없다. 실수를 삶과 학습의 필수적

인 부분으로 받아들인다면 실수에 화를 낼 이유도 없어진다. 우리
는 실수를 살피고, 변화시켜야 할 것을 찾고, 더 큰 지혜로 나아가
면 된다. 어떤 일을 하나로 설명할 수 있는 경우는 드물다. 일이 잘
못되었을 때는 우리가 한 일이 작용하기도 하지만, 보통 그 외에
다른 요소들도 작용한다. 책임감을 갖고 내 몫, 내가 바꿀 수 있는
부분에 더 집중한다면 행동을 통해서 더 많은 배움을 얻고 미래의
결과를 더욱 개선할 수 있다.

　　뷰티 포 올 인더스트리Beauty for All Industries의 창립자이자 CEO
로 미용 구독 브랜드 박시참BoxyCharm과 입시를 만든 마르셀로 캄베
로스Marcelo Camberos는 그의 회사를 성공하게 만든 거의 모든 중요한
결정이 실수에서 시작되었다고 지적한다.**4** "회사 초창기 당시 저
는 감각적으로 시간을 적정 할애하고 있다고 생각했지만 실제로는
40퍼센트의 시간을 채용에 쏟고 있었습니다. 잠깐만 일을 멈추고
이를 파악했다면, 또 그렇게 직관에만 의지하지 않았다면, 문제를
훨씬 더 빨리 해결할 수 있었을 겁니다." 결국 마르셀로는 효과적
인 채용 절차에 전문 지식을 지닌 사람을 고용하고 채용 계획과 실
행을 그 사람에게 위임하는 것이 회사에 득이 된다는 것을 배웠다.
그렇게 그는 제니퍼 골드파브Jennifer Goldfarb를 고용하고 그녀를 공동
창립자로 삼았다. "스타트업의 규모를 키우는 일은 처음이었기 때
문에 그 당시만 해도 제가 무슨 일을 하고 있는지조차도 잘 몰랐습
니다." 그가 말했다. "매주 새로운 것들을 배웠지만 들어오는 정보

가 어마어마해서 따라잡기는 역부족이었죠." 마르셀로는 시간을 어
떻게 사용하는지에 더 주의를 기울인다면 시간을 아낄 수 있고 당
황하는 일도 훨씬 줄어든다는 것을 깨달았다. 실수에 대한 이런 반
응으로 그는 개선의 기회를 확인하고 변화를 실천할 수 있었다. 그
렇게 그는 실수 분석과 방향 수정을 문화 규범으로 장려했고, 이런
관행은 이 회사의 보기 드문 성공에 결정적 역할을 했다.

공동체 내의 실수 분석

혼자 실수를 성찰할 수도 있지만 다른 사람과 협력을 한다면
그 결과는 훨씬 더 강력해진다. 일부 의료 조직은 최근 들어 흔한
실수를 줄이고 환자의 예후를 개선하는 방법에 대해 전문가들이
함께 이야기를 나누도록 함으로써 큰 발전을 이루었다. 토모에 무
사Tomoe Musa는 수천 명 의사를 고용하는 대형 의료 센터들의 위험
관리 서비스 제공업체에서 환자의 안전을 총괄하고 있다.[5] 그녀의
일은 의사들과 최선의 실천 사례를 공유하고 그들이 환자에게 피
해를 줄 만한 위험이 있는 영역을 확인하도록 지원하는 것이다. 일
례로 회사의 조사를 통해 척추 수술이 의료 소송이 가장 많은 부분
이라는 것이 드러나자, 토모에는 정형외과의와 신경외과의들로 이
루어진 협업 대표단을 구성해 사례들을 평가하고 무엇이 잘못되고
있는지 함께 파악하도록 했다. "신경외과 의사들과 정형외과 의사

들은 보통 함께 일을 하지 않습니다." 토모에가 말했다. "어떤 면에서 그들은 환자를 두고 서로 경쟁을 하죠." 토모에는 한 식당에 의사들을 모이게 했다. 병원에서의 치열한 경쟁에서 벗어난 편안한 분위기에 있었기 때문에 그들은 평상시와 같이 시간에 쫓기는 느낌을 받지 않았다. 의사들은 공동으로 검토할 사례를 몇 개 선정했다. "처음에는 모든 사례가 달라 보이지만 얼마 지나면 모두가 같아 보이기 시작하고 우리가 같은 실수를 반복하고 있다는 생각이 듭니다." 그녀가 말했다. "갑자기 개선이 가장 필요한 영역이 눈에 띄기 시작하죠. '세상에, 이런 부상 이력이 있는 사람에게는 수술을 해서는 안 돼. 도움이 전혀 되지 않으니까'라는 식으로 말입니다." 신경외과의와 정형외과 전문의들은 수술을 이용해 특정한 문제를 해결하는 데 전문가라는 점 때문에 자신들의 해법을 최적의 방법이라고 생각하는 경향이 있다. 그렇다고 이런 경향이 의료직에 종사하는 사람들에게만 나타나는 특이 케이스는 아니다. 옛말에도 있듯이 "망치를 들고 있으면 모든 것이 못으로 보이는"[6] 법이다. 마찬가지로 고객과 상호작용을 하는 영업 사원은 마케팅이나 제품 개발팀에게 유용할 수 있는 식견을 충분히 고려하거나 공유하지 않는다. 고객 지원팀은 당면한 고객의 문제를 해결하는 데 집중한 나머지 조직의 다른 부분이 애초에 특정 문제의 발생을 막을 수 있는 방법을 찾지 않는다.

　　MIT의 피터 셍게Peter Senge 교수가 그의 책《학습하는 조직The

Fifth Discipline》에서 언급했듯이, 학습하는 조직을 차별화시키는 핵심 역량 중 하나는 시스템 사고systems thinking다. 부서 간 커뮤니케이션과 협력을 장려한다면 시스템의 측면에서 사고하는 능력을 키워 부서 이기주의를 뛰어넘는 더 나은 해법을 만들 수 있다. 일부 기업은 사내에서뿐 아니라 공급업자, 고객, 파트너들과의 소통과 협력을 촉진하는 포럼을 만들기도 한다. 많은 기업이 사후 검토(부서 내 혹은 부서 간)를 사용해 원활하게 진행되지 않은 프로젝트에 대해 성찰함으로써 당면한 사안에 대한 즉각적인 해결책을 찾을 뿐 아니라 프로세스의 개선책도 확인한다. 일부 조직은 학습 속도를 높이기 위해 실수를 유도하는 방법을 도입하기도 한다. 직원들은 도전적인 상황을 직접 만들고 거기에서 발생한 실패 사례를 유심히 살핀다. 클리어초이스덴탈임플란트ClearChoice Dental Implants는 시뮬레이션을 위한 공간을 마련해 환자 교육 컨설턴트들이 역할극을 하고, 다양한 전략을 시도하고, 위험 부담이 적은 환경에서 실수와 피드백으로부터 배움을 얻도록 한다. 현재는 NFL 팀들도 쿼터백 훈련에 가상현실 시뮬레이션을 이용한다. 이로써 그들은 진짜 게임처럼 보이지만 실제로는 360도 영상인, 위험도가 대단히 낮은 환경에서 직접 도전을 해보고 실수에 대해 코치와 이야기를 나눈다.

실수는 경외, 탐색, 보다 깊은 인간관계, 웃음, 삶의 즐거움의 원천이 될 수 있다. 하지만 이런 식으로 실수를 보기 위해서는 마인드셋의 전환이 필요하다. 실수에 관한 한 우리는 개인이나 팀원

혹은 조직으로서 난제에 부딪히곤 한다. 실수가 학습에 도움이 될 수 있다는 것을 알면서도 신뢰할 수 있는 높은 성과를 내는 사람으로 비춰지고 싶은 욕심을 갖기 때문이다. 이로 인해 내면에서 혹은 다른 사람들과의 관계에서 혼란, 불안, 명확성과 일관성의 부족을 느낄 수 있다. 예를 들어 팀에게 위험을 감수하고 실수를 하라고 격려하면서도 핵심 고객이 다른 회사의 문을 두드리게끔 만들 위험을 무릅쓰는 사람에게 어떤 조치가 내려졌는지 떠올려 보자. 공유하는 언어를 만들고 실수를 이해하는 태도를 갖춘다면 현재의 성과를 높이면서 내일의 성장을 위한 길을 닦을 수 있다. 이는 이미 알고 있는 것에 집중해야 하는 때가 언제이고, 학습을 위해 위험을 감수해야 하는 때가 언제인지에 대한 합의가 있어야 한다는 의미다.

네 종류의 실수

유용한 실수도 있지만 다른 것보다 바람직하지 못한 실수도 있지 않을까? 대부분의 사람이 바라마지않는 높은 성과는 실수를 덜 저지르는 것을 의미할까? 실수가 모두 좋은 것이라거나 모두 나쁜 것이라고 뭉뚱그려 얘기하기보다는 다른 종류의 실수들을 구분하고, 우리가 기꺼이 감내할 수 있는 것은 어떤 실수이며, 우리가 피하기 위해 노력해야 하는 것은 어떤 실수인지를 확인하는 것이 보다 유용하다.

▌엉성한 실수 sloppy mistake

방금 일어난 일에 가슴이 덜컥한다. 귀여운 고양이 영상을 공유한 동료에게게만 답장을 보내려던 것이 회사 사람들에게 '전체 답장'을 보낸 것이다. 한 사람씩 반응이 오기 시작한다. 결국 사장님한테까지 한마디를 들어야 했다.

이런 것이 바로 엉성한 실수다. 엉성한 실수는 이미 어떻게 하는지 알고 있는 일이지만 주의가 흩어지거나 잘못된 것에 집중하고 있기 때문에 부정확하게 일을 하면서 발생하는 것이 보통이다. 우리 모두 사람이기에 종종 엉성한 실수를 한다. 하지만 이런 실수를 지나치게 많이 한다면, 특히 집중해야 하는 과제에서 이런 실수가 자주 발생한다면, 그것은 집중력, 과정, 환경, 습관을 점검해 볼 때라는 신호다. 나는 이런 엉성한 실수는 대부분 심각하게 받아들이지 않고 웃어넘긴다. 블로그에 기록해서 다른 사람들과 공유하기도 한다.[7] 나는 과제 하나에만 집중할 때 엉성한 실수를 종종 저지른다. 그 결과로 주변에 부수적인 피해가 생긴다. 일에서의 문제를 해결하는 데 지나치게 집중해서 주변에 충분히 주의를 기울이지 않기 때문에 유리로 된 물건을 깨뜨리는 등의 실수를 저지르곤 하는 것이다. "그런 것은 별로 문제가 되지 않아!"라면서 엉성한 실수가 학습 기회를 거의 주지 않는다는 결론을 내리고 싶을 수도 있다. 모든 작은 실수에 매달리는 게 우리가 바라는 일은 아니니 말이다. 하지만 엉성한 실수도 심각한 결과로 이어질 수 있기 때문에 실수를 했을 때는 잠시 멈추고 그에 대해 성찰해 보는 것이 좋다. 또 다른 예로, 팀 회의를 이끌 때 엉성하지만 심각한 실수를 한 적이 있다. 그룹 내 역학, 즉 이야기를 하는 사람의 균형이나 사람과 사람 사이의 긴장 관계에 충분히 주의를 기울이지 않은 것이다. 그런 일이 계속 발생한다는 것을 깨달은 나는 무엇을 달리 시도해 보면 좋을지 고민했다. 그 결과 나는 회의 2분 전에 만나는 사람들과 회의의 목표에 대해서 생각하고, 리더로서의 내 일이 당면한 문제 해결에 집중하는 것보다는 효과적인 팀의 발전을 촉진하는 것임을 상기하기 시작했다. 당신도 이와 같은 어설픈 실수를 저지른다면 이렇게 자문해 보자. 이것은 나에게 중요한 일인가? 뭔가를 바꾸어서 이런 일이 다시 일어나지 않게 하고 싶은가? 혹 그렇다면 장래에 이런 유형의 실수를 피하기 위해 초점을 조정할 방법은 없을까?

▎깨달음의 실수aha-moment mistake

엔지니어이자 국경 없는 과학기술자회Engineers Without Borders의 이사직을 역임했던 사회 기업가 데이비드 댐버거David Damberger는 이 단체가 아프리카와 인도에서 시스템을 구축할 때 배웠던 강력한 교훈을 공유한 적이 있다. 댐버거는 TED 토크TED Talk에서 이 조직의 말라위 지부 직원이었던 오웬Owen의 이야기를 들려주었다.[8] 오웬은 한 지역에 캐나다 정부가 자금을 대 113개의 중력식 급수 장치를 설치한 지 단 1년 반이 지난 상황에서 그중 81개가 작동하지 않고 있다는 것을 발견했다. "전형적인 상황이었습니다." 데이비드가 말했다. 그는 자선단체에 기부를 한 사람들이 그 돈이 부품을 마련하거나 유지 보수에 들어가는 것보다 우물을 파거나 학교를 짓는 것과 같이 가시적인 뭔가에 들어가는 것을 더 기분 좋게 여기는 점이 그 문제에 일조한다고 말했다.

　작동하지 않는 급수 장치를 발견한 곳에서 30피트(약 9.1미터)도 떨어지지 않은 곳에도 구형 시스템이 발견됐다. 미국 정부의 원조로 만들어진 것이었다. 그 역시 설치 후 1년 반 정도 후에 고장이 난 상태였다. "10년 전에 실패한 프로젝트를 10년 후에 거의 같은 기술에, 거의 같은 과정으로 다시 진행해 똑같은 실패를 경험하는 이유가 뭘까요?" 국경 없는 과학기술자회는 자원이 부족한 인도의 학교들과도 협력한다. 일부 학생들은 식수와 화장실에서 사용할 물을 길어오는 데 매일 2~3시간을 할애하고 있었다. 데이비드는 지역 공동체와 협력해 지붕에서 빗물을 모을 수 있는 시스템을 설치했다. 하지만 1년 후 이 장치와 관련된 일을 확인했을 때 그는 유지 보수 스케줄이 전혀 이행되지 않았던 탓에 단 하나도 제대로 작동하지 않고 있는 것을 알게 되었다. "제가 비판했던 실수를 똑같이 저지른 셈입니다." 그가 말했다. "저를 영웅처럼 생각했던 고향의 친구와 가족들을 생각하니 사기꾼이 된 느낌이었습니다." 국경 없는 과학기술자회는 이런 만연한 문제를 해결하려면 비정부 기구들 전체가 더 책임감을 가져야 하고 더 투명해져야 한다는 것을 깨달았다. 그런 비약적인 발전을 위해서는 실패를 인정하고, 그에 대해 논의하고, 그로부터 배우는 과정이 선행되어야 했다.

"실패를 인정하는 것은 대단히 어려운 일입니다. 저는 제가 겪은 실패를 많은 사람 앞에서 밝히지 못했습니다." 데이비드가 말했다. "그나마 위안이 되었던 것은(말하기가 부끄럽지만) 국경 없는 과학기술자회의 다른 사람들 역시 실패를 경험했음을 알게 된 것이었습니다. 우리는 함께 모여 각자가 겪은 실패에 대해 이야기를 나누면서 비로소 우리가 정말 많은 실수를 저지르고 있고, 심지어는 같은 실수를 저지르고 있으며, 그로부터 무언가를 배울 수 있다는 깨달음을 얻었습니다. 거기서부터 혁신과 변화가 시작된 거죠." 그로부터 10년이 흐른 지금 국경 없는 과학기술자회는 매년 조직의 큰 실패들을 알리는 실패 보고서를 발간하고 있다. 다른 조직도 그 분야에 대한 배움을 얻은 실패를 공유할 수 있는 admittingfailure.org라는 웹사이트도 만들었다.[9] 이는 국제 개발 전문가들이 실수와 거기에서 얻은 교훈을 기꺼이 공유하고 이를 통해 그 분야가 더 발전하는 데 상당한 도움을 주었다. 이런 깨달음의 실수는 의도적으로 일을 하다가 그렇게 하는 것이 잘못됐다는 것을 깨닫는 경우의 실수를 말한다. 그 순간에 "아하!"라는 강력한 깨달음, 당신의 이해와 인식을 넓히는 새롭고 강력한 식견을 얻게 되는 것이다. 의도에 따라 빗물 집수 시스템을 설치했지만 이후 그런 프로젝트에 유지 보수 구조가 필요하다는 것을 깨닫는 식으로 말이다.

나도 커리어를 쌓는 동안 그런 깨달음의 실수를 많이 저질렀다. 몇 년 전 나는 여러 워크숍에서 기조연설을 하면서 사람들에게 다양성과 포용의 가치를 설득하기 시작했다. 조직들은 지속적인 개선과 혁신의 문화를 촉진하길 원했기 때문에 성장 마인드셋에 대해 배우고자 나를 초청했다. 그들의 최종 목표를 진전시키는 방법(성장 마인드셋 외에)은 다양성과 포용을 촉진하는 것이었고 따라서 나는 그것을 지적할 기회를 잡았다. 당시 나는 격주로 동료들과 인종과 특권에 대한 연구 그룹 회의를 진행하고 있었다. 우리는 각 토론 전에 읽을 자료나 영상을 공유했다. 어느 날 토론 후에 기조연설을 위한 슬라이드를 준비하던 중에 내 프레젠테이션의 이미지들이 내가 맞서려 노력하고 있는 고정관념을 깨는 것이 아니라 오히려 강화하고 있다는 것을 깨달았다. 슬라이드를 준비할 때 인종이나 성별과 같은 인구학적 특성을 고려하지 않고 내가 전달하려는 아이디어를 효과적으로 소통할 수 있는 이미지만을 찾았다는 사실이 분명하게 드러났다. 그 결과는 백인 남성은 전문가나 리더로, 유색 인종은 운동선수로, 그리고 여성은 실제보다 적게 등장하는 일련의 이미지들이었다. 그 일이 있고 나서 최근 동료들과의 학습 영역에 참여했을 때는(우리는 이미지의 힘에 대해 살펴보았다) 내가 준비한 시각 자료를 다른 눈으로 볼 수 있게 되었다. 나는 프레젠테이션 이미지를 만들 때 인종과 성별에 대해 생각해야 한다는 것을, 내가 선정한 시각 자료들이 사람들의 뇌 안에서 이전과 다른 연결을 형성하고, 고정관념과 무의식적인 편견을 깨뜨리는 데 도움을 줄 수 있는 기회라는 것을 깨달았다.

일반적으로 다양성, 공정성, 포용에 대한 학습 기회는 깨달음의 실수에서 비롯되는 경우가 많다. 우리는 때로 의도치 않게 다른 사람을 불쾌하게 하거나 자극하고, 편향된 방식으로 행동한다. 그렇기 때문에 책이나 기사를 읽거나, 팟캐스트를 듣거나, 의식적으로 인식을 높이기 위한 노력을 하면서 사회인구학적으로 다른 유의미한 집단이 겪는 경험에 대해 주도적으로 배워야 한다. 그 외에도 내가 깨달음의 실수를 저질렀을 때 다른 사람들이 안전하게 자기 목소리를 낼 수 있는 여지를 줌으로써 거기에서 배움을 얻고 자기 인식과 사회 역학에 대한 이해를 높이는 것도 도움이 된다. 그 이후에 그런 변화를 이행하는 것 역시 중요하다. 깨달음의 실수는 알아보기가 어렵고 지나치기가 쉽다. 얼마나 많은 리더들이 자신이 이끄는 사람들에게 좌절감을 주는 일을 계속하면서도(때로는 수년간) 피드백을 구하지 않아 그런 행동의 영향에 대해서 무지한 상태를 오래 지속시키는지 생각해 보자.

나는 동료의 말 중에 중요하다고 생각하는 것을 내 나름으로 다시 정리해 말해 보고 왜 그것이 중요하다고 생각하는지 설명하면서 강조하는 습관이 있었다. 그러나 학습 영역에서의 작업을 통

해 잘 드러나지 않은 집단의 공통적 경험에 대한 인식을 확장하면
서, 상대는 내가 자신들의 아이디어를 가로채려 하고 있다거나, 그
들의 목소리는 힘이 있는 사람이 반복해 주지 않는 한 들리지 않는
듯한 인상을 받을 수 있겠다는 생각을 하게 되었다. 내가 피드백을
구하고 다른 사람들이 목소리를 낼 수 있도록 심리적 안정감을 촉
진하는 일을 더 잘했다면 그보다 빨리 교훈을 얻을 수 있었을 것이
다. 힘과 이익을 선점하고 있는 기득권층(나 자신도 여기에 속한다고
생각한다)은 무의식적인 편견과 연관된 깨달음의 실수를 저질렀을
때 물러서고 마는 경향이 있다.[10] 이 주제를 다루기가 어렵고 위험
요소가 많다고 생각하기 때문이다. 그렇게 거기에서 발을 빼며 그
결과로 성장과 효과적인 변화의 기회를 잃는다.

  그럴수록 우리는 자신과 자신이 속한 시스템을 더 잘 이해하
고, 강하고 공평한 팀, 조직, 공동체를 더 효과적으로 발전시킬 수
있게 하는 귀중한 깨달음의 순간으로서 실수를 보는 법을 배워야
한다. 이런 깨달음의 순간은 다양한 업무 상황에서 발생한다. 동료
가 거래를 마무리하지 못했다는 얘기를 들은 영업 사원은 그 동료
에게 속도를 늦추고 고객의 니즈를 이해하는 데 시간을 투자하라
는 제안을 할 수 있다. 팀이 계속 마감을 맞추지 못한다는 것을 깨
달은 프로젝트 매니저는 이정표가 되는 곳마다 스케줄 확인 단계
를 포함시키고 사람들에게 필요한 경우 시간을 더 요청할 기회를
줄 수도 있다. 주의를 기울이고 성찰한다는 신호는 자기 행동이 예

상치 않은 결과를 가져올 때 일어난다. X를 기대하고 어떤 일을 하지만 대신 Y가 일어난다면, 그것은 학습 영역으로 이동해 거기에서 무엇을 배울 수 있을지 찾으라는 신호다. 예상에서 벗어난 일은 학습의 귀중한 원천이며, 삶을 더욱 흥미롭게 만든다.

▌확장 실수stretch mistake

기존의 역량을 높이고 새로운 것을 시도하려 할 때는 그 과정에서 실수가 나타나기 마련이다. 이런 종류의 확장 실수는 긍정적으로 볼 수 있다. 성장의 기회가 되기 때문이다. 도리어 확장 실수를 저지르지 않는다면 그것은 당신이 진정으로 자신에게 도전하지 않고 있다는 의미다. 도나 사르카르Dona Sarkar는 마이크로소프트 파워 플랫폼Power Platform 지원팀을 이끄는 소프트웨어 엔지니어다.[11] 이전에 그녀는 홀로그램 선글라스 홀로렌즈HoloLens를 개발하는 일을 했고 마이크로소프트 윈도우 내부자 프로그램의 책임자였다. 이 프로그램은 사용자들에게 출시되는 운영 시스템을 미리 업데이트해 주고 그 대가로 피드백을 받았다. 그녀는 내부자 프로그램을 운영함과 동시에 같은 공동체에 있는 내부자들 사이에 강력한 유대를 만들고자 했다. 그녀는 비영리 단체를 위한 내부자 행사를 개최하자는 아이디어를 떠올렸다. 여러 조직을 초대해 그들이 경험하는 사업상의 문제와 기술적 문제를 공유하고, 내부자들이 협력해 해법을 개발하는 행사였다. 도나는 3개월에 걸쳐 뉴욕, 보스턴,

피닉스, 시애틀에서 열리는 내부자 행사로 실험을 해보기로 마음을 먹었다. "첫째, 기술을 실제적인 방식으로 사용하는 법을 배울 수 있고, 둘째, 비영리 단체가 혜택을 보게 될 것이고, 셋째, 근처에 사는 사람들과 깊이 있는 공동체를 구축할 수 있을 것이다." 그녀는 당초의 취지를 이렇게 설명했다. 아주 좋은 계획이다. 그렇지 않은가? "하지만 처참하게 실패했어요." 그녀가 내게 말했다. 비영리 단체들은 내부자들이 행사에서 제시한 해법을 유지할 만한 기술적 감각이 부족했다. 그들도 새로운 기술을 종종 실행했지만, 그것을 유지할 자원이 없었다. "비영리 단체에 기술의 유지 보수를 전문으로 하는 누군가가 있지 않은 한 그 기술의 효과는 빠르게 사라집니다." 행사 프로그램은 실패했지만, 마이크로소프트는 이 확장 실수를 통해 앞으로 사용할 수 있는 귀중한 식견을 얻었다. 도나가 말했다. "그 실수를 통해 기술만 이전하고 떠나서는 안 된다는 것을 배웠습니다. 새로운 기술을 도입하기 전에 그 사람들의 역량을 향상시켜야만 합니다."

확장 실수를 반복한다는 것을 발견한다면 타성에 젖어 마지못해 일을 하고 있는 것은 아닌지, 정말 능력을 개선하는 데 전념하고 있는지 탐구해 볼 좋은 기회로 여겨야 한다. 프리스비Frisbee(던지며 노는 플라스틱 원반-옮긴이)를 던지는 연습을 하는 데 계속 바닥으로 처박힌다면, 기법을 바꾸거나 프리스비가 공중을 유영하도록 하는 정보를 찾아보아야 한다. 학습에 대한 접근법 자체가 비효과적일 수도 있다. 원하는 기술을 습득하는 데에는 의도적인 연습이 더 효과적인데 실험만 하고 있는 것일 수도 있다. 그런 경우 같은 영역이나 비슷한 영역에서 다른 사람들이 어떻게 능숙해졌는지 묻는 것도 좋다. 집중하고 있지만 여전히 갇혀 있는 느낌이라면, 코치, 멘토, 기타 지침이나 객관적인 피드백을 줄 사람을 끌어들여야 할 시점일 수도 있다. 또는 확장의 목표를 너무 높게 잡은 것일 수도 있다. 현재의 위치와 궁극적인 목표 사이에 몇 개의 이정표를 더 두는 것은 어떨까? 컨퍼런스를 준비하다가 처참하게 실패했다고 가정해 보자. 성찰을 통해 교훈을 얻고 다른 방법을 시도하면서 부족한 영역에 대한 전문 지식을 갖춘 사람들을 팀에 끌어들이거나 그 분야 지식을 습득하기 위한 소규모 모임을 준비한다는 목표를 설정할 수도 있다. 그런 식으로 전면적인 컨퍼런스로 확장할 준비를 갖추는 요소들을 배우는 데 집중하는 것이다. 새로운 도전을 통해 확장 실수를 찾아내고 싶기는 하지만 막혔다는 생각이 들거나 진전이 불가능해 보일 때라면 상황을 성찰해 보고, 다른 전략을 찾아, 실행에 대한 접근법을 조정해야 한다. 목표를 달성했다면 새로운 도전 영역을 찾아 계속 역량을 키워 나가도록 하자.

▍고위험 실수high-stakes mistake

매튜 사이드Matthew Syed가 그의 책 《블랙박스 시크릿Black Box Thinking》에서 지적했듯이 1912년 미 육군 조종사 14명 중 8명이

추락 사고로 사망했고, 육군 항공 학교 초기의 사망률은 25퍼센트
에 가까웠다.[12] 세계적인 팬데믹으로 하늘길이 모두 닫히기 전인
2019년으로 이동하면, 세계 전역에서 3880만 건의 비행 중 사망
사고는 단 6건에 불과했다(45억 명의 승객 중 사망자는 239명).[13] 어
떻게 해서 안정성이 이토록 비약적으로 상승한 것일까? 인간이 처
음 하늘을 날기 시작한 이래 100여 년이 흐르는 동안, 항공 업계는
간단한 실수가 생사를 가르는 이 활동에서 안정성을 향상시킬 방
법을 배우는 데 인상적인 진전을 이루었다. 여기에서 우리는 네 번
째, 마지막 종류의 실수인 고위험 실수를 만나게 된다.

　실수는 성장을 돕기도 하지만, 엄청난 위험을 동반하기도 한
다. 핵발전소의 안전을 책임진 사람이나 비행기의 기장이 엉성한
실수를 하는 것을 원하는 사람이 있을까? 직원들이 부상당할 수
있는 팀워크 향상 활동을 강요할 사람이 있을까? 다행히 고위험
실수를 최소화하는 프로세스를 마련한다면 장기에 걸쳐 언제 위험
을 감수하고 언제 안전책을 강구하고 몸을 사려야 할지에 대한 직
관적인 이해를 발전시킬 수 있다. 꼭 생명을 위협하는 등의 상황이
아니어도 위험도가 높다고 여길 만한 성과 영역의 활동들이 있다.
수년간 훈련을 해 온 스포츠팀에게도 챔피언 결정전은 위험도가
높은 일이다. 중요한 고객을 잃는 것이 매출의 상당한 하락으로 이
어질 수 있다면, 고객과의 만남에서 위험한 아이디어를 실험하는
대신 안전한 방법을 강구해야 한다. 이런 상황은 학습 기회라기보

다는 성과 영역으로 보고, 실수를 최소화하고 단기적인 성과를 최대화하기 위해 노력해야 한다. 이들은 학습 영역에서 보낸 시간에 대한 배당을 거둬들이는 데 집중해야 할 순간이다. 하지만 그런 때에도 고위험 상황의 안전 문제와 관련되지 않은 낮은 위험의 작은 실험을 끼워 넣을 수 있다. 예를 들어 클래식 음악을 좋아하는 중요한 고객 앞에서 프레젠테이션을 할 경우, 그런 음악을 프레젠테이션에 포함시키고 영향이 있었는지 성찰해 보는 것이다. 휴식 시간에 첼로 연주곡을 포함시키는 것에서부터 프레젠테이션 자체에 클래식 음악의 은유를 사용하는 것까지 다양한 방법이 가능하다. 테스트해 볼 수 있는 방법은 무궁무진하다.

다음은 그 몇 가지 예다.

— 질문에 보다 집중해서 고객이 문제를 분명히 파악하게 한다.
— 해법 제시에 더 집중한다.
— 스토리에 더 집중한다.
— 상호작용에 보다 격식을 차려 접근한다.
— 상호작용에 보다 격의 없이 접근한다.

고위험 상황에서 목표를 달성하지 못한다면, 즉 챔피언십을 따내거나 고객을 얻지 못한다면, 그동안 밟아 온 과정, 성장에 도움이 된 그리고 되지 못한 접근법, 학습 영역에서 보다 효과적으로 성장하기 위해 할 수 있는 것들에 대해 숙고해 본다. 반대로 목표를 달성해서 챔피언십을 따내거나 계약을 따냈다면 그런 성취와 당신이 이룬 진전을 축하한다. 이후 스스로에게 같은 질문들을 던지면서 역량 향상을 계속해 나간다. 계속해서 학습 영역에 참여하고, 자신에게 도전하고, 능력을 키운다. 이것이 바로 항공 업계가 비행을 보다 안전하게 만들기 위해 한 일이다. 실수를 분석하고 성찰하는 데 대한 헌신은 안전성을 높이기 위한 끊임없는 장비 변화와 절차의 조정으로 이어졌다. 《블랙박스 시크릿》에서 사이드는 실수를 진단하는 항공 업계의 접근법을 설명한다. 블랙박스는 이런 사고의 가장 현저한 사례다. 모든 비행기에는 스테인레스 스틸이나 티타늄과 같은 내구성이 강한 소재로 만들어진 2개의 상자가 있다(블랙박스는 더 이상 검은색이 아니다. 요즘의 블랙박스는 쉽게 찾을 수 있도록 밝은 오렌지색으로 만들어지는 것이 보통이다). 한 박스에는 속도, 고도와 같은 비행에 대한 정보가 저장된다. 다른 박스에는 조종실의 대화가 기록된다. 사이드의 설명대로, 이 데이터를 분석해서 사고의 원인을 알아내고 향후에 비슷한 사고를 막기 위한 조정이 가해진다.

  이런 항공 업계에서 영감을 얻은 일부 병원들은 현재 수술실에서 블랙박스를 사용하기 시작했다.[14] 세계 최대의 헤지 펀드 브릿지워터 어소시에이트Bridgewater Associates는 모든 회의를 녹화해 직원들이 거기에서 배움을 얻도록 한다.[15] 클리어초이스 역시 환자의

동의하에 그들과의 상호작용을 모두 기록으로 남겨 직원들이 그
것을 보고 배울 수 있도록 한다.[16] 누구든 비슷한 관행을 실천할 수
있다. 굳이 모든 상황을 기록하지 않아도 된다. 위험이 큰 실행 과
정 동안 혹은 그 이후에 피드백을 모아서 검토하고 거기에서 교훈
을 얻을 수 있다. 내 친구 하나는 회의 중에 피드백 협력자feedback
ally를 두어 자신을 관찰하고 메모를 한 뒤 공유하게 한다. 나는 기
조연설이나 워크숍이 끝난 직후 참가자들에게 간단한 설문을 실시
해서 그들의 관점으로부터 배움을 얻는다.

　　전 세계에 금융 시장 데이터와 인프라를 공급하는 톰슨로이터
스Thomson Reuters의 영업 이사였던 디포 아로미레Dipo Aromire는 그의
경력에서 가장 큰 실수를 저지른 이후의 일을 내게 들려주었다.[17]
디포의 팀은 회사 매출의 20퍼센트를 차지하는 중요한 고객을 담
당하고 있었는데 그와의 거래를 성사시키지 못했다. 그보다 못한
실수로도 해고된 사람들이 허다했다. 그 일은 클라이언트가 수익
성이 좋은 새로운 서비스에 관심이 있다고 언급하면서 시작되었
다. "회사에 대단히 중요한 계약이었습니다. 하지만 우리는 매우
오만한 태도를 갖고 있었죠." 디포가 내게 말했다. "15년 동안 공
급을 도맡아 온 회사였기 때문에 현실에 안주하고 있었습니다. 그
런 태도가 6~9개월 걸린 협상 과정 내내 이어졌죠. 결국 우리는 계
약을 성사시키지 못했습니다. 그들은 우리와 하던 일을 다른 회사
에 맡겼죠." 그 손실은 팀 전체에게 고통스러운 일이었지만 특히

디포는 영업 이사였기 때문에 책임을 져야 했다. 어떤 일이 일어났는지 파악하기 위해 그는 클라이언트를 점심 식사에 초대해 이야기를 들었다. 그는 자신들이 어떤 부분에서 잘못했는지, 왜 자신들이 계약을 따내지 못했는지 질문했다. "저는 우리가 잘못한 것들을 15가지 정도 적었습니다. 가장 큰 잘못은 바로 우리가 보인 태도였죠. 마인드셋이 잘못되어 있었던 겁니다. 그러나 우리는 잘하고 있다고 생각하고 성공을 확신했습니다." 그 경험은 디포에게 일생일대의 교훈이 되었고 그는 지금까지도 그 교훈을 유념하고 있다. 가장 중요한 교훈은 어떤 것도, 어떤 사람도 오래 알아 왔다는 이유로 당연하게 여기지 않는 것이다. 그는 심지어 가정에서 자신의 아내와의 관계에도 그 교훈을 적용한다. 결국 이 이야기는 해피엔딩으로 마무리되었다. 2년 후 그 클라이언트를 되찾고 전보다 더 큰 규모의 계약을 얻어낸 것이다.

실수는 학습 영역으로 들어갈 수 있는 기회다

실제로 일어나는 실수의 상당수에는 이 4가지 실수의 측면이 결합되어 있다. 일부 실수는 고위험이면서 동시에 깨달음의 실수이거나 엉성한 실수다. 이들은 서로 배타적인 범주가 아니며 우리가 상황, 접근법, 영향에 대해서 더 잘 성찰할 수 있게 돕는 실수의 특성들이다. 실수를 보다 잘 이해한다면 그것이 일시적이며, 성장

에 필수적인 부분임을 깨닫고 실수가 발생했을 때 차분한 태도를
잃지 않고 거기에서 배움을 얻을 수 있을 것이다. 다음의 실수 매
트릭스Mistakes Matrix는 4가지 실수의 핵심적인 차이를 보여 준다.

그래픽에서 알 수 있듯이, 깨달음의 실수와 확장 실수는 큰 피
해 없이 가장 많은 것을 배울 수 있는 가장 가치가 높은 실수인 경
향이 있다. 확장 실수는 도전을 받아들임으로써 의도적으로 만들
어낼 수 있다. 확장 실수는 당신이 학습 영역에서 이끌어 내는 실
수인 반면, 다른 3가지 실수는 성과 영역에서 일어난다. 깨달음의
실수는 계획 없이 마주하게 되기 때문에 고의성이 낮다. 깨달음의
실수에 관해 당신이 해야 할 일은 피드백을 구해서 실수를 밝혀내

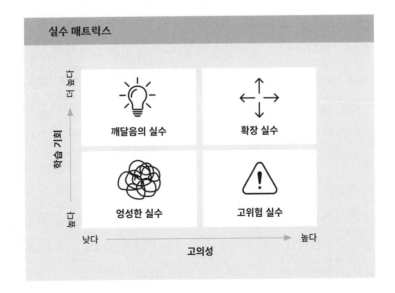

고, 실수였음을 알아차렸을 때는 그것을 소중히 여기고 그로부터
배울 수 있는 것이 없는지 성찰하는 것이다. 엉성한 실수가 일어났
을 때는 웃고 넘길 일인지 아닌지 성찰해 보고 같은 일이 반복되지
않도록 노력이 필요한지 자문해 보아야 한다. 고위험 실수의 경우
라면 성과 영역으로 이동해 가능한 한 피하기 위한 의도적인 노력
을 해야 한다. 하지만 어떤 실수든 학습 영역으로 도약하는 단서로
삼을 수 있다. 이를 통해 당신은 배우며 성장하고, 감정을 더 잘 관
리하고, 지략을 갖추며, 회복력이 큰 사람이 될 수 있다.

　링크드인LinkedIn의 제품 담당 최고 책임자 토머 코헨Tomer Cohen
은 다양한 유형의 실수가 있다는 걸 감안한 직원 교육 지침을 만든
다.[18] 그가 화이트보드에 그린 3개의 동심원은 이런 식으로 구성돼
있다. "가장 안쪽의 원은 성과 영역으로 여기에서는 학습을 하지
않습니다. 이미 알고 있는 일을 하죠. 두 번째 원은 확장 영역Stretch
Zone으로 불편함을 느끼고, 부담 속에서 최대한의 능력을 발휘하고
있다고 느끼는 곳입니다. 의도적으로 지금 하고 있는 것이 효과가
있는지 확신하지 못하게 만들어져 있습니다." 마지막 원은 웹사이
트가 다운되는 것처럼 실수에 대가가 따르는 위험 영역Danger Zone
이다. 그는 사람들에게 확장 영역에서 시간을 얼마나 보내고 있는
지 생각해 보자고 지시한다. "자기 시간의 최소한 3분의 1은 확장
영역에서 보내기 위해 노력합니다. 서로 시간을 보내는 비율을 공
유하다 보면 그 비율이 40퍼센트, 50퍼센트인 사람들도 있습니다.

대단하죠." 그는 이렇게 말했다.

　　처음에는 실수를 성찰해야 하는 때를 파악하는 것이 쉽지 않을 수도 있다. 여기 몇 가지 전략을 소개한다.

- 학습 영역에 대한 참여가 중요한지, 어떻게 시작할지, 실수의 영향은 무엇인지를 혼자 생각해 보거나 팀과 논의한다.
- 그에 따라 캘린더에 대강 시간을 정한다. 캘린더에 반복 알림을 설정하고, 그 시간 동안 하고 싶은 것과 던지고 싶은 질문을 적는다.
- 반복되는 작업 과정에 성찰을 통합시킨다. 예를 들어 기조연설을 할 때마다 나는 피드백을 요청한다. 또한 잠깐 시간을 내어

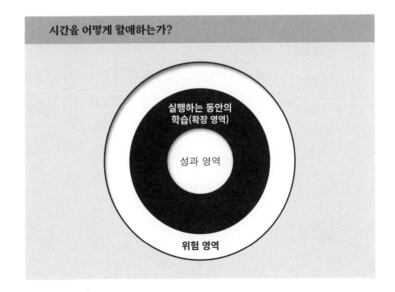

효과가 좋았던 것, 내가 배운 것, 앞으로 달리할 수 있을 만한 것
을 기록한다.

— 정기적인 회의에 학습 영역을 더 잘 통합시킬 방법은 없는지 충
분히 생각해 본다. 주간 회의에 팀원들이 중요한 교훈을 공유하
는 시간을 마련할 수도 있다.

— 모두 거들어야 하는 급한 일이 생겼다면, 위기를 헤쳐 나가기 위
해 이런 학습 영역을 건너뛸 수도 있다. 하지만 학습 영역 구조
는 기본적이고 정기적인 습관으로 유지해야 한다.

— 성과 영역에서 실수를 저질렀고 학습 영역에 들어가기에는 적절
한 시간이 아니라면, 이후에 다룰 수 있도록 사안을 기록해 두어
야 한다. 내게 보내는 메일로 이 사항을 상기시키는 메일을 보내
거나, 캘린더나 정기적으로 검토하는 문서에 기록하거나, 음성
메모를 남기는 것이다. 성과 영역에서 저지른 실수를 인식하고
의도적으로 이를 다룬다면 학습에 도움이 될 뿐 아니라 단점이
자리 잡지 못하도록 상기시킴으로써 그 순간에 더 나은 성과를
올리는 데에도 도움이 된다.

실수를 무기화한다

엉성한 실수와 고위험 실수에 대한 인식을 통해 다른 사람이
하는 실수를 비난하거나 처벌하는 이유로 삼아서는 안 된다. 당신

이 엉성한 실수라고 생각하는 것을 다른 사람은 확장 실수나 깨달음의 실수로 볼 수도 있다. 실수를 무기화하면 다른 사람들은 위험을 피하고, 실패를 숨기고, 만성적인 성과 증후군에 빠지게 되며 이는 정체로 이어진다. 실수에 대한 인식이 잠재적 함정이 되어버리는 것이다. 인간은 누구나 실수를 하지 않으려 하지만, 그럼에도 실수를 저지른다는 것을 유념하자. 누군가가 당신을 화나게 하는 실수를 저질렀을 때는 당신이 그들이 어떤 생각을 하고 어떻게 일을 하고 있는지 완전히 이해하고 있지 못하다는 것을 기억하자. 다른 사람의 관점, 그들이 상황을 이해하는 방법, 그들이 거기에서 배운 것, 앞으로 달리하려 하는 것, 앞으로 당신이 달리할 수 있는 것에 대해 질문을 던지자.

학습이 나은 최고의 거래

책의 시작 부분에 만났던 피자 가게 주인 지노 바르바로를 기억하는가?[19] 그는 수년 전부터 만성 성과 증후군을 겪고 있는 중이었다. 계속되는 그런 상황에서 벗어나기를 갈망하던 지노는 부동산을 통한 고정 소득에 대해서 알게 되고 호기심을 느꼈다. 지노의 동생 마르코스Marcos는 부동산 사업을 제안한 후 이렇게 말했다. "내 친구 제이크와 이야기를 해봐." 제이크 스텐지아노Jake Stenziano는 제약 영업 사원으로 그 역시 부동산업으로의 전환을 고려하고 있었다. 지노는 그의 제안을 받아들였다.

지노는 제이크를 만나기 전 부동산 투자에 대한 뼈아픈 기억을 갖고 있었다. 한 친구가 지인이 진행하는 플로리다의 이동식 주택 공원 관련 부동산 계약에 대해 이야기를 전했다. 지노는 17만 2000달러의 저축이 있었다. 식당에서 긴 시간을 열심히 일해 모은 돈이었다. 돈을 투자해 시간이 흐르면 복리 수익을 올리는 수동 투자라는 아이디어에 마음이 끌렸던 지노는 부동산이나 프로젝트를 운영하는 사람에 대한 적절한 조사도 없이 전 재산을 이동식 주택 공원에 쏟아 넣었다. 그리고 그 프로젝트는 파산했다. 그는 모든 것을 잃었다. 하지만 여기 반전이 있었다. 지노는 당시 상황을 "내 생애 최고의 거래"라고 부른다. 그 손실을 통해 효과적인 부동산 투자를 하기 위해서는 자기 계발에도 투자를 해야 한다는 것을 배웠기 때문이다. 그전까지만 해도 그는 좋은 투자가 될 만한 것을 직관적으로 알 수 있다고 생각했다. 식당을 경영하는 가장 좋은 방법을 자신이 알고 있다고 생각했던 것처럼 말이다. 하지만 큰 손해를 통해 자신의 생각이 틀렸다는 것을 깨달은 그는 그만큼 학습에 투자해야 할 것이 얼마나 많은지를 깨달았다.

제이크와 동업을 시작한 후, 그들은 효과적으로 투자할 방법을 파악하는 일에 착수했다. 좋은 투자처로 보이는 부동산을 발견할 때까지 찾아다니는 것만으로는 충분치 않았다. 그들은 정기적으로 학습 영역에 시간을 투자해야 했다. 그들은 책을 읽고, 강좌

를 듣고, 좋은 투자를 이루는 것이 무엇인지에 대한 의도적인 학습
을 시작했다. 다른 투자자들에게 연락해 조언을 구하고, 그들은 어
떤 유형의 주택 리모델링이 투자 수익을 내는지 배웠다. 중개인들
과 유대를 형성하면서는 현지 시장에 대한 그들의 견해를 들을 수
있었다. 학습 영역에서 2년을 보내고 매력적인 거래를 찾아다닌
지 2년 만에 그들은 첫 번째 성공적인 투자처가 될 만한 것을 발견
했다. 그리고 현금과 대출을 이용해 거기에서부터 성장을 시작했
다. 제이크와 지노에게는 학습 영역이 대단히 중요했기 때문에 지
속적인 학습은 그들이 소유하고 운영하는 회사들(부동산 투자 회사,
부동산 관리 회사, 부동산 금융 회사)의 핵심 가치가 되었다. 그들은
다가구 주택 투자자가 되고자 하는 사람들에게 교육 기회를 제공
하는 제이크 앤 지노Jake & Gino라는 회사도 설립했다. 그들은 1600
개 이상의 주택에 그 가치가 2억 2500만 달러가 넘는 포트폴리오
를 보유할 정도로 큰 성공을 거두었다.[20]

　　지노는 도전과 패배를 기회로 보는 법을 배웠다. 그런 일이 일
어났을 때 그는 학습 영역에 들어가는 것으로 대응한다. 경제 위기
(혹은 팬데믹)가 찾아왔을 때 그는 다른 사람들이 그 상황을 오히려
학습과 개편의 기회로 보도록 물심양면으로 도왔다. 2008년의 경
기 침체가 그의 식당에 불러온 도전이 아니었다면, 그는 삶을 새
로운 방향으로 이끈 귀중한 가르침들을 얻지 못했을 것이다. 17만
2000달러를 잃은 실수가 아니었다면, 그는 삶의 궤적을 바꿀 학습

영역의 힘을 발견하지 못했을 것이다.

실수를 기회로

실수의 힘을 활용하려면, 아는 것에서 벗어나는 도전을 받아들이고 자주 피드백을 구해야 한다. 도전은 확장 실수를 낳으며 피드백은 귀중한 발견의 순간을 비롯한 온갖 종류의 실수가 드러나게 한다. 뭔가 잘못되었다면, 그것이 변혁의 기회가 될 수 있을지 자문해야 한다. 실수가 두려워지거나 실수에 저항하고 싶은 마음이 들 때는 사람이 하는 모든 일에는 개선의 여지가 항상 존재한다는 것을 기억하자. 실수는 삶의 일부이며 강력한 학습의 원천이다. 도전을 받아들이고, 피드백을 구하고, 배울 수 있는 것을 알아보는 습관을 키우면, 실수에 대한 감정이 점점 변화할 것이다. 실수가 당신의 삶에 가져오는 가치를 귀중히 여기게 될 것이고 이는 목표를 달성할 준비를 더 잘 갖추게 할 것이다. 그럴수록 주변 사람들과 유대를 형성해야 한다. 자신만의 껍질 안에서 실수를 곱씹기보다는 다른 사람과 실수를 가지고 적극적으로 논의해 보자. 이로써 사람들이 보다 서로 긴밀히 연결되어 있다고 느끼고, 학습이나 실행 모두에서 보다 잘 협력할 수 있는 공동체를 구축할 수 있을 것이다.

성찰

* 나는 나의 실수에 그리고 다른 사람의 실수에 어떻게 반응하는가? 동료들이 실수에 접근하는 방법에 어떻게 영향을 줄 수 있을까?

* 지난해에 저지른 중대한 실수가 있을까? 어떻게 하면 그 실수를 귀중한 가르침이 되도록, 긍정적인 변화를 낳도록 이용할 수 있을까?

* 나는 확장 실수를 낳을 만한 의미 있는 도전에 응하고 있는가?

과제

* 나에게 성장 마인드셋은 어떤 의미인가?

6장

학습은 성과의
반대말이 아니다

성장 마인드셋과 학습에 대해서는
수많은 진부한 이야기와 오해들이 난무하고 있다.
성과의 역설을 극복하고 새로운 수준에 이르려면,
이런 성장의 추진 요인이 무엇을 의미하는지,
그것들을 촉진할 방법은 무엇인지 분명히 해야 한다.

한 컨퍼런스에서 어떤 여성이 내게 다가와 자신은 수년 동안 다른 사람들이 성장 마인드셋을 받아들이도록 영감을 주기 위해 노력해 왔다고 말한 적이 있었다. 하지만 그런 노력에도 불구하고 기대에 미치는 결과를 얻지 못하고 있던 그녀는 다른 사람들에게 영감을 주는 일을 더 잘할 수 있는 방법에 대한 아이디어를 얻고자 했다. 이후 그녀는 무심코 이렇게 덧붙였다. "물론 사람의 지능은 변하지 않겠지만, 성공에는 노력이 중요하잖아요. 저는 다른 사람들이 그 점을 이해하도록 노력하고 있어요." 그녀는 당연히 어려움을 겪을 수밖에 없었다. 여기에서 튀어나온 말로 미루어 보건대, 그녀는 성장 마인드셋이 무엇인지 진정으로 이해하지 못했으며, 그녀 자신도 성장 마인드셋을 갖고 있지 않았다. 그녀는 노력에 여러 형태가 있다는 것, 학습 영역에서의 노력이 성장을 이끈다는 것도 깨닫지 못했다.

이 대화로 나는 〈토끼와 거북이〉라는 이솝 우화를 떠올렸다.[1] 꾸준히 걷기를 포기하지 않은 거북이가 경기 중간에 낮잠을 잔 건방진 토끼를 이긴 이야기 말이다. 많은 좋은 의도를 가진 교육자와 부모들이 이 이야기를 인내라는 가르침과 연결시키고, 이 이야기를 하면서 성장 마인드셋과 효과적인 학습을 촉진하고 있다고 생각한다. 그렇다면 이 우화의 교훈을 조금 깊게 생각해 보기로 하자. 우화에 등장하는 어떤 캐릭터도 학습 영역에 들어가지 않고 역량을 발전시키지 않기 때문에(더 빨라지거나 더 나아진 사람이 없다) 이 서사는 고정 마인드셋의 전형인 신념을 강화하는 역할을 한다. 재능을 타고나지 않은 사람만이 열심히 일을 해야 하고 버텨야 하는 반면 재능을 타고 난 사람은 최소한의 노력만 기울이고 지나친 자만만 경계하면 된다는 신념을 말이다. 하지만 토끼가 게으름을 부리기만 기대하며 살 수는 없는 일이다. 오로지 더 멀리 나아가는 것만 목표로 하고 그 과정에 스스로는 변하려는 노력이 없다면 곤란하다. 나는 지난 15년 동안 학습 문화 개발의 측면에서 자신들이 실제보다 훨씬 더 많은 진전을 이루었다고 생각하는 많은 사람,

팀, 조직을 만나 보았다. 하지만 정작 하급자들은 상사들이 자주 언급하는 '성장 마인드셋'이 무엇인지, 거기에 무엇이 수반되는지 진정으로 이해하지 못하는 경우가 많다. 안타깝게도 성장 마인드 셋은 이에 대한 깊은 이해가 결여된 유행어로 전락해 버렸다.

나는 성과의 역설에 갇힌 사람들이 학습과 성장에 대해 가지고 있는 신화와 오해를 숱하게 들어 봤을 뿐 아니라, 성장 마인드셋 문화를 촉진하려는 잘못된 시도가 역효과를 낳는 것을 지켜보았다. 이 책의 맨 처음에 만났던 안잘리의 경험을 예로 들어 보자. 그녀의 매니저 살마는 안잘리를 귀중한 팀원으로 여기며 그녀의 지속적인 성장을 돕고, 그녀에게 더 많은 책임을 맡기고, 그녀의 팀을 성장시키고자 한다. 살마는 안잘리의 성장을 끌어올리려는 좋은 의도로 피드백을 제공하곤 하지만, 그 피드백에는 안잘리를 "시스템 사고를 하는 사람"이라기보다는 "사람들과 어울리기를 좋아하는 사람"으로 간주하는 듯한 뉘앙스가 풍겼다. 이는 의도치 않게 안잘리의 한계를 정해 놓은 듯한 메시지를 전달한다. 살마는 왜 자신이 피드백을 제공하는지에 대해서도 설명하지 않았으며, 안잘리가 그녀의 제안을 약점에 대한 지적으로, 자기 일이 위기에 처해 있다는 신호로 해석한다는 것도 깨닫지 못했다. 안잘리와 살마는 피드백의 목적을 서로 달리 생각하고 있다. 성장 마인드셋 문화를 구축하는 것은 그저 피드백을 주고, 열심히 일하도록 사람들을 격려하고, 사람들에게 마인드셋을 바꾸라고 지시하는 것처럼 간단한 일이 아니다.

진정한 성장 마인드셋 문화는 지속적인 학습을 위한 시스템과 의식儀式을 구축할 뿐 아니라, 사람들이 그렇게 해서 얻은 교훈을 계속 영향력을 성장시키는 데 적용하도록 격려한다. 진정으로 성장하는 방법을 배우고 조직 내에서 성장을 촉진하고 싶다면, 명확성이 필요하다. 흔한 오해에 정면으로 마주할 줄 알아야 한다.

오해 #1

성장 마인드셋은 긍정적인 사고, 노력, 인내와 동일하며 마법과 같이 성장을 촉진한다.

현실 #1

성장 마인드셋은 학습 영역의 참여로 우리의 능력과 자질을 변화시킬 수 있다는 믿음이다.

사람들은 성장 마인드셋을 긍정적인 사고와 동일시하는 경우가 많다. 일전에는 성장 마인드셋이 긍정적인 사고를 함으로써 인생에 긍정적인 것들을 끌어들일 수 있다고 주장하는 책,《시크릿 The Secret》과 같은 주장을 하는 거냐는 질문을 받은 적도 있다.[2] 성장 마인드셋은 그와는 전혀 다르다. 성장 마인드셋은 동전을 던지며 소원을 비는 분수가 아니다.[3] 성장 마인드셋은 노력이 중요하다거나 인내에는 보상이 따른다거나 불가능한 것은 없다는 믿음이 아니다. 성장 마인드셋은 우리의 능력과 자질(지능을 비롯한)이 고정적이지 않으며 지속적인 학습 영역에서의 노력을 통해 성장과 변화가 가능하다는 믿음이다. 노력을 장려하면서 노력을 통해 능력을 키울 수 있다는 점을 전달하지 않는다면, 오히려 엄청난 피해를 주는 셈이다. 성장 마인드셋은 누구나 무엇이든 가능하다는 얘기를 하는 게 아니다. 그보다는 사람이 무엇을 할 수 있게 될지는 아무도 알 수 없다는 것에 가깝다. 마이크로소프트가 회사의 문화 원칙에서 언급하듯, "잠재력은 미리 정해지는 것이 아니라 키워지는 것이다."[4] 또한 성장 마인드셋은 유전자의 무용성을 논하지도 않는다. 분명 우리의 능력에는 타고나는 부분도, 노력으로 키워지는 부분도 있다. 다만 우리는 전자를 과대평가하고 후자를 과소평가한다. 변하고 발전할 수 있다는 사실에 집중할수록, 성장 마인드셋의 심리적 영향으로부터 더 많은 혜택을 얻을 수 있다.

성장 마인드셋은 우리가 변할 수 있다는 믿음을 가질 때, 노력을 긍정적인 것으로, 모두가 혜택을 볼 수 있는 것으로 보는 경향이 있음을 보여 준다. 우리가 더 많은 도전을 받아들이고, 고군분투와 실수를 과정의 일부로 보고, 좌절에도 불구하고 인내하고, 더 효과적으로 협력하고, 건설적인 피드백과 갈등 해소에 관여한다면, 보다 긍정적인 인간관계를 발전시키고, 스트레스와 불안을 덜 경험하며, 더 큰 성과를 달성할 수 있다. 물론 인간이 변화할 수 있다는 믿음은 효과적인 행동이 자리 잡는 데 필수적이지만 그것이 전부는 아니다. 진정한 개선으로 이어지기 위해서는 믿음만이 아닌 행동이 필요하다. 이것은 더 많은 노력을 요한다. 질문, 의도적인 연습, 피드백과 같은 학습 영역의 전략이 관여하는 것이 바로 이 부분이다. 성장 마인드셋은 강력한 토대일 뿐이다. 개인과 조직의 변혁을 위한 무대를 마련해 주지만, 개인의 기술과 조직의 성과를 개선하고자 한다면 거기에서 멈춰서는 안 된다. 효과적인 개선 전략에 대한 이해도 필요하다. 즉 성장 마인드셋과 학습 영역, 이 2가지가 함께 협력하고 서로를 강화할 수 있도록 해야 한다.

오해 #2

학습과 성장에 대한 강조는 성과를 방해한다.

현실 #2

학습은 더 높은 성과와 영향력으로 이어진다. 단 이는 스스로가 성과에 책임을 질 때만 가능하다.

성과의 역설에 속아서 이렇게 학습에 집중하는 것이 성과의 저해로 이어지는 것 아닐까 걱정하는 것은 아주 쉽고 흔한 일이다. 하지만 연구에 따르면 학습 영역에 관여하는 사람, 팀, 조직은 높은 성과를 달성하고 큰 영향력을 발휘한다.[5] 그렇다고 해서 하룻밤 사이에 즉각적인 변화를 보게 되는 것은 아니다. 개선하거나 달성하려는 것이 무엇인지 망각할 경우에는 학습과 성장에 집중하는 일이 단기적으로 성과에 부정적인 영향을 줄 수 있고 낮은 성취도로 이어질 수도 있다. 실제 성과를 스스로 책임져야 하는 이유가 여기 있다. 결과는 중요하다. 성과가 개선되지 않고 있다면, 우리는 그 이유를 자문하고, 가능한 해결 방법을 찾고, 다른 학습 전략을 시도해야 한다. 일부 기업은 책임감을 키우기 위해 고객 대기 시간, 자산 활용률, 고객 만족도와 같은 측정 가능한 목표를 설정한다. 그들은 모든 고객과의 상호작용에서 이런 지표를 추적하고 최악의 경우가 발생했을 때는 근본 원인을 규명하고 해법을 만들기 위해 잘못된 부분을 찾아 연구한다. 이로써 시스템의 혁신적인 변화를 꾀하고, 그 뒤에는 종합 지표를 이용해 자신들이 바라는 진전을 실제로 달성하고 있는지 추적하는 것이다. 하지만 고객 지표와 자산 지표를 개선하는 데에만 집중할 경우 직원의 행복과 웰빙 측면에서 의도치 않은 결과가 빚어질 수 있다는 데 주의해야 한다. 결국 조직의 성공을 결정하는 것은 기계가 아닌 사람이다. 건강하고 행복한 직원일수록 고객에게 더 도움이 되고 보다 의미 있는 방식으로 일을 하기 때문에, 업무 환경에 대한 지표 측정도 소홀히 해서는 안 된다.

오해 #3

칭찬과 격려는 언제나 좋은 것이다.

현실 #3

특정 형태의 칭찬과 격려는 방향이 잘못되거나 과하지 않을 때에만 도움이 된다.

　친구 라지브Rajeev가 내게 어린 딸을 어떻게 도울 수 있을지 물어온 적이 있었다.[6] 그의 딸은 위험을 감수하는 일에 두려움을 느끼고 있었다. 오지 스키backcountry skiing, 카이트서핑, 웨이크보드와 같은 익스트림 스포츠를 즐기고, 도전을 사랑하는 그와 아내로서는 당황스러운 일이었다. 아주 드물게 열심히 노력하는 경우에는 딸도 꽤 좋은 성과를 거두곤 했다. "봤지? 노력하면 할 수 있잖아!" 그는 딸에게 이렇게 말했다. 물론 아이들에게는 긍정적 강화가 필요하다. 그런데 뭔가를 잘한 후에 칭찬을 하는 일이 왜 역효과를 내는 것일까? 라지브는 위험을 감수하는 딸의 행동이 아니라 그녀의 성취를 칭찬하고 있었다. 하지만 딸은 뭔가를 시도했다가 실패한다면 아빠가 실망하지 않을까 여전히 두려워했다. 바로 그 점 때문에 그녀는 시도하는 것을 포기했다. 이런 역학을 파악한 라지브는 딸이 용기 있는 선택을 하는 때를 알아차리고 그녀의 시도가 '성공적'이든 아니든 그런 선택에 대해 격려하기 시작했다. 이미 알고 있는 것에서 멈추지 않고 거기에서 배움을 얻는 것이 곧 성공이라는 인식을 심어준 것이다. 그렇게 딸이 아빠를 실망시키는 것에 대해 느끼던 두려움은 사라졌다.

　클라우디아 뮐러Claudia Mueller와 캐럴 드웩의 연구는 좋은 의도로 한 칭찬이 의도치 않은 결과로 이어진다는 것을 보여 주었다.[7]

이를테면 똑똑한 것을 칭찬하는 일이 역효과를 낸다는 점을 발견한 것이다. 뭔가를 무사히 해낸 후에 지능에 대한 칭찬을 받은 아이들은 어려운 퍼즐과 쉬운 퍼즐 중 어느 것을 시도하고 싶으냐는 질문을 받았을 때 대부분 쉬운 퍼즐을 선택했다. 반면에 과정, 행동, 선택 등 그들이 통제할 수 있는 것에 대한 칭찬을 받은 아이들은 보다 어려운 퍼즐의 도전을 받아들이는 경향이 훨씬 강했다. 그들은 어려움에 직면했을 때에도 더 나은 성과를 냈다. 아이들의 지능을 칭찬하면 자신감이 높아짐에 따라 더 큰 도전을 받아들이고 인내심도 향상될 것이라고 생각하기 쉽다. 하지만 실제로는 정반대의 일이 일어난다. 어린 아이들은 똑똑하고 재능이 있는 사람들이 성공한다는 교훈을 얻고, 따라서 개선보다는 자신을 입증하는 데 집중하면서 만성 성과 증후군의 길을 걷기 시작한다. 이렇게 행복을 열망하는 많은 어린이들이 만성 성과 증후군에 갇힌다.

성장 마인드셋을 가르치던 초창기에 우리는 이런 칭찬에 대한 연구 결과를 자주 공유했다. 부모가 아이에게 똑똑하다는 꼬리표를 다는 것이 가져오는 의도치 않은 결과를 알게 되기를 바랐기 때문이었다. 하지만 우리가 이 연구의 핵심적인 결론이 노력을 칭찬해야 한다는 것이 아니라 지능, 천재성, 타고난 재능에 대한 칭찬이 역효과를 낸다는 것임을 명확히 하지 않은 바람에, 사람들은 성장 마인드셋을 단순히 노력을 칭찬하는 것과 동일시하기 시작했다. 이런 오해가 심각한 결과를 낳았다.

성장 마인드셋이 오로지 노력을 칭찬하는 것이라는 결론을 내릴 경우, 사람들은 성장 마인드셋 연구의 핵심적인 통찰을 놓치게 된다. 열심히 노력하도록 격려하는 것은 격려의 대상이 되는 사람들이 변화할 수 있다는 것을 믿지 않는다면 효과를 내지 못한다. 결국 사람들은 열심히 노력하는 것에 대해서만 칭찬을 하게 된다. 그렇지만 노력에는 학습 영역에서의 노력도 있고 성과 영역에서의 노력도 있다. 열심히 노력을 하지만 진전이 없는 사람은 전략을 바꿔야 한다.

끊임없는 칭찬은 사람들이 내재적 관심과 동기를 개발하도록 돕기보다는 인정을 받기 위해 일을 하도록 길들인다. 우리에게는 내재적 동기가 필요하다. 내재적 동기는 더 깊이 있는 학습을 하고, 주체적으로 행동하도록 하며, 역경 앞에서 필요한 회복력을 키운다.

결론은 어린이에게든 어른에게든 칭찬이 전부가 되어서는 안 된다는 것이다. "어떤 노력을 하고 있는가?" "어떻게 일하고 있는가?" "일은 잘 되고 있는가?" "어떤 것을 배우고 있는가?" "달리 시도해 볼 것은 없는가?"와 같은 질문을 던지는 것이 훨씬 더 큰 힘을 발휘할 수 있다. 질문을 던지고 자신의 성장을 위해 노력을 기울일 때, 우리는 평생의 학습에 헌신하도록 영감을 주고 그 방식의 본보기가 될 수 있다. 얼마나 칭찬을 해야 하는지는 상대와의 관계, 우리가 속한 문화, 칭찬에 대한 관점과 필요에 대한 달라진다.

앞서 언급한 뷰티 포 올 인더스트리의 CEO, 마르셀로 캄베로스는 잘한 일에 대한 인정은 빠트린 채 지나치게 직접적인 비판을 한다는 피드백을 받은 적이 있었다.[8] 이런 점 때문에 동료들은 그가 다른 사람을 배려하지 않는다거나 다른 사람들의 긍정적인 기여를 알지 못한다는 느낌을 받고 있었다. 다른 사람들을 진심으로 소중하게 여기고 그들의 일에 큰 가치를 두고 있던 마르셀로는 이런 피드백에 마음이 아팠다. 그는 아버지로부터 배운 방식으로, 어떤 것에도 사탕발림을 하지 않는 방식으로 피드백을 주고 있었던 것이다. 마르셀로는 아버지의 피드백 스타일에 상처를 받지 않는다. 그런 말씀 뒤에 배려가 있다는 것을 이해하기 때문이다. 하지만 이런 직설적인 스타일이 다른 사람에게도 항상 효과적인 것은 아니었다. 이를 깨달은 마르셀로는 건설적인 비판을 공유하는 것뿐 아니라 사람들에게 그들이 잘하고 있는 것에 대해 분명하게 이야기하는 데에도 의도적인 노력을 기울였다. 이런 커뮤니케이션 스타일의 변화를 통해 그는 더 친밀한 관계, 더 깊이 있는 학습, 더 나은 성과로 이어지는 방식으로 사람들을 지원하고 이끌 수 있게 되었다.

이제 당신도 스스로의 언어 사용을 한번 되짚어 보자. 다른 사람과의 소통에서 인간의 능력과 역량을 변할 수 있는 것으로 묘사하고 있는가? 사람들에게 똑똑하거나 타고난 재능이 있다는 꼬리표를 붙이고 있지는 않은가? 다른 사람에 대한 판단을 당근과 채

찍으로 사용하고 있는가? 아니면 함께 협력해서 학습하고 성과를 내고 있는가?

오해 #4

성장 마인드셋은 유무로 정확히 이분할 수 있다.

현실 #4

마인드셋은 범위로 존재한다. 마인드셋은 맥락과 관계가 있고, 유동적이며, 시간에 따라 변화한다.

우리는 때때로 고정 마인드셋을 경험한다. 고정 마인드셋은 인간 존재의 일부다. 고정 마인드셋 경향이 나타나는 때를 찾지 못했다면, 성찰 과정을 충분히 거치지 못한 것이다. 삶의 일정 부분에서는 간절히 성장을 원하는데도 편견, 가정, 냉엄한 현실이 우리를 고정된 상태로 만드는 경우도 있다. 교육자이며 EL 에듀케이션EL Education 학교 네트워크의 리더이기도 한 나의 멘토 론 버거Ron Berger는 이렇게 지적한다.[9] "우리 모두가 특정한 능력에 대해서는 성장 마인드셋을, 다른 능력에 대해서는 고정 마인드셋을 갖고 있다. 나는 '성장 마인드셋의 사람'이나 '고정 마인드셋의 사람'과 같은 것이 존재한다고 생각지 않는다." 문제는 우리가 능력을 고정적이라고 판단하는 대부분의 경우가 부정확한 가정을 근거로 한다는 데 있다. "나는 글을 잘 못써"[10] "나는 수학을 못해"[11] "나는 사교적인 사람이 아냐"[12]와 같은 것들이 흔한 예다. 우리는 때로 이런 능력을 고정적인 것으로 본다. 사실은 개발할 수 있는 것인데도 말이다. 이후 우리의 잘못된 가정은 자기 충족적 예언이 된다. 잘못된 가정이 학습 영역에 들어가는 것을 막기 때문이다. 어떤 능력에 대해서는 성장 마인드셋을, 다른 능력에 대해서는 고정 마인드셋을 가질 수 있는 것과 마찬가지로, 한 사람에 대해서는 성장 마인드셋을, 다른 사람에 대해서는 고정 마인드셋을 가질 수도 있다. 자신은 학습하는 사람이라고 보면서 동료는 변화가 불가능하다고 함부로 단정 짓는 식이다. 이런 고정 마인드셋은 자기 충족적 예언이 되어 다른 사람이 학습하고 성장하도록 도울 수 있다는 정보를 차단해 버린다.

우리의 믿음에 끊임없이 이의를 제기하는 일이 중요한 것도 그 때문이다. 어떤 주제에 대해서 절대적인 확실성을 주장하거나 누군가가 발전이 불가능하다고 믿는 자신을 발견할 때라면 특히 더 그렇다. 마인드셋은 유동적이다. 비판적인 피드백을 받았거나, 시간에 쫓겨 스트레스를 느끼거나, 다른 사람의 지위나 성취에 겁을 먹을 때 등의 어려운 상황은 우리를 고정 마인드셋에 빠지게 만들 수 있다. 그런 상황에서 우리는 "팀과 같이 일하는 것은 내 적성에 맞지 않아" "나는 위기관리 능력이 없어" "나는 이 일에 적합하지가 않은 것 같아"라고 중얼거리게 된다. 다행히 스스로에게 말하는 방식을 알아차리고 언제든 대본을 바꿀 수 있다는 것을 깨닫는다면 성장 마인드셋으로의 전환이 가능하다. 뭔가를 할 수 없어서 좌절을 느낄 때라면 아직 할 수 없을 뿐이라는 점을 상기하고 기술을 진전시킬 수 있는 학습 영역 전략을 찾아야 한다.

오해 #5

성장 마인드셋의 요점은 좌절과 실수에 대한 대응이다.

현실 #5

주도적인 성장은 빠른 반응보다 훨씬 더 강력하다.

"나는 실수를 환영한다. 실수는 개선의 방법을 가르쳐 주기 때문이다." 이거 정말 강력한 마인드셋처럼 보이지 않는가? 근데 이런 사고방식에도 문제가 있다면 믿을 수 있겠는가? 물론 실수로부터 배우는 것은 현명한 일이지만 성장을 추진하기 위해 일부러 실수를 저지를 때까지 기다릴 필요는 없다. 사후 반응적인 성장 마인드셋(예기치 못한 실수와 좌절로부터 배우는 것에만 집중하는)은 고정 마인드셋보다는 훨씬 바람직하지만, 지속적으로 자신의 변화와 진화를 추진하는 선행적인 성장 마인드셋만큼은 강력하지 못하다. 알고 있는 것 너머의 도전을 받아들이고 끊임없이 기술을 발전시키는 학습 습관을 채택해야만 선행적인 성장 마인드셋을 가질 수 있다. 중요한 것은 "무엇이 기본이 되는가"다. 실패가 당신을 다르게 행동하도록 강요하지 않는 한 같은 방식에 머무르는 것이 기본인가? 아니면 지속적인 자신의 발전을 추진하는 것이 기본인가?
두 번째 접근법이 훨씬 더 강력하다는 데에는 의심의 여지가 없다.
그런 점에서 나는 성장 마인드셋을 촉진하고 학습 영역을 키우는
가장 강력한 습관은 매일 아침 내가 개선하기 위해 노력하고 있는
것이 무엇인지 상기하는 일이라고 생각한다. 일례로 나는 컴퓨터
를 켜면서 이 일을 시작한다. 학습 영역의 어느 부분에 노력을 집
중하고 싶은지 상기한다. 이는 성장 마인드셋의 바탕을 마련하는
일이기도 하다. 이 전략을 매일의 습관으로 만든 뒤로는 내가 개선
하기 위해 노력하고 있는 것을 힘들이지 않고 자동적으로 상기할
수 있게 되었다.

오해 #6

우리는 사랑하는 사람들, 팀원, 젊은이들의 성장을 격려할 수 있다.
하지만 결과를 내는 행동을 취할 수 있는 것은 그들 자신뿐이다.

현실 #6

사람들의 성장을 원한다면 그들이 성장에 도움이 되는 환경도 조성
해야 한다.

교사, 매니저, 부모, 리더라면 성장 마인드셋과 학습 영역을
육성하고, 사람들의 자기 계발을 지원하는 환경을 촉진할 책임이
있다. 학습 환경은 성장 마인드셋의 토대가 된다.[13] 또한 성장을 가

속하며 사람들이 협력을 통해 배움을 얻을 수 있게 한다. 협력을 통한 학습은 혼자 하는 것보다 훨씬 효과적이다. 따라서 모두의 번영을 위해서라면 인종, 성별, 연령, 정치적 성향 등에 대해 우리 모두가 갖고 있는 무의식적인 편견을 최소화하는 시스템을 고안해야 한다. 고정 마인드셋으로 누군가를 낮게 평가한 적은 없는지, 상대방의 관심사나 그들에게 도움을 줄 수 있는 방법에 대한 질문 없이 무작정 마인드셋을 바꾸라고 격려하고 있는 것은 아닌지를 분명하게 인식하고 있어야 한다. 모두의 학습을 위한 문화, 시스템, 습관을 의도적으로 육성하는 일이 필요한 것이다. 팀과 조직 내에서 그런 문화, 시스템, 습관을 육성하는 방법에 대해서는 2부에서 본격적으로 이야기할 것이다.

성찰

* 고정 마인드셋을 자극하는 상황에는 어떤 것이 있는가? 실시
  간으로 내 상태를 파악하는 능력을 개발하기 위해서는 어떤
  노력을 해야 하는가?

* 나는 스스로 어떤 능력과 자질에 가치를 두고 있는가? 그밖에
  동료, 친구, 그리고 사람들에게는?

* 나는 성찰과 학습 영역의 참여를 유도하는 질문을 던지고 있는가?

과제

* 두 영역에서 성과를 내기 위해서 내가 개발해야 하는 것은
  무엇인가?

7장

진정한 성장은
어떻게 이루어지는가

학습과 성과에 통달하기 위해서는 정체성, 목적, 신념,
습관, 공동체의 개발에 매진해야 한다.
이런 요소들이 합쳐져 프로펠러와 같은 역할을 하면서
대담한 포부를 향해 자신감 있게 나아갈 수 있는
토대를 갖춘다.

보험 판매원이자 재무 설계사[2]로서의 일을 새로 시작한 리지 딥 메츠거(2장에서 만났던)[1]는 늘 세상을 더 나은 곳으로 만드는 일에 관심을 갖고 있었다. 그런 그녀에게 생명보험을 판매하는 일이 과연 어울릴까? 처음 시작했을 때만 해도 그녀는 그 일에서 소명을 찾을 수 없었다. 더구나 그녀에겐 사람들에게 전화를 걸어 뭔가를 파는 것이 몹시 겁 나는 일이었다. 하지만 새로운 동료들로부터 그들의 일이 클라이언트의 삶에 큰 변화를 가져왔던 이야기들을 듣기 시작했고, 그녀는 동기를 부여해 주는 이런 이야기들을 소

중하게 생각했다. 어느 날 리지는 딸 친구의 아버지인 에밀리오[3]와 재무 설계에 대한 대화를 나누게 되었다. 생명보험 가입을 고려하고 있던 그는 더 대화를 나누자는 리지의 제안을 반갑게 받아들였다. 리지는 대화를 이어 나가기 위해 다시 전화를 해야 한다는 메모를 적어 두고도 계속 그 일을 미루고 있었다. 딸의 친구 가족들에게 "뭔가를 판다"라는 인상을 주고 싶지 않아서였다. 결국 에밀리오와의 통화는 할 일 목록에 남겨진 유일한 항목이 되었다. 그런데도 그녀는 여전히 수화기를 들기가 어려웠다. 몇 달 후 그녀는 40대 중반에 불과한 에밀리오가 아내와 아이들을 남기고 갑자기 목숨을 잃었다는 소식을 들었다. 가족들은 에밀리오의 수입에만 의존해 생활했기 때문에 재정적으로 대단히 불안한 상태에 놓였다. 리지는 이 사건으로 엄청난 충격을 받았다. 그녀는 이전부터 친분이 있던 에밀리오의 아내에게 전화를 걸어 위로를 전하면서 좀 더 빨리 전화를 하지 못했던 것을 사과했다. 그리고 에밀리오 부부가 리지와 재무 설계를 하고 생명보험에 가입하기로 결정했지만, 바쁘다는 이유로 미뤄 왔다는 것을 알게 되었다. 시간이 많다고 생각했던 것이다.

이 일은 리지에게 전환점이 되었다. 이를 통해 그녀는 생명보험 가입을 미루지 말아야 한다(재무 계획을 완전하게 세우기 전에 빨리 가입해야 한다)는 것을 배웠으며 확실한 목표 의식을 갖게 되었다. 그 후 강매로 보일지도 모른다는 두려움 때문에 전화를 미루는 일은 사라졌다. 그녀는 영업 전화의 대부분이 거절로 끝나기는 하지만 앞으로 수 세대의 삶을 바꾸게 되는 경우도 있다는 것을 생각했다. 리지는 클라이언트에 대해, 그녀가 그들에게 줄 수 있는 영향에 대해 계속해서 더 많은 것을 배워 나갔다. 그녀는 평소 말이 많은 사람이었지만, 사람들을 알아 나가는 초기 단계에는 말을 멈추고, 질문을 하고, 경청해야 한다는 사실도 배웠다. 처음에는 고객과의 대화에서 자신이 알고 있는 것들을 보여 줘야 한다는 압박을 느끼기도 했지만, 시간이 지나면서 클라이언트에게 가장 도움이 되는 방법은 그들의 니즈를 먼저 파악하는 것임을 배우게 되었다(경험이 더 많은 동료들의 도움으로). 즉 학습 영역에 들어갈 필요가 있었던 것이다. 하지만 그녀가 학습 영역과 성과 영역에서 시간을 보내는 데 필요한 에너지를 주고 방향을 잡아 주는 것은 다름 아닌 강한 '목적의식'이었다. 이런 목적의식은 학습자라는 그녀의 강한 정체성과 결합해 그녀가 구축하는 신념, 습관, 공동체의 토대로 기능하면서 그녀의 성공을 가능케 했다. 이 장에서 우리는 리지 딥 메츠거와 같은 헌신적인 학습자가 내가 '성장의 프로펠러'라고 부르는 틀, 즉 성과의 역설을 극복하고 포부를 이루게 해 주는 5가지 요소를 탐색함으로써 성장을 추진하는 방법을 이해하게 될 것이다.

성장의 5가지 핵심 요소

꾸준히 학습 영역에 참여하고 성과 영역에서는 일을 완수하려면 어떻게 해야 할까? 어떻게 하면 학습 영역에서 몇 주, 심지어는 몇 달을 보내고도 원하는 만큼의 진전을 이루지 못하는 상황을 피할 수 있을까? 의욕을 잃지 않고 효과적으로 학습할 수 있는 방법은 무엇인가? 그 답은 강력한 성장의 프로펠러를, 2가지 영역에서 탁월한 성과를 내는 데 필요한 5가지 핵심 요소를 아우르는 프로펠러를 개발하는 것이다. 3개의 날이 있는 비행기 프로펠러를 그려보자. 프로펠러의 중심에는 정체성과 목적이 있다. 이는 노력을 추진하는 핵심 에너지를 제공하고 방향을 제시한다. 3개의 날은

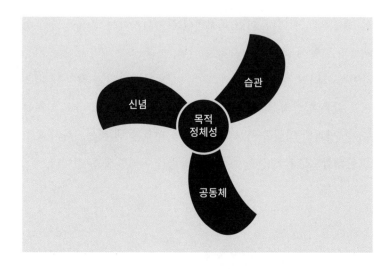

우리를 앞으로 진전시키는 요소들, 즉 '신념' '습관' '공동체'로 명명되어 있다. 이는 우리가 두 영역에 얼마나 효과적으로, 조화롭게 참여하는지를 결정한다. 각 요소들을 더 자세히 탐색해 보자.

▌정체성

린다 라비트Linda Rabbitt은 〈파트너링 리더십Pertnering Leadership〉 팟캐스트에서 진행자인 마한 타바콜리Mahan Tavakoli에게 자신의 이야기를 들려 주었다. 그녀는 신체적·정신적 학대에서 자신과 아이들을 보호하기 위해 남편을 떠났다.[4] 전 남편은 모든 재산을 해외로 빼돌렸고 전업 주부인 린다와 그녀의 아이들에게는 아무것도 남지 않았다. 그녀와 딸들은 친구의 비좁은 아파트로 이사를 해야 했다. 린다는 인생에 실패했다는 느낌을 받았다. 말 그대로 린다는 인생의 바닥에 있었다. 자신의 능력을 입증하고 딸들을 키우기 위해 그녀는 세계 4대 회계법인 중 하나인 KPMG에 비서로 취직했다. 회계나 임원 지원에 대해 아는 것은 전혀 없었지만 그녀에게는 자신에게 배울 수 있는 능력이 있다는 믿음이 있었다. 린다는 KPMG에서 열심히 일했고 상사의 신임을 얻었다. 그녀는 임원이 되겠다는 목표를 세웠지만 회계 부문의 학위가 없는 사람이 KPMG에서 임원이 된다는 것은 어려운 일이었다. 미래에 대해 고민하던 차에 지역 상공회의소Chamber of Commerce를 통해 알게 된 여성을 통해 특별한 기회를 얻게 되었다. 그녀는 최초의 여성 소유

건설 회사를 시작하기 위해 동업자를 찾고 있었다. 린다는 관심을
표했고 두 여성은 동업자가 되었다. 상사에게 건설 회사를 시작할
것이란 이야기를 전하자 그는 이렇게 말했다. "건설에 대해서 아
는 것이 있나?" "전혀요. 하지만 배울 수 있습니다."[5] 그녀가 대답
했다. 수년에 걸쳐서 린다는 많은 어려움에 직면했고 처음의 동업
자와도 헤어지게 되었다. 하지만 학습자라는 그녀의 정체성은 그
녀가 여성이 설립하고 여성이 소유한 최대의 건설업체, 랜드 건설
Rand Construction의 창립자이자 소유주가 되는 데 도움을 주었다. 학
습자로서의 정체성은 경력 내내 유지되었지만, 다른 방향으로 진
화하기도 했다. 그녀는 이제 자신을 비즈니스 리더이자, 자선가, 멘
토, 조언가로 생각하고 있다. 경력 초기에는 생각하지 못했던 것들
이다.

　자신에게 여러 가지 정체성(어머니, 예술가, 달리기 선수)이 있다
고 생각할 수도, 여러 측면이 통합된 하나의 정체성이 있다고 생각
할 수도 있다.[6] 성과의 역설을 극복하는 데 있어서 중요한 것은 나
의 다양한 정체성 혹은 단일한 정체성의 여러 측면이 학습자, 즉
시간이 흐름에 따라 진화하고 성장하는 사람으로서의 정체성과 일
치해야 한다는 것이다. 스탠튼 워덤Stanton Wortham[8], 앨리스 콜브Alice
Kolb, 데이비드 콜브David Kolb[9]를 비롯한 여러 학자[7]와 이론가들은 이
를 학습 정체성learning identity라고 불러왔다. 평소에 사용하는 언어
습관이라던지 당신이 자신과 다른 사람에게 부여하는 꼬리표에 주

의를 기울이자. 이를테면 누군가를 "타고난 리더"라고 부르는 것[10]
혹은 스스로를 그런 식으로 생각하는 것은 무심코 리더십이라는
것이 고정적 특성이며 거기에 노력을 기울일 필요가 없다는 메시
지를 보내는 것과 같다. 자신에게 외향적이라는 꼬리표를 붙이는
것은 내성, 마음 챙김, 경청과 같은 유용한 활동에 참여하는 것을
막을 수 있다. 마찬가지로 자신에게 내향적이라는 꼬리표를 붙이
는 것은 성장하고 성과를 높이는 데 중요한 다른 사람들과 관계를
맺고 협력할 방법을 찾는 일에 방해가 될 수 있다. 정체성을 변할
수 있는 융통성 있는 것으로 본다고 해서 자의식이 없는 사람으로
취급하는 것은 곤란하다. 린다 라비트는 진화하는 학습자라는 정
체성을 포용하면서도, 이민자인 부모로부터 배운 가치관, 즉 절제,
지속적인 발전, 인내, 공동체 형성, 변화 추구, 충실한 삶의 중요성
에 내려둔 뿌리를 잃지 않았다. 전업 주부라는 정체성을 융통성 없
이 인식했더라면 그녀는 성장에 대한 열망을 품고 비즈니스 리더
가 되는 길을 찾아 나가지 못했을 것이다. 경영자로서의 정체성을
융통성 없이 인식했다면 그녀는 멘토링과 다른 사람을 돕는 일에
더 집중하자는 결정을 내리지 못했을 것이다. 저명한 정신과 의사
토마스 사스Thomas Szasz가 말했듯이, "자아는 찾는 것이 아니라 만
들어 내는 것이다."[11]

┃목적

메이라브 오렌_{Meirav Oren}은 어린 시절 꾀병을 부려 학교를 빠지고 건설업자인 아버지를 따라 현장으로 가서 건설 노동자들과 어울리곤 했다.[12] 하지만 대학에 들어가 시간과 과목 선정에 대한 통제력을 가질 수 있다는 점에 흥미를 느끼면서, 관심이 있는 과목에 초점을 맞추어 공부를 하기 시작했고 결국 MBA에 법학 학위까지 따게 되었다. 졸업 후, 인텔에 취업한 그녀는 인텔의 자선 활동과 관련된 프로젝트에 관심을 두었다. 그렇게 메이라브는 그녀가 가장 좋아하는 2가지 일, 학습과 사회 환원에 많은 시간을 할애했다. 몇 년 후, 프로젝트 매니저인 그녀의 오빠가 관리하던 건설 현장에서 직원이 비계에서 떨어져 숨지는 사고가 있었다. 메이라브는 이 비극적인 일과 오빠가 그로 인해 경험한 고통에 큰 영향을 받았다. 이후 그녀는 건설 노동자들의 삶을 더 안전하게 만들고, 프로젝트를 보다 효율적으로 변화시키는 기술 기업, 버서틀_{Versatile}을 설립했다. 버서틀은 크레인과 적재물 사이에 걸면 작업 현장을 스캔해서 인공 지능을 이용해 작업을 조정하고 위험 요소를 표시하는 장치를 공급한다. 제품의 뛰어난 효과로 이 회사는 빠르게 고객 기반을 늘리고 1억 달러 이상의 자금을 조달했다. 사회에 긍정적인 영향을 주는 일에 대한 관심으로 인해 메이라브는 경력 내내 의미 있는 기회를 찾아 나갈 수 있었다. 하지만 새로운 목적, 건설 현장을 보다 안전하고 효율적인 곳으로 만들겠다는 목적에 눈을 뜨게 된 것

은 오빠의 어려운 상황, 그리고 아버지의 건설 현장에서 보낸 어린
시절과의 감정적 유대 때문이었다.

　목적을 찾아야 한다는 생각은 버리자.[13] 이는 목적이 이미 정
해져 있다는 고정 마인드셋을 반영한다. 그보다는 목적을 '개발'한
다고 생각하는 편이 더 좋다. 폴 오키프Paul O'Keefe, 캐럴 드웩, 그렉
월튼Greg Walton은 이런 접근법을 쓰는 사람일수록 보다 쉽게 관심사
를 확장하며 문제에 부딪혔을 때 회복력이 더 강하다는 것을 발견
했다. 그렇다면 목적은 어떻게 개발해야 할까? 우선 학습 영역을
거치면서 지식과 기술을 개발함과 동시에 탐색하고, 임시로 고쳐
보고, 여러 가지를 시도해 봐야 한다. 아는 것을 넘어서서 만성 성
과 증후군을 극복하고 그 과정에서 진화를 거듭하는 것이다. 이런
탐색이 당신 내면의 불씨를 당기지 못하는 경우도 있을 것이다. 그
것은 문제가 되지 않는다. 그 반대되는 상황이 분명 생길 테니, 부
담스러운 일로 느끼기보다 장기적으로 즐길 수 있는 일을 탐색하
는 데 집중하자. 그렇다고 모두에게 원하는 것을 선택할 수 있는
특전이 주어지는 것은 아니다. 여정에는 항상 운이라는 요소가 끼
어들기 마련이지만, 흥미롭게 보이는 일을 알아차리고 기회를 잡
을 수만 있다면 좋아하는 일을 하게 될 가능성이 높아진다. 관심사
를 고정된 것이 아닌 가변적인 것으로 본다면, 탐색에 보다 적극적
으로 임하고 목표도 더 효과적으로 달성하게 될 것이다. 목적을 개
발하기 위해서는 새로운 시각으로 보는 것이 중요하다. 일과 관심

사가 당신에게 중요한 이유에 대해서 생각해 보자. 그리고 더 나아
가 당신의 일과 관심사가 다른 사람들의 삶에 어떻게 기여할 수 있
을지도 생각해 보자. 지금까지 학습 영역과 성장 영역에서의 노력
에 굳건한 토대가 되는 성장 프로펠러의 중심, 정체성과 목적을 살
펴보았으니 이제는 두 영역에서의 '효과'를 좌우하는 3개의 날로
넘어가기로 하자.

▎신념

리지 딥 메츠거는 보험 판매원이자 재무 설계사로서 경력을
시작하고 1년 반 후에 뉴올리언스의 뉴욕라이프 행사에 참석했다.
그녀는 뛰어난 실적을 올린 뉴욕라이프 보험 설계사 6~8퍼센트에
게 주어지는 체어맨 카운슬Chairman's Council 회원들의 초대로 굴 요리
전문점에 가게 되었다. 그들은 금세 친해졌다. 식사 중에 한 동료
가 그녀에게 말했다. "올해 꼭 체어맨 카운슬에 들어오도록 해요.
이렇게 더 자주 만날 수 있게요." 성공한 설계사들과 식사를 하면
서 리지는 그들이 자신과 근본적으로 다를 것이 없는 사람이라는
것을 깨달았다. 그녀는 그들의 격려를 마음에 새겼고 집으로 돌아
가 포스트잇에 "나는 2012년부터 매년 체어맨 카운슬의 구성원이
될 것이다"라는 각오를 적었다. 그녀는 메모를 책상 위에 붙여 두
고 겁이 나는 영업 전화 등 꺼려지는 일을 할 때마다 동기로 삼았
다. 그녀는 스스로와의 약속을 지켜 2012년 체어맨 카운슬에 들어

갔고 이 글을 쓰고 있는 지금까지도 11년 연속 그 자리를 지키고 있다. "저는 단 한 번도 뒤를 돌아본 적이 없습니다. 모든 것은 신념의 문제입니다."[14] 그녀는 내가 참석한 체어맨 카운슬의 기조연설에서 이렇게 말했다. "스스로가 만든 굴레에서 벗어나면 무한한 가능성을 만나게 됩니다." 리지가 지적하듯이 신념이 중요한 것은 그것이 마법처럼 문제를 해결해 주기 때문이 아니다. 신념이 우리로 하여금 달리 행동하도록 하기 때문이다. 리지는 만성 성과 증후군에 갇혀 있지 않고, 매년 새로운 목표를 달성할 방법을 찾기 위해 학습 영역에서 열심히 노력한다. 그리고 그녀는 목표 달성에 필요한 습관을 기른다. "제 인생의 결정적 역할을 한 그 뉴올리언스에서의 순간에 대해서, 행운이 따랐다고, 적절한 때에 적절한 자리에 있었다고 말하는 사람도 분명 있을 겁니다." 그녀가 말했다. "하지만 그 훌륭한 설계사들이 내 인생에 들어왔을 때 그들과 함께 뛸 수 있었던 것은 제가 이전부터 준비를 게을리하지 않았기 때문이며, 공부를 하고 있었기 때문입니다." 많은 신념이 우리가 행동하는 방식에 영향을 미친다. 성과의 역설 자체도 성공으로 가는 최선의 길이 가능한 한 실행을 많이 하는 것이라는 잘못된 신념에 뿌리를 두고 있다. 그것을 다른 신념, 실행에 학습을 결합하는 것이 훨씬 더 나은 성과를 올린다는 신념으로 대체한다면 우리는 성과의 역설을 극복하게 될 것이다. 특히 역량, 주체성, 투명성에 대한 우리의 신념은 모든 영역에서 성장을 지원할 수도 약화시킬 수도 있음을 유념하자. 그러니 우리는 이런 신념들 각각이 우리를 앞으로 나아가게 하는지 혹은 저지하는지 진단해 보아야 한다.

  뭔가를 잘하는 능력인 '역량competence'을 중심으로 하는 신념부터 시작해 보기로 하자. 린다 라비트는 상사가 건설에 대해 아는 것이 있냐고 물었을 때, "전혀요. 하지만 배울 수 있습니다"라고 대답하면서 아직 업계에 대한 이해는 부족하지만 학습자로서 자신의 역량에 믿음이 있다는 것을 보여 주었다. 이 믿음은 그녀에게 직장을 그만두고 새로운 회사를 시작할 자신감을 심어 주었다. 그녀는 자신이 그 과정에서 여러 가지 일들을 파악하고 성장할 수 있다는 것을 알고 있었다. 당신도 다음 직장에서나 개인적인 삶에서 새로운 도전에 직면했을 때 이렇게 생각해 보자. 큰 규모의 팀을 관리해 본 적도, 욕실을 개조해 본 적도, 개를 훈련시켜 본 적도 없지만, 인생을 사는 동안 많은 새로운 기술을 익혀 왔다는 것을 말이다. 그중 효과가 있었던 것은 무엇이고 없었던 것은 무엇인가? 일을 완수하는 데 도움을 줄 수 있는 전문가(분배하거나 정복하고 싶은 경우) 혹은 새로운 영역에서의 역량을 키우는 데 도움을 줄 수 있는 전문가(배우고 싶은 것이 있을 경우)는 누구인가? 이 책에 언급된 많은 전략을 통해 학습자로서 역량을 개발하는 데 집중한다면 우리는 새로운 것의 불확실성을 받아들여 긍정적인 것으로 바꿀 수 있다.

  다음으로 '주체성agency'은 펜실베이니아대학교의 앤절라 더크워스Angela Duckworth 교수가 설명하듯이, '자신의 미래를 스스로 만들

어나간다는 확신'이다.[15] 이것은 크든 작든 행동에 옮김으로써 삶
을 헤쳐 나가고 그 과정에서 자신의 길을 찾고 주변의 시스템에 영
향을 준다는 신념으로, 자신을 무력한 피해자로 보는 것과 정반대
되는 태도다. 런던에 기반을 두고 있는 기술 기업가 알렉스 스테파
니Alex Stephany는 여러 개의 벤처 기업에 몸을 담고 많은 사람을 만
나면서 다음에 할 일을 탐색한다.[16] 그는 그가 사는 런던 한 지역의
지하철역에서 루카스라는 노숙자를 알게 되었다. 그는 정기적으로
루카스에게 커피와 먹을 것을 가져다 주고 이야기를 나눴다. 몇 개
월 후, 루카스를 한동안 볼 수 없었다. 그가 다시 나타난 후 알렉스
는 루카스가 심장마비로 병원에 입원했었다는 것을 알게 되었다.
알렉스는 루카스에게 음식을 가져다 주는 것이 그에게 실질적인
도움이 되지 않았다는 것을 깨달았다. 사실 루카스의 상황과 전망
은 악화되기만 할 뿐이었다. 알렉스와 같은 경험을 한 대부분의 사
람들은 무력함을 느끼고 무엇을 할지 모르는 채 자신의 삶으로 돌
아갈 것이다. 하지만 알렉스는 자신의 주체성에 대한 강한 신념이
있었다. 그는 루카스에게 필요한 것이 무엇인지 자문해 보았다. 답
은 커피와 음식이 아니라 가치 있는 기술을 익혀서 직업을 얻을 수
있게 하는 자원과 지원이었다. 알렉스는 학습 영역으로 들어가 다
른 노숙자들을 접하고, 정부 기관이나 비영리 단체의 노숙자 지원
인력들과도 만남을 가졌다. 결국 알렉스는 빔Beam을 창립했다. 빔
은 어려움에 빠진 사람들을 그들의 상황을 반전시킬 수 있도록 도

움을 주고자 하는 사람들과 연결시키는 크라우드소싱 플랫폼으로, 앱을 통해 누구든 기부를 하고 응원 메시지를 보낼 수 있으며 비영리 단체와 협력해 자립 의지가 있는 이들을 지원한다. 이 글을 쓰고 있는 현재, 이 조직은 3800명이 넘는 사람들의 삶을 바꾸어 놓았다. 변화에 영향을 미치는 모든 효과적인 학습자와 실행자, 즉 무슨 일이든 일어나게끔 하는 사람들에게는 주체 의식이 있다. 그것이 없다면 사람들은 무력해지고 만다. 주체성을 키우는 전략 중 하나는 완벽이 아닌 진전에 초점을 맞추는 것이다. 손가락만 튕겨서는 완벽한 세상이 만들어지지 않는다. 하지만 학습 영역과 성과 영역에 꾸준히 노력을 기울인다면 세상을 더 낫게 만들 수 있다.

마지막으로 우리의 생각과 느낌을 다른 사람과 공유하는 '투명성transparency'에 대한 신념을 생각해 보자. 위대한 성취를 한 사람들은 투명성이 학습과 성과에 연료를 공급하고 타인과의 협업이나 타인으로부터의 지원을 수월하게 한다는 것을 알고 있다. 린다 라비트는 랜드 건설의 CEO가 되고 긴 시간이 흐른 후에도 건설 업계의 다른 CEO 5명을 정기적으로 만났다. 하루는 한 CEO가 말했다. "린다, 당신도 알다시피 당신이 약자라고 말하는 것이 지금에 와서는 거의 음흉하게 들릴 지경이에요. 당신은 엄청나게 성공했잖아요. 이제는 이야기를 바꿔야 할 것 같아요. 당신은 더 이상 진정한 약자가 아니니까요." 그 순간을 회상하며 린다는 이렇게 말한다. "우정 어린 충고였죠. 저는 진짜 약자가 아니면서 마치 그런 것처럼 말하고 있었으니까요.[17] 하지만 오랫동안 저에게 동기를 부여해 왔던 것이 그런 인식이었습니다. 우리가 약자라는 인식이요." 린다는 더 이상 신참이 아니라는 것을, 현실과 보다 잘 어울리는 새로운 정체성을 받아들여야 한다는 것을 깨달았다. 하지만 그러기 위해서는 우선 자신이 스스로를 투명하게 바라봐야 했고, 다른 리더들도 린다가 주고 있는 인상에 대해서 투명하게 털어놓을 수 있어야 했다. 투명성을 학습의 확장과 효율성의 수단으로 볼 때야말로, 우리는 보다 개방적이고 솔직한 대화를 할 수 있으며 이는 학습과 성과의 발전 그리고 보다 긴밀한 관계로 이어진다. 동업자, 친구, 직장 동료 등 누구와의 관계든 우리는 무지하거나 까다롭다는 인상을 줄까 염려해서 불만, 인상, 아이디어를 밝히지 않는 경향이 있다. 하지만 가치를 공유하고 갈등을 극복해 우리는 사람들을 보다 잘 이해하고 그들과 상호작용을 하는 보다 조화로운 방법을 찾을 수 있게 된다. 물론 마음속의 모든 생각을 공유해야 한다는 말은 아니다. 때에 따라서는 판단력을 발휘하고 충동을 억제해야 한다.[18] 다소 논쟁적일 수 있는 주제는 공유하기 전에 시간을 갖고 상대나 팀이 공동의 목표를 달성하는 데 도움이 되는 것인지 자문해야 한다. 그리고 그 정보를 어떻게 전달하는 것이 최선일지도 자문해야 한다.

— 상대가 피드백을 원하는지 묻는다.

- 그 정보를 공유하는 이유를 말한다(상대/팀에게 관심이 있기 때문
  에, 유용한 경우에는 인상을 공유한다)
- 다른 사람의 의도나 느낌에 대해 가정(틀리기 쉬운)하기보다는 목
  표, 식별할 수 있는 행동, 그것이 당신에게 미치는 영향에 집중한다.

자신의 신념을 성찰할 때는 이렇게 자문해 보자.

- 나는 나 자신을 평생의 성장 과정에 있는 학습자라고 생각하는가?
- 내가 실제로 영향을 줄 수 있는 내 삶의 환경 중에 내가 고정적
  이라고 받아들이는 것은 무엇인가?
- 더 투명해지는 것이 나의 학습과 성과를 위해 다른 사람들을 끌
  어들이는 데 도움이 될까?

| 습관

이번에는 성장 프로펠러의 두 번째 날, 습관에 대해 생각해 보
자. 이 책 전체에 걸쳐 우리는 다양한 학습 영역 전략들에 대해 논
의해 왔다. 하지만 그 전략들을 루틴으로 통합시키지 않는 한 우리
는 그에 따른 혜택을 볼 수 없다. 이런 행동을 습관으로 만듦으로
써 우리는 성장을 위해 스스로를 프로그래밍할 수 있게 된다. 습관
은 크게 3가지의 범주로 나눌 수 있다.

첫 번째는 주도적 습관proactive habit으로 특정한 기술이나 지식

을 개발하기 위해 키우는 습관이다. 높은 성과를 올리는 사람들은 학습 여정에 들어가기 위해 좌절이나 도전이 닥칠 때까지 기다리지 않는다. 린다 라비트는 매일 아침 6시 30분부터 7시 30분까지 독서하는 습관을 갖고 있었다. "책을 읽거나, 팟캐스트나 TED 토크 등을 듣다가 인상적인 것이 있으면, 도움이 될 만한 사람에게 보내 주곤 합니다. 학교에서 경영을 배우지는 못했지만, 경영을 공부하면서 계승 계획(기업에서 직원들이 언제든지 상급 관리자를 대체할 수 있도록 훈련·준비시키는 것-옮긴이) 등 읽을 수 있는 모든 것을 읽었죠."

두 번째는 반응적 습관responsive habit으로 주변의 사건에 자극을 받는 습관이다. 주도적인 학습자가 되는 것도 좋지만, 좌절, 잘못된 조치, 예상치 못한 사건, 피드백을 통해서도 배울 것이 많다. 랜드 코퍼레이션이 바쁜 시기를 맞으면서 업무량이 지나치게 늘어나자 경영진은 회사에 들어온 지 오래되지 않은 직원에게 한 클라이언트를 담당하는 프로젝트 매니저 격의 업무를 맡겼다. 이 신입 직원은 그 일에서 랜드를 적절히 대표할 준비가 되어 있지 않은 상태였다. 결국 그는 클라이언트의 비판에 방어적인 태도를 보였고 이 때문에 클라이언트는 불만을 갖게 되었다. 이 상황에서 린다는 어떻게 대응했을까? "클라이언트에게 전화를 걸어 이렇게 말했습니다. '일을 더 잘 처리하지 못해 정말 죄송스럽습니다. 저희가 저지른 잘못을 고객님 입장에서 들어 보고 싶습니다. 이 일로부터 배움을 얻을 수 있도록 말입니다." 그러자 클라이언트가 "누구나 실수를 하죠. 가장 화가 나는 건, 우리가 피드백을 줬을 때 방어적인 태도를 보이는 것입니다. 린다 씨는 그렇게 하지 않으셔서 좋네요'" 라고 답했다. 반응적 습관은 실수를 하거나, 피드백을 받거나, 예상치 못한 일을 겪거나, 어려운 상황에 처했을 때 어떤 행동을 취하는가에 관련된 문제다. 자신이 어떤 반응을 보이는 경향이 있는지 되돌아보고, 바람직하지 못한 행동을 이끌어 내는 사건을 확인하고, 바람직한 반응을 선택하고, 특정한 상황이 발생했을 때 어떻게 반응할지 상기하는 습관을 만들어 두어야 한다.

마지막인 줄기 습관stem habit은 지속적인 진화를 보장하는 안정적인 습관이다. 주도적 습관은 여러 가지 기술을 키우는 동안 때때로 변화하지만, 줄기 습관은 크게 변화하지 않는다. 여기에는 새로운 주, 달, 해가 시작될 때 학습 목적을 정하고, 매일 아침 그것을 검토하고, 일지를 적고, 다른 사람들로부터 배움을 얻기 위해 정기 모임에 참석하는 것과 같은 습관이 포함된다. 내가 중요하게 생각하는 줄기 습관은 매일 아침 컴퓨터를 켜면서 개발하거나 바꾸려고 노력하는 습관이 무엇인지 상기하는 것이다. 매일 같이 여는 문서에는 나 자신을 위해 상기해야 하는 것들이 적혀 있다. 이 안정적인 습관은 나의 꾸준한 진화에 연료가 되어 주며 매일 성장 마인드셋과 학습 영역을 준비하도록 한다.

스스로에게 다음과 같은 질문을 던져 보자.

— 나는 더 나아지고자 하는 것을 위해 매일 혹은 매주 주도적으로
  학습 영역에서 뭔가를 하고 있는가?
— 나는 나의 지속적인 성장을 위해 정기적으로 피드백을 요청해
  꾸준히 정보를 얻고 있는가?
— 나에게는 끊임없이 자신의 진화를 추진하도록 준비시키는 줄기
  습관이 있는가?

| 공동체

학습은 혼자서도 충분히 할 수 있다. 하지만 피드백을 주고받
고, 같은 고민을 하고, 자원에 접근하고, 주어진 임무를 무사히 끝
내고, 새로운 동지와 유대를 형성하도록 도움을 주는 다른 사람과
함께한다면 어느 영역에서든 더 빨리 배우고 더 많은 것을 성취할
수 있다. 공동체가 성장 프로펠러의 세 번째 날인 이유가 여기에
있다. 이런 주변 사람들은 정상 프로펠러의 다른 요소들, 즉 당신
의 신념, 습관, 정체성, 목적에도 지대한 영향을 미친다. 효과적인
공동체를 만들기 위해서는 친밀한 관계를 맺고, 신뢰와 소속감을
키우고, 협력하고 싶은 사람이 누구인지 생각해 보아야 한다. 생각
과 느낌의 일부를 투명하게 공유함으로써 신뢰를 형성하고, 사람
들이 자신의 것을 점점 더 많이 공유함에 따라 신뢰는 더 깊어진
다. 신뢰를 쌓고, 공동의 목표를 확인하고, 관계와 공동의 목표에
상대가 미치는 영향을 가치 있게 여김으로써 공동체가 당신이 있

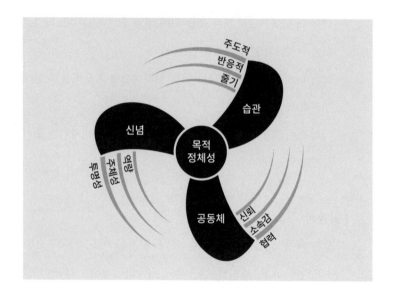

어야 할 곳이라는 느낌, 소속감을 키울 수 있다.[19] 서로 도움을 청
하고 제공함으로써 협력을 촉진할 수 있고 이로써 상호의존적으
로 더 많은 것을 배우고 성취할 수도 있다. 우리는 앞으로 이런 중
요한 개념들에 대해 더 깊이 있게 논의할 것이다. 이 책의 2부에서
강력한 공동체, 팀, 조직을 구축하는 일에 대해 다룰 것이다.

　관계에 대해 성찰할 때는 자신과 다른 유형인 사람 사이를 가
로막는 고정관념은 없는지 확인해야 한다. 다양성은 강점, 창의성,
집단 지성으로 이어진다. 우리는 다양성의 강점을 인식하는, 어떤
배경의 사람들도 가치를 인정받고 안전하다고 느끼는 공동체를 만
들어야 한다. 이렇게 사람들을 알아가고 2가지 영역에서 함께 일

을 한다면 신뢰, 소속감, 협력을 한층 더 발전시킬 수 있을 것이고, 이는 학습과 성과, 두 영역에서 그들과 함께 일하는 당신의 능력 또한 강화할 수 있을 것이다. 일종의 자기 강화 사이클을 만드는 것이다.

이렇게 자문해 보자.

— 기존의 인간관계가 나에게 도움이 되고 있는가, 혹시 다른 사람들을 주위에 둔다면 더 성장하고 더 나은 성과를 올릴 수 있지 않을까?

— 어떻게 하면 내 자신과 다른 사람들이 이 공동체에서 주인 의식과 편안함을 느낄 수 있을까?

나만의 성장 프로펠러

지금까지 강력한 성장 프로펠러의 요소들을 검토했으니, 이번에는 당신만의 프로펠러를 그려 보길 권한다. 당신의 정체성, 목적, 신념, 습관, 공동체의 핵심 측면은 어떤 것이 되어야 할까?*

당신이 성장 프로펠러에서 발견한 것에 대해 성찰하는 시간을 가져 보자.

— 당신의 성장 프로펠러에서 가장 강한 부분은 어디인가?

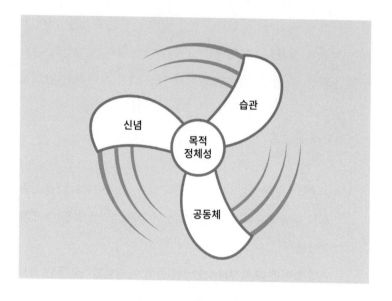

— 더 주의가 필요한 부분은 어디인가?

— 성장 프로펠러 중 한 영역을 강화하기 위해 바로 지금 취할 수

있는 행동은 무엇인가?

여기서 유념할 것은 성장 프로펠러의 구성 요소들이 서로 연

관되어 있기 때문에 하나씩 개발하는 것이 아니라 동시에 개발해

야 한다는 점이다. 달리 말해 정체성이나 목적을 구축해야 비로

소 신념과 습관, 공동체에 대한 작업에 들어갈 수 있는 것이 아니

---

*   briceno.com/paradox/resources/에서 이 그림의 더 큰 버전을 다운로드할 수 있다.

다. 어떤 요소에 대한 노력이든 다른 것을 구축하고 강화하는 데
도움이 된다. 모두가 상호 보강이 가능하기 때문이다. 프로펠러의
각 부분이 서로 조화를 이룰 때 우리는 '함께'라는, 뿌리를 내리고
있다는 느낌을 받으며 이로써 더 큰 자신감을 갖고 삶과 일을 헤
쳐 나갈 준비를 갖추게 된다. 린다 라비트의 표현대로, "그날 일과
를 마칠 때 당신이 되고자 하는 모습이 될 수 있다. 어떤 태도를 갖
고 살아갈지, 누구와 친구가 되고 싶은지, 삶을 어떻게 살고 싶은
지, 은퇴한 뒤에 어떤 사람으로 기억되고 싶은지를 결정할 수 있게
된다. 우리 모두가 그런 선택을 할 수 있다." 놀이, 마음 챙김, 건강,
휴식, 기쁨 등 삶의 모든 영역과 관련해서 성장 프로펠러의 요소들
을 깊이 생각하는 시간을 가져 보자. 생각, 감정, 행동이 당신 삶에
서 더 큰 역할을 맡길 원한다면 그에 따라 자신의 성장 프로펠러를
강화하는 데 힘을 쏟아붓자. 우선은 자신의 성장 프로펠러에 대해
성찰해 보고 다음 한두 달 동안 특히 보완하고 싶은 부분을 찾은
뒤 당신의 현재 상황과 앞으로 진행할 단계에 대해서 성찰하도록
상기시키는 캘린더 알림을 설정하자. 알림을 반복으로 설정한다면
더 좋을 것이다.

성찰

* 성장 프로펠러의 5가지 요소 중 강점이라고 느끼는 부분과 약점이라고 느끼는 부분은 어디인가? 학습 영역에서의 의도적인 노력이 가장 필요한 것은 어떤 부분인가?

* 나는 지식과 기술을 개발하는 데 효과적인 주도적·반응적·줄기 습관을 발전시켰는가? 숙련된 학습자로서 더 진전을 이루려면 어떻게 해야 할까?

* 내 영향력 범위 내에서 나는 변화에 능동적인 주체인가?

* 다른 학습자와 접촉하고 협력하고 있는가?

과제

* 학습하는 조직은 어떤 모습인가?

2

학습하는

조직

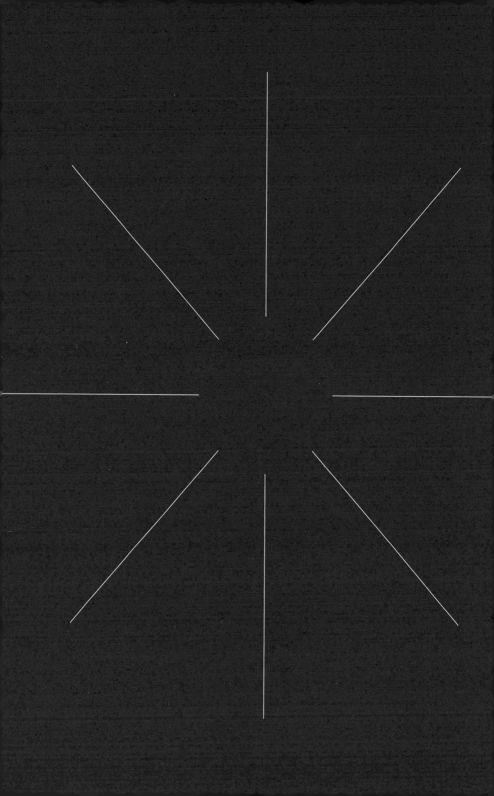

8장

학습하는 조직은
무엇이 다른가

가장 강력한 조직은 학습하는 조직이다.

그들의 구조와 시스템은 구성원의 계발을 일상의 디폴트로 삼아,

민첩하고 회복력이 강하고 영향력이 큰 조직을 만든다.

2014년 사티아 나델라Satya Nadella가 마이크로소프트의 CEO가
되었을 때, 이 회사에는 '아는 체 하는' 문화가 자리 잡고 있었다.
마이크로소프트는 능력이 뛰어난 사람들을 고용했지만, 신입 사원
들은 승진을 위해서는 조직 내에서 가장 똑똑한 사람이 되고 자기
가 속한 팀을 최고로 만들어야 한다는 것을 눈치껏 깨달았다. 나델
라가 그의 책《히트 리프레시Hit Refresh》에서 설명했듯이, 회사는 절
대 권력을 가진 영주들의 봉토를 모아 놓은 것처럼 느껴졌다.[1] 마
이크로소프트 내의 직장 문화는 호기심을 갖고, 지식이나 기술의

개발을 지속하고, 학습과 임무 완수를 위해 협력하고자 하는 등의
의욕을 모두 꺾었다. 개발에 대한 관심 부족으로 직원들은 경영진
이 인간의 능력을 대부분 고정된 것으로 본다는 느낌을 받았다. 직
원들은 위험을 감수하려 하지 않고, 정보를 공유하지 않고, 때로는
동료를 방해하기까지 했다. 결과적으로 마이크로소프트는 세계 최
대의 소프트웨어 회사임에도 불구하고 인터넷 검색, 모바일 운영
체제, 소셜 미디어, 클라우드 기술 분야에서 계속해서 큰 기회를
놓쳤다. 구글, 애플, 페이스북, 아마존이 이들 분야에서 마이크로
소프트를 앞질렀다. 마이크로소프트는 성과의 역설에 걸려들었다.
만성 성과 증후군에 갇힌 직원들은 미답의 영역에 도전하기보다는
이미 방법을 알고 있는 일에만 매달리는 태도를 이어갔다. 나는 많
은 기업에서 이런 모습을 목격했다. 당신도 아마 그럴 것이다. 만
성 성과 증후군에 갇힌 문화를 만들고 싶은 사람도, 그런 문화에서
일하고 싶은 사람도 없다. 하지만 우리는 더 강력히 나쁜 습관에
빠져들곤 한다. 왜 그런 걸까?

- 우리는 그간 학교, 공동체, 매체, 직장에서 일이 어려워졌을 때
  의 해법은 더 열심히 하는 것이라고 배워 왔다.
- 우리는 무엇이 가장 중요한 것인지, 효율적인 해결 방법인지 파
  악하기보다는 모든 시간과 자원을 투자해서 해결하는 것을 당연
  하게 여기고 있다.

- 우리는 높은 성과가 협력이 아닌 경쟁에 뿌리를 둔다는 사회적 인식에 익숙해진 탓에, 힘을 합해 역량을 키우고 공동의 결과를 만들어 내기보다는 정보를 공유하지 않으면서 개별적으로 일을 한다.
- 미래의 잠재력을 키우기보다는 현재 가족의 극대화(주주의 이익을 위해 단기 실적 강화에 집중하는 월스트리트처럼)를 중시함으로써 장기적으로 큰 성과 배당을 낼 수 있는 학습 영역에 대한 투자를 포기하게 만든다.
- 계속 차안대를 끼고 익숙한 방식으로 오로지 성과 영역에서만 지나치게 많은 일을 하고, 실행하는 동안의 학습은 등한시하기 때문에 다르게 일할 기회를 알아차리지 못하는 것이다.

2부에서는 마이크로소프트를 비롯한 다른 많은 조직들이 학습 영역과 성과 영역 양쪽에 참여하는 것이 디폴트가 되도록 하는 구조와 의식을 마련함으로써 만성 성과 증후군을 극복한 사례를 검토할 것이다. 2부의 목적은 다른 조직이 한 일을 그대로 구현하는 것이 아니라 성과를 높이고 노력을 기울여야 하는 하위 전략을 확인하기 위해 무엇이 필요한지 파악하는 것이다.

여기에서 공유하는 모든 접근법은 2가지 원칙에 기반을 두고 있다. 첫째, 인간의 능력과 자질은 변할 수 있는 것이라고 묘사하자. 둘째, 학습 영역과 성과 영역 모두를 지원하는 습관, 구조, 도구를 마련하자. 특히 이 장에서는 팀과 사람들이 학습 영역과 성과 영역을 모두 포용할 수 있게 하는 조직 전반의 구조를 구체적으로 진단할 것이다. 이들 구조는 '아는 체 하는' 문화에서 탈피하여 학습하는 조직으로, 사람들이 긴밀히 제휴하고, 소통하고, 협력하고, 고객에 대한 이해를 심화하고, 혁신하고, 적응하고, 회복력을 유지해서 변화를 추진하고 월등한 결과를 달성하는 곳으로 뒤바꾸는 데 필요하다.

나델라는 인공 지능, 혼합 현실mixed reality(현실 세계에 가상현실 virtual reality이 접목되어 현실의 물리적 객체와 가상 객체가 상호작용할 수 있는 환경-옮긴이), 양자 컴퓨팅 등 새롭게 부상하는 부문에서 더 많은 기회를 잃는 일을 막기 위해 최고인사책임자CHRO 캐슬린 호건 Kathleen Hogan 등과 협력해 문화 변혁을 이끌어야 했다. 10만 명이 넘는 마이크로소프트 직원들은 더 많은 질문을 하고, 더 자주 아이디어를 내고, 부서 간 협력을 강화하고, 더 많은 위험을 감수하고, 한계를 시험하는 것을 중심으로 하여 전과는 다른 신념, 습관, 공동체를 개발해야 했다. 그만큼 성과의 역설을 극복하기 위해서는 흠 없는 실행을 넘어 학습과 성과의 두 영역을 포용하는 사고가 필요할 것이다.

젊은 사업가가 저지르는 실수

나는 나름의 사명을 품고 2007년 스탠퍼드 경영대학원을 졸업했다. 졸업 후에는 마인드셋에 대한 캐럴 드웩의 연구에서 배운 모든 것을 바탕으로 사람들의 삶을 뒤바꾸는 아이디어를 구현하는 일을 하고 싶다는 바람을 담아 마인드셋워크Mindset Works라는 회사를 공동 창립했다. 학교가 학생과 직원의 평생 학습에 대한 신념과 행동을 함양하며 그 과정에서 부모와 공동체에 영향을 미치도록 돕는 회사였다. 초기에 우리가 한 말은 분명히 실천하고자 했다. 이는 많은 조직이 운영되는 기존의 방식과 매우 다른, 성장 마인드셋 문화를 구축하는 것을 의미했다. 우리는 이런 종류의 조직을 처음으로 개척하는 팀이었기 때문에 가능한 한 강력한 방식으로 본보기를 만들고 싶었다.

우리는 자신들의 사명과 연결된 매우 독특한 문화를 구축한 것으로 유명한 파타고니아Patagonia나 자포스Zappos 같은 기업에서 영감을 받았다. 남부 캘리포니아 해안에 본사를 두고 있는 파타고니아에서는 야외 활동에 무엇보다 큰 가치를 둔다. 큰 파도가 오면 직원들을 자유롭게 사무실을 벗어나 파도를 탄다. 심지어 회사에는 전 직원이 파도의 상태를 전하는 파도 보고서가 있다.[2] 파타고니아는 자연과 야외 스포츠에 대한 열정을 중심으로 한 특유의 문화를 구축해 온 반면, 자포스는 고객 서비스에 집중해 왔다. 이 회

사는 직원 채용시 성격을 중요시하며 고객과 진정한 유대를 발전
시키도록 직원들을 격려한다. 이것이 고객 서비스 전화를 통상의
경우보다 훨씬 길게 통화를 이어간다는 것을 의미하더라도 말이
다.《비즈니스인사이더Business Insider》의 보도에 따르면, 자포스의 한
고객 센터 직원은 고객 한 사람과만 10시간 이상 통화를 하는 대
기록을 세우기도 했다. 자포스 고객지원팀의 팀원은 이렇게 말했
다. "사람들에게는 별 이유 없이 전화를 걸어 대화를 해야 할 때가
있는 법이죠.³ 우리는 함부로 판단하지 않습니다. 단지 돕고 싶을
뿐이죠." 이런 조직들이 우리에게 줄 수 있는 가르침은 무엇일까?
그들은 자신들이 옹호하는 바를 명확하게 내보이는 문화를 발전시
켜 왔다. 그 결과 그 목적에 열의를 가진 직원들, 회사의 대사大使가
되어 그런 대의를 개척하는 사람들을 끌어들였다. 우리도 그런 일
을 하고 싶었다. 우리는 자기 계발에 있어서 극단에 있고 싶었다.
잘못될 일이 없어 보이지 않는가?

　　당시 성장 마인드셋에 대해서는 아는 사람이 극히 적었다. 잠
재 고객과 이에 대해 이야기를 나눌 때면 호기심을 보이기도 했지
만, 그들에게는 이미 우선적으로 해야 할 일이 많았고, 성장 마인
드셋은 그 우선순위에 들지 못했다. 그 자체는 문제가 되지 않았
다. 우리는 변화에 영향을 주는 우리의 일이 단거리 경주가 아닌
마라톤이라고 생각했다. 그 사명이 평생의 과제라고 생각한 우리
는 외부 자금을 조달하지 않았다. 투자자들은 대개 참을성이 없으

니 말이다. 그렇게 우리는 홀로서기를 결정했다. 첫 해에는 극단의 개발이라는 우리 특유의 문화를 만들기 위해 코딩 공부에 상당한 시간을 할애했고, 공동 창립자인 스티브 골드밴드Steve Goldband의 지도에 따라 우리 회사의 웹사이트를 개발하고 우리의 기존 CD 기반 프로그램을 온라인에서 실행할 수 있도록 만들었다. 예산이 부족한 상황에도 우리의 메시지에 부합하는, 멋진 창립 스토리가 만들어졌다. 우리는 경험이 많은 사람들을 채용하기보다는 학습과 우리의 사명에 대한 열정을 가진 사람들을 찾았다. 그렇게 지구상에서 가장 강력한 성장 마인드셋 문화를 구축함으로써 처음으로 CEO 자리에 앉은 나를 포함한 직원들이 전례 없는 속도로 역량을 개발할 수 있을 거라는 기대에 부풀어 있었다. 그러던 어느 날 이발을 하러 동네에 있는 슈퍼컷Supercuts을 찾은 적이 있다. 내 옆자리에 앉은 한 UC 버클리 졸업생이 헤어스타일리스트에게 자신이 찾고 있는 직업에 대해 이야기를 하고 있었다. 그는 의미 있는 일, 사람들의 삶을 바꿀 수 있는 일을 하고 싶어 했다. 그가 청소년들과 함께 일한 경험이 있다는 말을 어깨 너머로 들은 나는 우리와 비슷한 유형의 일에 가지고 있는 그의 열정을 느낄 수 있었다. 머리를 다 자른 후, 나는 내 소개와 함께 우리 벤처에 대해 설명한 후 점심 식사를 함께 하자고 제안했다. 그는 이후 갑자기 다가오는 낯선 사람을 어떻게 생각해야 할지 몰랐었다는 후일담을 전해 주었지만 어쨌든 그와의 점심 식사가 성사되었다. 그렇게 콜 투레이Cole Turay

는 우리의 첫 번째 직원이 되었다.

　설립 2년 차부터 콜은 나와 함께 팀을 구성하는 일을 맡았고, 그렇게 5년 동안 함께 일하면서 팀의 규모를 늘려 갔다. 우리의 채용 경로는 슈퍼컷 너머로 확장되었지만 배움과 기여에 대한 열정이라는 채용 철학만은 바뀌지 않았다. 성장 마인드셋의 힘을 곧바로 이해하고 우리 서비스에 가입하는 학교와 교육자들이 생기기 시작했다. 그러나 이 과정에서 너무 많은 학교를 맡게 된 것이 실수였다. 몇 년 간의 빠른 성장 이후 우리는 결국 정체기에 이르렀다. 얼리 어답터 이외에는 잠재 고객이 성장 마인드셋을 최우선으로 삼도록 설득하는 데 실패했고, 교육 정책과 의사 결정 프로세스를 다루는 데에서 문제가 발생했다. 우리는 영업에 대해 아는 것이 거의 없었고, 효과적인 협력에도 어려움을 겪었다. 미국 각지와 3개 대륙에 사는 직원들로 이루어져 오로지 원격으로 움직일 수밖에 없는 구조적 한계에서 비롯한 관계 발전과 협업의 어려움을 과소평가했던 것이다. 게다가 코로나19 이전, 세상이 아직 이런 구조에 익숙하지 않았던 시기였기 때문에 더 힘들 수밖에 없었다. 또한 우리는 아주 중요한 지점을 놓치고 있었는데, 학습과 발전이 중요하기는 하지만 거기에는 시간이 필요하다는 것이었다.

　일과 학습에 대한 열정만으로는 회사를 만들 수는 없다. 하지만 입사 지원자들이 가진 기존의 기술도 무시할 수 없는 요소였다. 우리는 엄청난 잠재력을 가진 훌륭한 직원들을 고용했지만 그들의 발전을 지원할 시간과 자원은 제한적이었다. 게다가 아무리 성장과 학습에 관심이 많아도 돈이 부족한 조직은 단기 업적에 매달릴 수밖에 없었다. 그렇게 우리는 성과의 역설에 빠져버렸다.

　우리는 백만장자 벤처 캐피탈리스트인 마크 안드리센Marc Andreessen가 늘 이야기하는 흔한 실수를 저질렀다. 그는 〈a16z〉 팟캐스트의 행사에서 스탠퍼드 공대생들에게 "스물두 살 창립자에 대한 전형적인 신화는 지나치게 부풀려졌습니다.[4] 나는 기술 습득, 문자 그대로의 기술, 일을 하는 방법 습득이 굉장히 과소평가되었다고 생각합니다"라고 이야기했다. "사람들은 수영장 가장 깊은 곳으로 뛰어드는 일에 지나치게 가치를 두는데, 사실 수영장 가장 깊은 곳으로 뛰어들면 익사하기 쉽죠." 우리는 수영장의 가장 깊은 곳에서 버둥거리고 있었다. 경험이 없는 얼마 안 되는 직원들이 부족한 자원으로 너무 많은 고객에게 서비스를 제공해야 했다. 그 결과 우리는 끊임없이 위기관리 모드에 있어야 했다. 결국 우리는 보조금을 신청했고 이를 통해서야 더 많은 인력을 채용하고 더 탄탄한 프로그램을 개발할 수 있게 되었다. 그런 식으로 우리는 항상 성과 영역에서 있어야 하는 상황에서 벗어나 학습 영역에 참여할 시간과 역량을 더 얻었다. 결국 마인드셋워크는 입소문으로 성장해 수천 개의 학교에 서비스를 제공하게 되었다. 또한 우리는 전 세계 많은 학교에서 성장 마인드셋을 흔한 용어이자 바람직한 접근법으로 자리 잡게 하는 생태계의 씨앗을 뿌렸다. 하지만 개선과 실행에 무엇이 필요한지 좀 더 명확하게 이해했더라면 거기에 훨씬 빨리 도달할 수 있었을 것이다. 나는 이 과정에서 성장 마인드셋을 갖는 것만으로는 충분치 않다는 것을, 배우려는 열정과 욕망만으로는 부족하다는 것을 배웠다. 학습 영역과 성과 영역 모두에서의 노력을 지원하는 조직적인 구조가 반드시 존재해야 한다. 콜은 우리와 5년을 함께한 뒤 그의 영업 기술 발전에 필요한 자원과 구조를 갖춘 세일즈포스Salesforce로 이직했다. 그는 현재 영업 리더로 성공적인 경력을 쌓고 있다.

나는 리더십에 대한 이해와 접근법에서 진화를 경험했다. 지금은 직원을 채용할 때 순수한 열정 외에도 해당 분야의 역량과 학습 역량을 본다. 빠르게 일을 진척시키고 성장하는 데 필요한 구체적인 기술을 갖춘 사람을 찾는 것이다. 이후 수년간 일을 해 오면서 나는 우리와 같은 함정에 빠지는 크고 작은 회사들을 많이 목격했다. 하지만 효과적인 성장을 위한 강력한 구조를 갖춘 훌륭한 기업들도 많이 보았다. 이 장에서는 그 사례들을 공유할 것이다. 이 모든 것을 당신이 실천해야 한다는 뜻은 아니다. 여기에서의 목표는 학습하는 조직이 어떤 모습인지에 대한 비전을 발전시키고 당신 여정의 다음 단계를 확인하는 것이다.

학습하는 조직은 어떤 모습인가

클리어초이스에 CEO로 영입된 케빈 모셔Kevin Mosher는 5~10 퍼센트의 지점들이 다른 지점에 비해 훨씬 효과적으로 치과 시술을 판매하고 있다는 것을 알아차렸다.[5] 그는 이전 직장의 동료였던 앤디 킴볼Andy Kimball에게 전화를 걸어 컨설턴트로 와서 그 지점들이 달리하고 있는 것이 무엇인지 조사해 달라고 부탁했다. 앤디는 학습 영역에 뛰어들어 무엇이 그런 차이를 만드는지 발견하기 위해 관찰을 하고 질문을 던졌다. 그는 대부분의 회사 영업 사원들이 스프레이 앤 플레이spray and pray(마구 쏘고 명중하기를 바라는) 영업 기법을 사용하고 있다는 것을 발견했다. 그는 내게 이렇게 이야기했다. "환자들에게 시술에 대한 정보를 마구잡이로 뿌리고 그들의 니즈를 충족시키는 것이 있기를 기대하는 식이었죠." 그들은 환자들의 삶에서 어떤 일이 일어나고 있는지에는 귀를 기울이지 않고 치료법과 의사들의 실력만을 자랑하고 있었다. 하지만 뛰어난 영업사원은 말하기보다 듣기에 심혈을 기울였다. 그들은 스스로를 단순한 영업 사원이 아닌 문제 해결자로 보았고, 그러한 사고방식이 자연스럽게 그들 정체성의 일부로 자리 잡았다. 결국 실적 담당 최고책임자로 클리어초이스에 합류한 앤디는 최고의 성과를 올리는 영업 사원들은 환자의 이야기를 끌어낸다는 것을 발견했다. 일부 환자들이 자신의 불완전한 치아에 대해 상당한 수치심을 느끼고 있

었던 것이다. "그들은 환자들이 꿈꾸던 미소를 가질 수 있다면 그
들의 삶이 어떻게 될 것인지 파악하기 위해 노력했습니다. '그들이
가진 치아에 대한 스토리의 해피엔딩은 어떤 것일까?'라는 질문을
던진 것이죠."

  그 결과 클리어초이스는 영업 사원과 의사들을 교육해 그런
성공적인 관행을 배우도록 하고 지속적인 학습이 가능한 시스템
을 구축했다. 모든 상담실에 비디오 카메라를 설치했고, 영업 사
원과 의사들은 매주 환자와의 소통과 관련해서 노력이 필요한 기
술을 선정해 연습하고, 환자의 동의하에 환자와의 상호작용 과정
을 녹화한다. 상담 사이에 전문가들은 영상을 검토하고 질문에 어
떻게 대응했는지, 어떻게 하면 더 좋은 답변을 할 수 있는지 고민
한다. 그들은 성과 영역(환자와의 시간)과 학습 영역(영상 검토) 사이
를 빠르게 오간다. 또한 직원들은 코치나 동료와도 영상을 공유하
며 피드백을 구한다(단, 영상은 허가 없이는 다른 사람이 볼 수 없으며
업무 평가가 아닌 개발 목적으로만 사용할 수 있었다). 주간 회의에서는
동료들과 그들이 개선을 위해 노력한 내용을 공유한다. 회사가 이
런 관행을 시작한 이후 가장 높은 성과를 올린 사람들은 자신의 영
상을 가장 자주 검토하고 분석한 사람들이었다.

  앤디 킴볼은 영상이 왜 그토록 중요한 도구인지 설명했다. "보
통의 경우라면 피드백을 듣고 무시할 수 있습니다. '저 사람은 나
를 좋아하지 않는 게 분명해. 내가 어떤 사람인지 몰라서 저런 소

리를 하는 거야. 상담실에서 내 모습을 보지 못해서 저러지'라는
식으로 생각하죠. 하지만 영상을 통해 직접 자신의 모습을 보게 되
면 더 이상 그런 조언을 무시할 수가 없게 됩니다. 영상은 훌륭한
평등주의자죠. 영상은 언제나 진실을 말합니다." 클리어초이스의
직원들은 다양한 출처로부터 정기적으로 기술을 계속 성장시키는
데 도움을 주는 피드백을 받는다. 그 결과 클리어초이스는 핵심 시
장 점유율 50퍼센트를 넘기며 승승장구하고 있다.

   클리어초이스에서는 동영상이 기술 개발에 필요한 3가지 요
소를 제공하는 데 사용된다. 첫째, 영상은 본받아야 할 성공적인
표본을 제시한다. 직원이 조직에 합류한 시점부터 숙련된 직원의
영상을 사용해 효과적인 관행에 대한 토론을 벌이고, 노련한 직원
조차 더 발전할 수 있다는 것을 보여 준다. 둘째, 동영상은 학습 영
역에서의 연습 기회로 사용된다. 영업 사원들은 녹화가 진행되는
교육에 참여해 코치와 역할극을 벌인 후, 그룹 단위로 그 영상을
함께 분석한다. 셋째, 의사와 영업 사원은 자신의 혹은 다른 사람
의 일상적인 환자와의 상호작용을 촬영한 영상을 지켜보면서 반성
과 함께 피드백을 제공한다. 그 결과로 성과 영역에서의 명확한 개
선 목표를 가지고 학습 영역에 참여하는 일련의 견고한 구조가 마
련되었다. 클리어초이스가 처음 동영상을 학습 도구로 도입하자,
영업 인력의 4분의 1 정도는 학습에 열의를 보이며 자신들의 영
상을 빠짐없이 검토했다. 약 60퍼센트는 의무적으로 영상을 시청

했지만 앞선 사람들과 같은 정도의 열의를 보이진 않았다. 마지막 15~20퍼센트는 자신의 영상을 보는 것에 심한 반감을 가졌다. "이런 사업에서 많은 사람을 교육하려 할 때는 정상적인 종형 곡선의 분포를 비트는 것이 중요합니다." 앤디가 말했다. "모든 사람을 이해시킬 수는 없습니다. 하지만 학습에 열의를 보이는 사람이 25퍼센트 정도인 보통의 분포를 약간만 오른쪽으로 옮겨 30~40퍼센트 정도로만 만들 수 있다면 큰 차이를 얻을 수 있습니다." 영상을 보는 것만이 클리어초이스 직원들의 학습 방법은 아니다. 내가 좋아하는 학습 방법은 직원들이 카드를 뒤집어 환자 사례에 대한 설명을 읽는 협업 게임이다. 다른 역할을 맡고 있는 직원들이 대응 방법을 서로 공유하고 그룹이 그 아이디어들에 대해 토론하는 것이다. 이후 처음에 카드를 읽은 사람이 가장 마음에 드는 접근법을 제시한 사람에게 카드를 건넨다. 마지막에 가장 많은 카드를 가진 사람이 게임의 우승자가 된다.

직원들이 학습 자원에 접근해서 자신의 학습 경로에서 진전을 이룰 수 있는 시스템도 존재한다. 특정 수준에 도달한 직원에게는 배지와 함께 금전적 보상이 주어진다. 학습 진도의 중간 지점에 온 사람들이 진도를 나가기 위해서는 실적을 관찰하거나 상담 영상을 보고 피드백을 제공하는 등의 방법으로 그보다 초기 단계에 있는 사람들의 코칭과 멘토링을 맡아야 한다. 이는 협력적인 학습을 촉진한다. 클리어초이스는 학습하는 조직이다. 모두가 매일 성장을 위해 일터에 나오며 성장에 필요한 자원, 기회, 관계를 제공받는다. 앤디는 "학습에 대한 열정을 북돋우고 열의가 있는 학습자에게 그 열정을 채우는 데 필요한 도구를 제공하는 것이 무엇보다 중요하다"라고 말한다. 이런 지속적 학습 시스템의 결과로 클리어초이스는 자기 기록을 계속 갱신하고 있다.

회사 창립 후 17년 동안은 한 달에 100만 달러의 매출을 올린 영업 사원이 한 사람도 없었다. 이후 한 사람이 그런 실적을 달성했고, 회사는 그 이정표에 도달한 사람을 축하하기 위해 100만 달러 클럽을 출범시켰다. 한 해 만에 7명의 영업 사원이 100만 달러를 달성했다. 회사가 개최한 축하 행사에는 8명의 100만 달러 클럽 회원들이 다른 직원들에게 최선의 관행을 공유하는 시간이 있었다. 그때 누군가가 실적이 좋지 않은 날, 주, 달에는 어떻게 했느냐는 질문을 던지자 모두가 자신의 영상을 검토한다고 대답했다.

달리 말해 최고의 실적을 올리는 사람들에게 문제나 고난은 곧 학습 영역으로 뛰어들라는 신호인 것이다. 우리는 이 책에서 그런 많은 사례들을 보아 왔고 앞으로도 또 많은 사례를 보게 될 것이다. 큰 매출을 올릴 기회를 놓친 디포 아로미레는 팀이 저지른 과오가 무엇인지 배우기 위해 그 고객과 점심 식사를 했다. 트라카 사바도고는 스타벅스의 주문을 따라잡는 데 어려움을 겪었을 때 새로운 아이디어를 실험했다. 린다 라비트는 프로젝트가 실패로 돌아갔을 때 클라이언트에게 전화를 걸어 피드백을 부탁했다. 루크 랍스터의 새로운 식당이 실망스러운 실적을 냈을 때, 경영진은 데이터를 모아 앞으로 새로운 매장을 열 때 어떻게 계획을 변경해야 할지 확인했다. 문제나 고난을 학습 영역으로 뛰어들라는 신호로 이용하는 것이 바로 학습하는 조직의 표준이다.

'아는 체 하는' 문화에서 학습하는 문화로

엘리자베스 캐닝Elizabeth Canning과 메리 머피Mary Murphy가 이끄는 연구진은 '사람들이 조직을 마인드셋을 갖출 수 있는 존재로 보는지'에 대해 탐구하기 시작했다.[6] 그들은 《포춘Fortune》 1000대 기업 중 7곳의 직원 500명 이상을 대상으로 설문 조사를 진행했고, 각 기업의 직원들이 자신의 회사가 재능을 고정적인 것으로 보는지 가변적인 것으로 보는지에 대해서 대체로 비슷한 의견을 갖고 있다는 것을 발견했다. 클리어초이스와 같이 학습 영역을 운영의 필수적인 측면으로 만드는 기업의 직원들은 회사가 성장 마인드셋을 지지한다고 인식했다. 직원의 지속적인 성장을 위해서 노력을 기울이기보다는 능력 평가에 중점을 두는 조직은 고정 마인드셋을 지지하는 회사로 인식되었다.

또한 이 연구진은 조직이 성장 마인드셋을 지지한다고 여기는 직원들은 일터에서 협업, 혁신, 성실성, 신뢰, 헌신의 수준이 높다는 것을 발견했다. 이들 회사의 경우, 직원들은 일하는 과정에서 기꺼이 서로에게 의존하고, 모르는 것에 뛰어들고, 자신과 다른 사람에게 정직했다. 즉 이런 조직은 아는 체 하는 문화가 아닌 학습하는 문화를 갖고 있을 가능성이 더 높았다. 조직이 사람들의 발전에 집중하면, 직원들은 성장과 학습 영역 모두에서 탁월함을 발휘할 수 있게 하는 강력한 성장 프로펠러를 보다 쉽게 만들 수 있다. 학습하는 조직은 하향식 노력과 상향식 노력이 결합되어야 만들어질 수 있다. 누구든 지금의 위치에서 시작할 수 있는 일이다. 망설이는 사람이 있다고 불만스러워하는 대신 관심이 있는 사람들부터 연결하고 거기에서 시작하면 된다. 통제가 가능한 것에 집중하고 (자신의 행동부터 시작한다) 당신이 영향을 줄 수 있는 범위를 계속 넓혀 나가면 된다. 이 장의 나머지 부분에서는 학습하는 조직이 성장을 촉진하기 위해 이용하는 구조들을 더 자세히 살펴볼 것이다. 이는 조직 규모의 구조에 대한 논의이지만, 이들 전략 대부분은 팀이나 개인적인 수준에서도 얼마든지 실행할 수 있다.

지도 신조를 명확히 한다

제이크와 지노가 부동산 회사를 시작했을 때,[7] 두 사람은 사명 선언이나 핵심 가치관을 마련하는 것이 중요한 일이라고 생각지 않았다. 지노의 패밀리 레스토랑에는 그런 것이 없었고 제이크가 이전에 다니던 회사에는 벽에 회사의 사명과 핵심 가치관이 인쇄

된 포스터가 붙어 있었지만 어떤 직원의 행동 방식에도 영향을 주
지 않았다. 하지만 최선의 비즈니스 관행에 대한 책을 읽고 워크샵
에 참석한 이후로 두 사람은 의도적인 문화 구축이 성공에 필수적
인 이유를 이해하게 되었다. 그것은 강력한 성장 프로펠러를 설계
하고 육성하는 일이다. 그들 회사의 사명은 "사람들이 최선의 자기
모습을 찾도록 힘을 실어 주는 공동체를 만든다"라는 것이다. 회
사의 핵심 가치관은 성장 마인드셋, 실현, 사람 우선, 확고한 윤리,
투철한 주인 의식이다. 그들은 각각의 핵심 가치관에 이름을 붙이
고 각 가치관에 수반하는 행동이 어떤 것인지, 왜 그것이 중요한지
를 밝힌다. 제이크와 지노는 정기적으로 핵심 가치관을 언급하고,
그 본보기가 되는 때, 거기에서 벗어나는 때를 지적한다. 직원들은
매일 그에 따라 행동한다. 이것은 규모와 관계없이 실천할 수 있는
일이다.

　　나와 일을 했던 기업 중 하나인 프록터 앤 갬블Procter & Gamble은
10만 명이 넘는 직원들 모두가 이 회사가 PVP라고 부르는 것, 즉
목적Purpose, 가치Value, 원칙Principle[8]에 친숙해지도록 한다. PVP에 따
르지 않는 것은 해결이 필요한 심각한 사안이다. 이로써 원칙을 받
아들이는 사람들에게 안전한 환경이 만들어지며, 이는 누구나 할
수 있는 일이 된다.

　　사명 선언문과 핵심 가치관 같이 지침이 되는 명확한 언어를
개발하고 이를 일관되게 사용하면 또 다른 방식으로의 변화를 촉

진할 수 있다. 회사가 구조조정, 전환, 혁신을 이룰 때면, 본능적으로 안정성과 예측 가능성을 추구하기 마련인 직원들은 불안을 경험하는 경우가 많다. 이 불안은 당면한 일에 집중하는 데 필요한 인지 자원을 분산시킨다. 이런 경우 리더들이 회사의 핵심 가치관과 같은 변하지 않는 요소들에 집중한다면 안정된 분위기를 조성할 수 있다. 지침이 되는 언어를 이용해 변화가 일어나는 이유를 설명하고 이로써 직원들은 핵심 원칙이 여전히 예측 가능하다는 것을 이해하게 된다. 이런 이해로 인해 직원들이 불안을 해소하고, 변화를 탐색하고 주도하는 데 더욱 능숙해질 수 있다.

다만 사명 선언, 핵심 가치관, 주요 행동은 너무 철저하기보다는 중요한 속성에만 집중해야 한다. 그래야만 조직 구성원 모두가 쉽게 기억하고, 피드백을 주고받을 때나 바람직한 행동인지 아닌지를 알아차릴 때마다 언급할 수 있다. 사람들이 핵심 원칙이 무엇인지 떠올리지 못한다면(핵심 원칙을 너무나 여러 개 택한 조직에선 흔한 일이다) 이런 체계는 실제로 사람들의 행동을 인도하는 데 도움이 되지 못한다. 조직 전반에 걸친 명확한 지도 신조가 있다면, 리더와 이 일에 기여하는 개인은 바람직한 문화를 발전시키는 데 유용한 도구를 갖게 된다.

성과 중심 평가 시스템을 개선한다

많은 조직이 성과 관리 프로세스를 갖고 있다. 관리자들은 이를 통해 하급자를 평가하고 그들과 피드백을 공유하고 성장을 촉진한다. 하지만 성과의 역설에 빠지면, 매년 있는 이런 의례는 학습보다는 성과에만 초점을 맞추게 된다. 나와 함께 작업한 기업들 중 학습과 성과 영역 모두의 촉진에 성공한 회사들은 자신들의 성과 관리 시스템을 다음과 같이 바꾸었다.

— 비교를 통한 상대적 성과를 근거로 직원의 등급을 나누는 강제적 순위 평가를 없앤다.[9] 순조롭게 기능하는 학습 문화에서는 모든 직원이 성장한다. 경쟁 대신 학습과 성과 영역 모두에서의 협력을 통해 직원들은 더 많이 성장하고 더 많은 것을 성취한다. 상대적인 평가가 아니라 특정 기준에 근거한 평가를 통해 이런 문화를 장려할 수 있다.

— 성과 목표만이 아니라 학습 목표도 포함시킨다. 지난 주기 동안 성장을 위해 착수한 기술 개발이 얼마나 성공적이었는지, 다가오는 주기에는 어떤 학습을 시작할 것인지, 어떤 전략을 사용할지에 대해 성찰하게 한다. 이 정보를 동료들과 공유하도록 장려한다면 학습하는 문화를 육성하고 보다 유용한 동료들 간 피드백과 상호 지원을 이끌어 낼 수 있다.

― 더 많은 개발 지향적 대화를 장려한다. 분기별로 성과에 대한 대화를 갖고, 대화의 빈도를 높이기 위해 격려와 템플릿을 사용한다.

스스로 다음과 같은 질문을 던져 성과 관리와 지원 시스템을 개선할 기회를 찾도록 하자. 당신 조직의 시스템에 결함이 있다면, 자신과 팀을 위해 그 결함을 제거할 방법, 기업에 영향을 줄 방법을 생각해 보자.

― 사람들이 목표를 설정할 때 성과 목표만을 설정하는가? 아니면 개선하고 싶은 기술이 무엇인지, 그 일을 어떻게 시작할지도 확인하는가?

― 사람들이 학습과 개선, 앞으로의 진전을 위해 조정할 사항에 대해서 성찰하고 논의하는가?

― 사람들이 다른 사람과의 비교를 통한 상대 평가를 하는가, 자신의 효율성을 기준으로 평가를 하는가?

― 성과 목표는 개인적인 것인가 팀을 기반으로 하는가? (팀의 성과 목표는 성과와 학습 모두에서 협력을 증진할 수 있다.)

― 형식적인 평가 과정을 넘어서 사람들이 학습을 하고 정기적인 피드백을 받을 수 있는 구조가 마련되어 있는가?

학습 방법을 위한 시스템을 마련한다

조직에는 기술과 역량의 개발을 지원하는 구조와 시스템이 필
요하다. 이들은 조직의 니즈에 따라 달라진다. 마이크로소프트 파
워플랫폼Power Platform 지원팀을 이끄는 소프트웨어 엔지니어 도나
사르카르Dona Sarkar는 사티아 나델라가 CEO가 된 이후 최근 몇 해
동안 마이프로소프트의 훈련 방식이 극적으로 변화했다는 것을 알
아차렸다.[10] "우리 회사의 훈련은 '기술, 기술, 오로지 기술'이었습
니다. 지금의 훈련 일정에는 '윤리적 AI'와 같은 것이 포함되어 있
네요." 그녀가 말했다. "AI를 만들면서 이를테면 남아프리카공화
국에 있는 사람들에게 미칠 영향에 대해서 생각하지 않는다면 그
건 잘못하고 있는 겁니다. 따라서 윤리적 AI는 회사의 전 직원을
대상으로 하는 필수 훈련 과목이에요." 마이크로소프트의 다른 필
수 훈련 과목에는 '포용적 팀 구축' '특권 진단' '차이를 넘어서는
소통'이 있다. 더 깊이 있는 학습을 원하는 사람들을 위해 다른 많
은 선택 훈련 과목과 자료도 마련되어 있다. 훈련과 전문성 개발을
위한 이런 구조가 특정 영역에 국한된 기술을 키우는 것뿐 아니라
강력한 성장 프로펠러의 요소인 공유된 정체성, 목적, 신념, 습관을
만드는 데에도 사용되는 것이다. "Z세대, 밀레니엄세대, X세대, 베
이비부머 등 모든 세대의 사람들이 각자의 역할을 맡고 있습니다.
수십 년과 세대를 아우르는 다양한 커뮤니케이션 스타일에 대해서

이야기하죠." 도나가 말했다. "큰 충격을 받는 사람들도 있었어요. '뭐야? 왜 직장에서 이런 얘기를 하는 거야. 직장에서 할 만한 이야기가 아냐.' 솔직히 말해 그 이유를 이해하지 못하는 사람들에게라면 이 회사는 적합한 회사가 아니죠. 이 회사는 어떤 사람이든 있는 그대로의 모습으로도 안전하게 회사를 다닐 수 있도록 하는 데 가치를 두니까요."

마이크로소프트는 보다 폭넓은 기여를 위해, 다양성과 포용성에 대한 많은 학습 자료를 마이크로소프트 포용 여정Microsoft Inclusion Journey 웹사이트에서 누구나 무료로 사용할 수 있도록 공개했다.[11] 리퀴드넷Liquidnet은 학습 지원에 있어 체계적인 시스템을 갖춘 또 다른 기업이다.[12] 그중 하나는 매우 단순하면서도 강력한 시스템으로, 모든 정규직 직원은 전문성 개발과 평생 교육을 목적으로 연간 2500달러를 사용할 수 있다. 이 수당은 교육 종료로 끝나는 것이 아니다. 직원들은 그들이 배운 것을 동료와 공유해야 한다. "지속적인 학습이 조직의 DNA 안에 자리 잡고 있죠." 이 회사의 글로벌 학습 책임자 제프 슈워츠먼Jeff Schwartzman이 말한다. "지속적인 학습은 일상적 비즈니스 프로세스의 일부입니다. 일례로 한 직원이 세미나에 참석했다가 돌아오면 동료들에게 이렇게 얘기합니다. '전략적 사고에 대한 프로그램을 들었어. 5가지 다른 유형의 전략적 사고와 그것을 다양한 상황에 적용하는 방법을 배웠지.' 이정도로만 얘기해 줘도 아주 좋습니다. 그 한 직원이 학습으로 받은

혜택을 전 직원이 누린 셈이니까요. 하지는 거기에서 더 나아갈 때
도 있습니다. 이후 한 동료가 이렇게 말하는 거죠. '굉장히 흥미로
운데. 나도 그 세미나에 등록해야겠어' 혹은 '동료로부터 방금 배
운 것을 시도해 보고 내 경험을 사람들과 공유해야겠어'라고요. 결
국 학습은 전염되어야 하는 것이라고 생각합니다."

　　다국적 통신 기업 텔레노Telenor에서는 모든 직원에게 연 40시
간의 유급 교육 시간이 주어진다.[13] 이 시간을 회사 내외에서의 학
습에 사용할 수 있다. 이 회사는 이런 문화를 발전시키기 위해 직
원들이 24시간 내에 가장 많은 사람이 온라인 자기 계발 강좌를
이수하는 기네스 기록에 도전하도록 한 적도 있다.[14] 직원들은 기
록 작성에 성공했다. 이 도전을 위해 직원들이 선택한 것이 성장

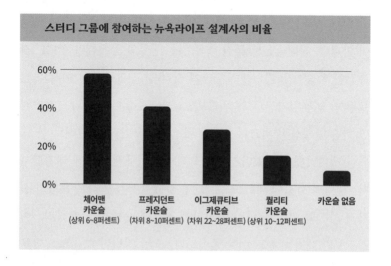

스터디 그룹에 참여하는 뉴욕라이프 설계사의 비율

마인드셋 강좌였다. 나는 영광스럽게도 직원들의 도전 참여를 독려하는 영상에 참여했고, 회사는 이를 학습과 성장에 대한 직원들의 이해를 넓힐 기회로 사용했다.

뉴욕라이프는 직원들의 성장과 기술 개발을 돕는 수많은 프로그램을 갖고 있다. 인터널 모빌리티 프로그램Internal Mobility Program은 직원들에게 커리어 계획, 이력서 작성, 효과적인 면접과 같은 주제에 대한 상담과 워크숍을 제공한다.[15] 또한 이 회사는 모든 설계사들에게 '스터디 그룹' 참가를 독려하는데, 이는 리지 딥 메츠거가 참여했던 것처럼 동료들이 정기적으로 만나 서로에게 도움을 주고 서로로부터 배움을 얻는 그룹이다. 당연하게도 스터디 그룹에 참여하는 설계사들은 높은 실적을 올릴 가능성이 훨씬 높다. 뉴욕라이프는 설계사 대상의 설문을 통해 가장 성공적인 설계사의 58퍼센트가 스터디 그룹에 참여하고 있는 반면, 가장 실적이 낮은 설계사들의 경우 그 비율이 7퍼센트에 그치는 것으로 추정하고 있다.[16] 뉴욕라이프에서 높은 실적을 올리는 설계사들과 대화를 나눠 본 내 경험에 따르면, 스터디 그룹에 참여하지 않는 설계사들도 다른 학습 영역 전략에는 정기적으로 참여하고 있을 가능성이 크다.

학습과 성과 사이의 이런 상관관계는 연구를 통해서도 입증되었다. 사빈 소넨탁Sabine Sonnentag과 바바라 클라인Barbara Kleine은 높은 실적을 올리는 보험 설계사들이 일주일에 한 번 이상 학습에 참여한다는 것을 발견했다.[17] 지식을 쌓기 위해 독서를 하고, 동료나 해당 분야의 전문가들과 상담을 하고, 새로운 전략을 시도하고, 머릿속으로 시뮬레이션을 해보고, 피드백을 구하고, 성찰을 거친다. 영상을 자주 검토하면서 배움을 얻는 영업 사원이 더 높은 실적을 내는 클리어초이스의 경우와 같다. 이러한 패턴은 회사와 산업 분야를 막론하고 동일하게 나타나는데, 학습 영역이 성과 달성을 방해하는 것이 아니라 오히려 성과를 높인다는 것을 보여 준다.

조직 전반에 걸친 도구와 구조는 실험, 실행 도중의 검토, 피드백 등 지금까지 이 책에서 검토한 모든 학습 영역을 지원한다. 관리자와 직원이 스스로 이런 습관을 개발하기만을 기대하지 않고 고위 리더가 직접 사용할 수 있게 만든다면 모두가 정기적으로 학습 영역에 참여하기는 더 쉬워질 것이다. 동료들이 성장 마인드셋을 비롯한 기본이 되는 신념, 습관, 원칙을 배우는 데 도움이 되는 자원이나 프로그램을 마련하거나, 이미 사용 가능한 뛰어난 자료들을 소개하는 일이라면 누구나 쉽게 할 수 있다. 리퀴드넷이 하듯이 원하는 학습 프로그램에 사용할 수 있는 1년 예산을 주거나, 뉴욕라이프가 하듯이 동료들끼리 배움을 얻을 수 있는 지침이나 공간을 직원에게 제공하는 것도 좋은 방법이다. 영향을 미치고 싶은 범위가 전체 조직이 아닌 팀 단위라면, 가까운 동료들과의 조정을 통해 이런 접근법을 실행해 볼 수도 있을 것이다. 자기 계발을 지원하는 프로그램을 만들 때는 이 프로그램과 자료의 대상이 누가 될지 생각해야 한다. 평사원부터 고위 경영자까지 자기 계발을 위한 자원에 접근할 수 있어야 한다. 잠재력을 인정받은 직원만 일부 프로그램에 접근할 수 있게 지정한 경우라도 나머지 직원들도 비슷한 프로그램에 접근할 수 있어야 하며, 직원에게 잠재력이 크거나 작다는 영구적인 낙인을 찍지 않도록 주의를 기울여야 한다.

다음의 질문에 대해 생각해 보자.

— 개인, 팀, 조직이 성공하는 데 가장 중요한 기술은 무엇인가?
— 어떤 학습 영역 전략이 기술과 역량의 발전을 추진하는가? 어떤 구조가 그런 전략의 사용을 지원하는가?
— 학습 영역 전략을 강화하는 데 도움을 줄 후원자나 동료가 될 수 있는 사람은 누구인가?

위험 감수와 실험을 위한 구조를 마련한다

IBM이나 구글 같은 대규모 기술 기업은 미답의 영역을 탐색하는 연구·개발팀을 두고 있다. 그들은 과학의 한계를 넓히고, 새로운 기술을 발명하고, 그것을 제품으로 전환하는 일을 한다. 이런 구조는 많은 발명으로 이어졌고, 개인용 컴퓨터와 스마트폰에서부터 의료용 영상 기구와 무선 연결에 이르기까지 그 대부분이 지금은 없어서는 안 될 것들을 만들어 냈다. 다국적 회계 법인 딜로이트Deloitte는 모든 직원이 혁신 전략, 도구, 공동체에 접근할 수 있

도록 딜로이트 벤처Deloitte Ventures를 만들었다.**18** 세계적인 섬유 제
조업체 코츠Coats는 직원들이 고객, 공급업자들과 함께 새로운 제
품 아이디어를 구상하고 샘플을 만들 수 있는 전문 장비를 갖춘 전
용 공간, 이노베이션 허브Innovation Hubs를 만들었다.**19** 마이크로소프
트는 전 직원을 대상으로 팀을 이뤄서 만들어 보고 싶은 것에 대한
새로운 아이디어를 내고, 원형을 만들고, 테스트하고, 진화시키는
대규모 해커톤hackerton(해킹hacking과 마라톤marathon의 합성어로 한정된
기간 내에 기획자, 개발자, 디자이너들이 팀을 이뤄 아이디어를 개발하는
행사-옮긴이)을 진행했다.**20**

　　하지만 역량을 키우고 혁신을 이루기 위해서 반드시 고급 기
술이나 막대한 연구·개발 예산이 필요한 것은 아니다. 오라클 클
라우드 인프라Oracle Cloud Infrastructure의 이사인 브래드 윌로비Brad Wil-
loughby는 대형 사고 관리Major Incident Management 조직을 이끌면서 지
능적 차원의 위험 감수 문화를 촉진할 방법으로 팀 단위의 소규모
실험을 시작했다.**21** 매 분기 모든 팀원이 자신이 선택한 실험을 하
고 그 결과를 동료들에게 발표했다. 그가 중점을 둔 것은 참여, 지
능적 차원의 위험 감수, 마지막으로는 학습한 교훈의 공유였다. 이
팀은 이런 과정을 통해 다수의 절차를 개선했다. 유용한 정보 없이
장시간 소요되고 정신적 피로를 유발하는(그들의 가설이다) 반복적
인 일상 커뮤니케이션 과제가 사라졌다. 이 과정을 제거하는 실험
(보고를 받는 쪽에서의 불만이 전혀 없었다) 덕분에 팀원들은 자신들

에게 생각했던 것보다 환경에 큰 영향을 미칠 수 있는 힘이 있다는 것을 발견했다. 더 중요한 것은 그들이 지능적 차원의 위험 감수 문화를 조성했다는 점이다.

실험을 촉진할 방법을 생각할 때는 다음을 고려해 보자.

— 어떤 공간과 시간을 마련하면 심각한 피해를 유발하지 않으면서 학습을 위해 위험을 감수할 수 있을까?
— 어떻게 해야 전문 분야와 조직이 상이한 다양한 사람들을 한데 모아 아이디어, 관점, 노하우의 범위를 넓힐 수 있을까?
— 어떻게 하면 사람들을 실험으로 이끌고 실험의 목적이 학습이라는 것을 상기시킬 구조를 만들 수 있을까?

최선의 관행을 확장한다

분기별 소규모 실험(혹은 다른 모든 학습 영역 구조)을 부서나 조직 전체에 도입하지 못할 이유는 없다. 이는 문화, 공동체, 정체성, 신념, 습관을 발전시키는 데 도움을 줄 수 있다. 다만 지나친 강요가 없도록 주의를 기울여야 한다. 뉴욕라이프의 스터디 그룹, 딜로이트 벤처의 프로그램, 마이크로소프트의 해커톤은 모두 선택적으로 이루어진 현명한 조치였다. 우리는 현재의 체계와 프로세스를 확장하여 사람들이 더 쉽게 행동할 수 있도록 하는 것과 각자가 가

장 잘 맞는 방법을 선택하고 새로운 접근 방법을 시도할 수 있도록
하는 것 사이의 균형을 맞출 필요가 있다. 그 방법 중 하나는 프로
그램을 쉽게 접근할 수 있되 선택적으로 만드는 것이다.

　　조직 전반에 걸쳐 학습 문화와 습관을 촉진하는 구조를 설계
할 때는 다음 사항을 고려해야 한다.

- 해커톤이나 분기별 소규모 실험과 같은 혁신 의식
- 링크드인 러닝LinkedIn Learning, 외부 연사 강연, 동업 조합의 자료
  등 외부의 전문 지식을 활용하는 방법
- 전면적인 론칭 전에 소그룹에 새로운 아이디어를 테스트할 수
  있는 도구
- 실수와 실패를 분석하고, 실수와 실패에 이르게 한 프로세스를
  바꾸고, 거기에서 배운 교훈을 공유하는 구조

성장을 위한 채용과 온보딩을 거친다

　　채용과 온보딩onboarding(신입 사원이 조직에 잘 정착할 수 있도록
지원하는 과정-옮긴이)은 이미 효과적인 학습자를 선발하는 데에만
유용한 것이 아니라 그들의 변화를 한층 더 촉진하는 데에도 유용
하다. 신입 사원은 새로운 환경에 적응하기 위해 그들의 정체성,
신념, 습관에 변화가 필요하다는 것을 잘 알고 있다. 많은 성장 마

인드셋 연구 개입이 사람들이 새로운 학교에 들어갔을 때, 새로운 학년이 되었을 때, 대학에 들어갔을 때, 새로운 프로그램을 시작할 때와 같은 이행기에 이루어지는 것도 이 때문이다.

"우리는 새로운 구성원과 잠재적 구성원들에게 학습하고, 위험을 감수하고, 실패한 경험을 두고 토론하고, 피드백을 요청하고, 변화를 디폴트로 삼는 등 우리 조직이 옹호하는 바를 명확하게 알리는 시스템을 확립하고자 한다. 따라서 함께하는 사람들과의 협력으로 매일 그런 가치에 따르는 삶을 사는 법에 대해 더 배우기를 바란다." 이런 명확한 메시지는 강력한 성장 프로펠러를 갖춘 사람들이 주저하지 않고 바람직한 행동에 참여할 수 있도록 자신감을 부여할 것이다.

클리어초이스의 신입 영업 사원 온보딩은 관찰 주간Observation Week 동안 마쳐야 하는 일련의 학습 미션으로 시작된다. 이 첫 미션 중 하나는 조직의 구조에 대해 배우고, 핵심 동료를 인터뷰하고, 그들이 배운 것을 종이 한 장에 그리는 보물찾기 활동이다. 이후 그들은 영업 사원이 고객과의 상호작용 때마다 작성해야 하는 문서 양식에 대해 배우고, 고객과의 상담을 참관하며, 보다 경험이 많은 영업 사원이 실제로 문서를 작성하는 것을 관찰하고 코칭을 받는다. 코칭은 학습 과정으로 여겨진다. 앤디 킴볼은 "가르치는 것보다 많이 배울 수 있는 방법은 없다"라고 말한다. 이 단계들을 마치면 신입 사원은 덴버의 본사로 가서 그들이 배운 것을 보고

하고, 회사의 가치관과 원칙을 공부하고, 실제 상담 영상을 보면서 관행의 효과를 평가하고, 마지막으로 진지한 역할극을 펼친다.

앤디는 이렇게 설명한다. "목표는 대본을 주지 않는 것입니다.[22] 대신에 우리는 성공의 개념과 원칙을 가르치죠. 그런 다음에는 그들이 그 원칙을 적용할 수 있는 방법을 제공합니다. 우리가 원하는 것은 그들이 자신의 목소리를 찾는 것입니다. 먼저 프로세스를 익힌 다음, 그걸 자신의 스타일대로 풀어내는 연습을 합니다. 마치 연극을 연습하는 것과 비슷하죠. 우선은 대사를 외우고, 다음에는 그것을 자기 것으로 만들어, 자신이 이루려는 것이 무엇인지 진정으로 이해한 뒤에야 즉흥적인 연기가 나올 수 있는 것입니다." 그 과정에서 신입 사원은 학습이 온보딩에서 끝나는 것이 아님을 명확히 알게 된다.

소속감, 신뢰, 협력을 촉진한다

성장 프로펠러에서 소속감, 신뢰, 협력은 공동체 날의 핵심 요소다. 이런 요소들을 구축하는 온보딩 과정은 직원과 팀이 성공의 준비를 갖추게 하며 이후로도 이들 요소를 계속 강화할 수 있게 한다. 액센츄어Accenture의 온보딩은 매년 전 세계에 걸친 15만 이상의 신입 사원을 대상으로 원 액센츄어 파크One Accenture Park라는 동일한 장소에서 진행된다.[23] 그것은 액센츄어 메타버스의 N층Nth floor

에 자리한 가상의 캠퍼스다. 완전한 몰입 경험을 위해 신입 사원들이 가상현실 헤드셋을 착용하면, 이 기기가 그들을 원 액센츄어 파트로 순간이동 시킨다. 그들은 이 가상현실 세계를 돌아다니며 전세계의 다른 신입 사원들을 만나고 그들과 이야기를 나눌 수 있다. 실제의 공간과 마찬가지로, 대화를 나누는 사람들의 목소리는 크고 분명하게 들리고 배경에 있는 다른 사람의 목소리는 작게 들린다. 공식 프로그램이 시작되면 그들은 샌프란시스코의 액센츄어 혁신 연구소와 같은 실제 공간의 복제 공간으로 순간이동한다. 이로써 신입 사원은 액센츄어에 대해 배우고 환영받는다는, 다른 사람들과 연결되어 있다는 느낌을 받는다. 이 가상공간은 이후로도 업무 회의나 사교 모임을 위해 이용할 수 있다.

　물론 저차원적 기술을 이용한 소속감 증진 방법도 있다. 많은 조직이 저렴한 영상 회의 시스템을 이용하거나 혹은 직접 사람들을 한자리에 모은다. 데일 카네기 앤 어소시에이트Dale Carnegie & Associates의 CEO 자리를 오랫동안 지켜 온 피터 핸달Peter Handal은 외부 상담사의 핸드폰 번호를 정기적으로 직원들에게 알려 주곤 했다.[24] 사내의 윤리 담당자에게 문제를 제기하는 것이 어려운 경우 연락할 수 있는 경로를 제시한 것이다. 이는 윤리적 문제나 직장 내 괴롭힘이 발생했을 때 사람들이 주체성과 투명성을 갖고 상황을 처리할 수 있게 해 줄 뿐 아니라, 그들이 모두에게 가치를 인정받고 있으며 보호받고 있다는 느낌을 받게 한다.

소속감, 신뢰, 협력을 증진하는 일에 착수할 때는 학습 영역
에 투자해 종종 소외된 인구에 영향을 미치는 역학 관계를 더 주의
깊게 파악해야 한다. 예를 들어 한 그룹의 거의 모든 구성원이 특
정 인구 집단에 속하는 경우, 다수 그룹의 사람들은 의식적으로 누
군가를 차별하거나 달리 대할 일이 없기 때문에 인종이나 성별과
같은 사회 인구학적 특성을 무시하거나 하찮은 일로 간주할 수 있
다. 그러나 소외 집단에 속한 사람들은 특정한 곳에서 자신이 유일
하다는 것을 알아차리는 경향이 있다. 그들은 그 이유를 궁금해 하
며, 자신이 속한 집단에 대한 부정적인 고정관념에 빠질 위험을 경
계하게 된다. 스탠퍼드대학교 심리학과 교수인 클로드 스틸Claude
Steele은 이런 현상을 고정관념 위협stereotype threat이라고 부른다.[25]
그가 자신의 책《고정관념은 세상을 어떻게 위협하는가Whistling Viv-
aldi》에서 설명했듯이, 이는 사람들의 성과에 부정적인 영향을 미치
며, 성장 마인드셋이 이를 완화하는 데 도움이 된다. 인재의 다양
성을 확보하고 소속감을 증진하면, 우리는 고정관념의 위협이 성
과에 장애가 되지 않게 할 뿐 아니라 더 많은 사람이 목소리를 냄
에 따라 다양한 지식과 견해를 활용해 보다 창의적인 아이디어를
만들어 낼 수 있다. 이는 모든 상황에서 공동의 효율을 높이지만,
다양한 고객층에 서비스를 하고자 할 때 특히 효과적이다. 다양성
확보와 소속감 증진은 학습 영역과 성과 영역 모두를 지원한다.

다양성과 포용성을 증진하는 구조를 만든다

유진 바아Eugene Baah와 패트릭 칸Patrick Kann은 스탠퍼드 경영대학원 1학년 때 같은 방을 썼다.[26] 1학년 초에 두 사람이 근처에 저녁을 먹으러 갔을 때의 일이다. 그들은 카운터에서 주문을 하고, 각기 신용 카드로 계산을 했다. 하지만 신분증을 제시해 달라는 요청을 받은 것은 유진뿐이었다. 그 이유가 인종 때문이라는 것이 분명했다. 유진은 짙은 색 피부의 흑인 남성이었고 패트릭은 백인으로 보였다. 패트릭은 캐셔의 행동에 충격을 받았고 유진이 동요하지 않는 것처럼 보이는 데에 한 번 더 놀랐다. 브라질 출신의 패트릭은 당황했다. 그는 유진을 세련된 영국식 액센트를 가진, 프린스턴을 졸업한, 스탠퍼드 동기로 보았다. '왜 유진은 차별을 받고 자신은 차별을 받지 않는 것일까?' 하며 놀라워하는 패트릭에게 유진은 이런 일이 항상 일어난다고 설명했다. 패트릭은 어떻게 하면 좋을지(매니저와 이야기를 나눠야 할지) 물었다. 유진은 이렇게 말했다. "패트릭, 네가 이렇게 해 주면 좋겠어. 언젠가 네 회사를 차리면, 네가 고용하는 사람들은 이런 행동을 하지 않도록 하는 거야."

결과적으로 이 일은 패트릭의 인생을 바꾸게 되었다. 10년 후 패트릭은 청구서 결제 모바일 앱 파파야Papaya를 공동 창립했다. 백인인 공동 설립자 제이슨 멜처Jason Meltzer도 평등에 관심이 많았던 만큼, 그들은 다양성과 포용성을 갖춘 직장을 만드는 일에 착수했다. 하지만 파파야를 만들고 2년이 지난 후 주위를 둘러본 패트릭과 제이슨은 대여섯 명의 백인으로 이루어진 팀이 만들어졌다는 것을 깨달았다. 그들은 고객 니즈를 조사하고, 프로토타입을 만들고, 가정을 테스트하는 일에만 집중한 나머지 다양성과 포용성을 추구하는 조직을 만들겠다는 이상을 망각한 것이다. 그들은 이 실수로부터 교훈을 얻어 시스템 마련을 시작했고 그 이래 큰 진전을 이루었다. 현재는 직원의 약 60퍼센트가 소외 집단 출신이며 그들은 이 점을 조직이 가진 힘의 원천으로 여긴다.

파파야는 보다 다양한 지원자 풀을 끌어들이는 프로세스의 도입이 다양성을 높이는 데 더 효과적이라고 생각하기 때문에 채용 할당제를 지양한다. 예를 들어 파파야는 채용 공고 작성에 대단히 신경을 많이 쓴다. "우리는 평균적으로 소외 집단의 구직자들의 경우 모든 자격 요건을 충족시키지 못하면 지원을 할 가능성이 낮다는 것을 발견했습니다." 패트릭이 지적했다. "그런 점에서 채용 공고에 '우대' 조건을 모두 제외하고 '필수' 조건만을 포함시킵니다." 또한 그들은 채용 공고의 맨 위에 항상 다양성과 포용성에 관한 파파야의 가치관을 명확하게 밝힘으로써 그 가치관에 공감하는 사람들의 자기 선택 기회를 높이고 소외 집단 사람들을 끌어들인다.

패트릭은 유색 인종인 지원자와의 면접 중에 파파야에서 일하고 싶은 이유를 물었던 적이 있었다. 그 지원자는 전혀 머뭇거리지 않고 채용 공고 상당에 있던 파파야 가치 선언을 암송했다. "유연성, 소통, 배우고자 하는 자발성이 무엇보다 중요합니다. 파파야는 조직의 다양성이 모든 팀원이 성장하고, 기여하고, 가치 있다는 느낌을 받는 포용적인 문화를 구축하는 데 도움이 된다고 믿습니다. 그 생각에 동의하는 당신의 목소리를 듣고 싶습니다!"

면접을 위해 본사를 찾은 지원자들은 패트릭이 "지루하다"라고 묘사할 정도로 단조로운 사무실을 마주하게 된다. 지원자들에게 소외감을 줄 수 있는 메시지를 전달할 수 있는 것이라면 어떤 작은 장식이나 물건도 남겨 두지 않겠다는 생각에서 나온 결과다. "우리 회사에는 탁구대가 없습니다. 탁구를 좋아하지 않는 사람들의 의욕을 꺾을 수 있기 때문입니다." 그의 말이다. "어떤 종류든 인구학적 요소와 연관되는 것이라면 제거합니다. 의도적으로 만들어진 지루한 사무실인 것이죠." 개인 공간은 직원들이 원하는 대로 바꿀 수 있지만, 공용 공간에는 어떤 장식도 배제된다. 면접을 진행할 때는, 심사위원에 다양한 인구를 대표하는 직원들을 포함시킨다. 훌륭한 후보라면 주저하지 않고 바로 채용한다. 후보가 채울 자리가 공석이 될 때까지 6개월, 심지어 1년이 남았을 때라도 말이다.

초창기의 파파야는 빠르게 성장하는 많은 스타트업이 그렇듯이 직급이나 연간 실적 검토와 같은 형식적인 절차를 두지 않고 운영되었다. 하지만 파파야는 성과 검토가 자신의 현재 위치를 파악하고 다음 수준으로 올라가기 위해 무엇이 필요한지 파악하는 데 도움을 주기 때문에 소외 집단에 속하는 직원들에게 매우 가치 있는 수단이 될 수 있다는 것을 깨달았다. 또한 이 회사는 직급의 중요성도 발견했다. "스타트업의 경우, '직급은 중요치 않다. 중요한 것은 태도, 회사에 대한 영향력이다'라고 말들 하죠." 패트릭이 말했다. "하지만 현실적으로 소수 집단에 속한 전문가일 경우 무의식적인 편견의 영향을 더 받을 수 있습니다. 이처럼 이사와 팀장의 목소리는 다르게 들리기 마련이지요. 때문에 우리는 포용이라는 측면에서 직급이 대단히 중요하다는 것을 알게 되었습니다."

파파야가 다양성과 포용성에서 얻은 성과는 경영진이 중요하게 여기는 목표를 추구하기 위해 학습 영역에 꾸준히 참여한 결과다. 그들의 접근법은 파파야가 훌륭한 서비스를 개발하고, 6500만 달러가 넘는 자금을 조달하고, 고객 기반을 수십만의 조직과 수백만의 사용자로 확대하는 데 도움을 주었다.[27] 이렇게 경영진이 학습 영역에 계속 참여해 자신들의 가정에 질문을 던지고 보다 효과적인 접근법을 발견하지 않는다면, 강력하게 보이는 조직 문화도 진전과 성장의 큰 장애물이 될 수 있다.

이런 이야기가 보여 주듯이, 소속감, 신뢰, 협력을 강화하는 여정(특히 다양성, 형평성, 포용성을 증진하는 문제에 있어서)에는 수많은 깨달음의 순간이 도사리고 있다. 이런 예상치 못한 일이 발생했을 때 우리는 여기서부터 귀중한 식견을 얻어내야 한다. 또한 상황에 앞서 주도적으로 학습 여정에 참여해 소외 집단의 사람들이 어떤 경험을 하는지, 전문가들이 발견한 것을 무엇인지 읽고 귀를 기울여야 한다. 이후에는 보고 체계, 팀 구성, 누가 누구와 협력하는지와 같은 조직 시스템에서 정보를 얻어야 한다.

다음은 고려해야 할 몇 가지 질문이다.

- 모두가 소속감을 느낄 수 있을 만큼 충분히 지원받고 있다고 느끼는가?
- 너무 잦은 회의나 과다한 정보로 인해 부담을 있는 부분은 없는가?
- 고객과의 소통 미비로 인해 우리가 서비스하는 사람들로부터 직접적인 배움을 얻지 못하는 것은 아닌가?
- 시스템 사고, 다분야 협업, 조직 전반의 정체성을 촉진하기 위한 직무 순환 등이 원활히 이뤄지고 있는가?

펄스 설문조사를 실시한다

협업은 개방적이고 솔직한 대화에 참여함으로써 우리 문화의 강점과 사람들이 학습 영역의 행동을 수용하고 있는 정도를 잘 이해할 수 있게 해 준다. 하지만 거기에서 멈춰서는 안 된다. 정기적인 펄스 설문조사pulse survey는 보다 객관적인 데이터를 산출하고, 모든 사람이 동등한 목소리를 낼 수 있게 하며, 상호작용에서의 편향된 인식과 사각지대를 밝히는 데 도움을 준다. 이로써 가정이 아닌 데이터를 기반으로 한 조치가 가능해진다. 직원들에게 다음과 같은 진술에 어느 정도 동의하는지 질문함으로써 전체 직원의 경험을 측정하는 습관을 만들도록 하자.

- 이 회사는 나의 발전에 관심을 갖고 지원한다.
- 내 상사는 내가 적절한 위험을 감수하도록 격려하며, 예상했던 효과가 나오지 않을 수 있다는 것을 인정한다.
- 내가 위험을 감수했다가 실패했을 때 동료들은 비난하기보다는 피드백을 공유하며 배움을 얻길 원한다.
- 고위 경영진은 피드백을 요청하며 개선에 적극적이다.
- 직원들에게 개방형 피드백을 요청해 당신의 레이더에 포착되지 않을 수 있는 아이디어까지 공유되도록 한다.

학습하는 조직으로 가는 많은 경로

학습하는 조직을 구축할 때는, 일에 몰두하며 좋은 성과를 올리는 직원들로 구성된 인력만이 좋다는 생각을 버려야 한다. 학습하는 조직이 원활하게 기능한다면 더 나은 성과를 유도하고 알찬 결과를 낼 수 있다. 마이크로소프트는 진정한 문화 변혁을 꾀했고, 그 결과는 성공적이었다. 사티아 나델라가 CEO가 되고 8년 만에 매출은 2배 이상 증가했고, 순이익은 3배 이상 늘어났다. 주가

는 700퍼센트 이상 상승했다. 나델라가 합류했을 때 이미 역사가
40년에 이르렀던 글로벌 거대 기업이 문화 변혁으로 놀라운 성과
를 거둔 것이다. 이는 성공의 핵심 원칙을 파악하고, 그 원칙에 부
합하도록 조정하며, 그에 따라 모든 구조와 행동을 바꾸기 위해 노
력한 결과다. 학습하는 문화를 형성하는 과정에서 회사 정책을 평
가할 때는 하나의 정책이나 구조가 의도치 않게 고정 마인드셋이
나 성장 마인드셋을, 혹은 둘 다를 촉진할 수 있다는 점을 명심해
야 한다. 단순히 사람들을 서로 비교해 재능이 제로섬이라고 암시
하는 평가 시스템과 같이 능력이 고정적이라는 의미로 해석되는
구조는 피해야 한다. 또한 일상의 루틴에서 학습 영역을 지원할 수
있는 명확한 방법을 많이 마련해 사람, 팀, 조직의 발전이 실제적
인 방식으로 지원을 받는 최우선 사항임을 확실히 해야 한다. 물론
하룻밤 사이에 엄청난 규모의 구조 변혁을 꾀해야 한다는 의미는
아니다. 가장 영향력을 발휘할 수 있는 부분에 초점을 맞춘 후 지
금의 위치에서 시작해 사람들을 실험에 참여시키고 거기서부터 개
선해 나가야 한다. 테스트와 반복뿐 아니라 훌륭한 문화는 계속 진
화한다는 믿음을 장려해야 한다. 학습하는 조직이 어떤 모습이어
야 하는지를 최종 목표로 구상하면서 중요한 구성 요소인 학습하
는 팀을 조성하는 방법을 살펴보기로 하자.

성찰

* 조직 내 구성원 모두가 소속감을 느끼고 있는가? 포용성을 키우기 위해서는 어떤 구조적 조정이 필요한가?

* 모두가 추구하는 학습 목표와 진전 정도를 평가하고, 바람직한 수정 방안을 찾는 방법을 정기적으로 확인할 수 있는 루틴이 확립되어 있는가?

* 동료들과 내가 키우고 촉진하고자 하는 학습 습관을 보다 잘 지원하는 구조와 시스템은 어떤 것이며, 방해가 되는 구조는 어떤 것인가?

과제

* 어떻게 하면 학습 영역과 성과 영역 모두를 포용하도록 팀에게 영감을 불어넣을 수 있을까?

9장

유연한 조직이
살아남는다

강력한 규범, 원칙, 기법이 있다면 어떤 팀이든
두 영역을 포용할 준비를 갖출 수 있다.
디자인 사고에서 영감을 받으면 그 기법을
독특한 학습 문화를 구축하는 데 적용할 수 있다.

내가 스탠퍼드에서 대학원 과정을 시작할 무렵, 하소 플래트너 디자인 연구소Hasso Plattner Institute of Design가 문을 열었다. '디스쿨d.school'이라고 불리는 이 연구소에서는 학교의 철학에 충실하게 자체 강의 프로그램을 개발하여 운영하고 있었는데, 나도 그 과정에 참여했다. 지도부와 학생들이 실행을 통해 배우는 과정을 지켜보고 경험하는 것은 즐거운 일이었다. 내 동기인 라즈미그 호바기미안Razmig Hovaghimian은 '익스트림Extreme'이라는 별명의 '경제성 극대화 디자인Design for Extreme Affordability'이라는 과목을 수강했다.[1] 그는 다른

3명의 학생(모두 낯선)과 한 조에 배정되었고 도전 과제를 받았다.

매년 300만 명이 넘는 아기가 생후 28일 이내에 사망한다. 특히 미숙아인 경우, 가장 중요한 사망 원인은 저체온증이며, 아기가 생존하더라도 평생 인지 장애, 조기 발생 당뇨병, 간 질환과 같은 건강상의 문제를 일으킬 수 있다. 저체온 상태에 빠지는 것을 막기 위해 미숙아는 인큐베이터에 넣어 체온을 유지한다. 하지만 인큐베이터는 약 2만 달러에 달하는 고가의 장비이기 때문에 사용할 수 없는 지역이 너무나 많다. 익스트림 프로그램의 학생들은 생산 단가가 현재가의 1퍼센트인 200달러 규모의 인큐베이터를 설계해야 했다. 또한 모든 디자인은 배낭이나 자전거로 옮길 수 있을 정도로 작아야 했다.

학생들은 문제를 파악하기 위해 학습 영역에 뛰어들었다. 톰 켈리Tom Kelley와 데이비드 켈리David Kelley가 그들의 책《유쾌한 크리에이티브Creative Confidence》에서 설명했듯이, 팀원 중 라이너스 리앙Linus Liang이 네팔에 가서 의사, 부모를 비롯해 이 문제와 관련된 사람들을 만났는데,[2] 그는 병원에서 기증을 받고도 사용하지 않고 있는 인큐베이터들을 보고 크게 놀랐다. 기계가 있어도 기계 작동이나 정기적인 유지 보수에 필요한 숙련된 기술자를 구할 수 없었기 때문이다. 그리고 라이너스는 저체온증으로 사망하는 아기의 90퍼센트가 병원에서 멀리 떨어진 시골 마을에서 태어난다는 것을 알게 되었다. 이런 마을에는 숙련된 기술자도, 값비싼 기계를 구입할 자금도, 심지어는 안정적인 전기도 없는 경우가 많았다. 그 결과 학생들은 전기 없이도 작동하는, 저렴하고 휴대가 가능하며, 안전하고, 산모나 조산사가 집에서 작동할 수 있는 장치를 설계하는 데 착수했다. 반년에 걸친 과정이 끝날 무렵, 팀은 섭씨 37도로 일정하게 최대 4시간 동안 온기를 공급할 수 있는 침낭과 유사한 프로토타입을 설계했다. 이 제품은 사용과 휴대가 쉬웠고, 부품 중 하나를 끓는 물에 몇 분간 넣으면 빠르게 재가열과 살균이 가능했다. 학생들은 이후 이 발명품으로 특허를 받았다. 이 인큐베이터는 단돈 25달러로 만들 수 있었다.

　처음 학생들이 이 과목을 들었던 이유는 단지 디자인에 대해 배우고 영향력을 발휘할 수 있는 프로젝트에 참여하고 싶다는 마음에서였다. 하지만 수백만 명의 생명을 구할 수 있는 아이디어를 떠올리고 나니, 졸업 후에도 이 일을 해야겠다는 소명이 생겼다. 결국 이 학생들은 실행 가능한 제품을 개발해 전 세계 사람들에게 전달하는 비영리 단체 임브레이스Embrace를 설립했다. 우선 인도에 초점을 맞추기로 했다. 매년 200만 명 이상의 미숙아가 태어나는 (주로 시골 마을에서) 대규모 수요 국가인 인도에서 장치를 제조하게 되면 이후 이웃 나라인 네팔과 방글라데시로도 시장 확장이 가능했다. 팀은 벵갈루루Bangalore(인도 카르나타카주의 주도. 인도의 실리콘밸리로 알려진 산업 도시-옮긴이)로 옮겨 작업에 착수했다. 그들은 적은 비용으로 제조가 가능하고 재사용이 가능하며 내구성이 강한

장치를 설계해야 했다. 결코 쉬운 일이 아니었다. 또한 안전하고,
직관적이며, 문화적으로 수용 가능하고, 세계보건기구WHO가 지지
하는 '캥거루 케어kangaroo care(인큐베이터에서 자라는 미숙아를 육친이
캥거루처럼 매일 수 시간씩 안고 돌보는 육아 방식-옮긴이)' 관행에 따
라 엄마와 아이의 상호작용에 도움이 되는 장치를 만들어야 했다.

인큐베이터를 설계하는 것 외에도 연구팀은 시골 마을의 노인
들과 조산사를 설득해 이들이 연약한 신생아를 이 새로운 기기에
맡길 수 있을 정도의 신뢰를 구축할 방안을 찾아야 했다. 그들과
의 인터뷰를 통해 팀은 마을 의사들이 큰 마을과 도시 의사들의 조
언을 필요로 한다는 점, 그래서 이를 바탕으로 마을 의사들을 설득
해야 된다는 점을 알게 되었다. 팀은 영향력 있는 사람들의 신뢰를
얻어낼 방법을 찾았고, 결국 이 장치가 기존 인큐베이터만큼 효과
적이라는 것을 보여 주는 임상 시험을 시행했다. 이 글을 쓰는 현
재, 임브레이스는 아프리카, 아시아, 라틴 아메리카의 20개국에서
35만 명 이상의 생명을 구했다.[3] 비용은 실제적인 사용이 어려운
다른 대안에 비하면 1퍼센트도 되지 않았다. 그러나 임브레이스는
익스트림 프로그램을 수료한 조직 중 하나에 불과했다.

내 다른 동기 샘 골드먼Sam Goldman과 네드 토준Ned Tozun은 그 이
전 해에 같은 과목을 수강했는데, 그때의 익스트림 프로그램은 미
얀마에 초점을 맞추고 있었다.[4] 임브레이스의 팀과 마찬가지로 그
들은 수업을 듣기 전까지 모르는 사이였다. 그들은 이 수업을 통해

저렴한 조명과 전력에 대한 엄청난 수요가 있다는 것을 알게 되었
고, 태양열 시스템을 설계한 뒤 디스쿨의 이름을 딴 디라이트d.light
라는 회사를 설립했다. 그들은 계속해서 랜턴부터 전체 가정용 시
스템에 이르는 제품군을 개발했고, 현지 지원, 금융 서비스, 휴대
폰, 라디오, TV 제조업체와의 파트너십까지 구축했다. 디라이트는
안정적인 전력, 기기, 자금 지원을 받을 수 없었던 저소득층 가정
에 지금까지 2500만 개 이상의 제품을 판매했다.[5] 그들은 70개국
1억 4000만 명 이상의 사람들의 삶에 영향을 미쳤으며, 전 세계
등유(온실가스를 배출하고 화상과 화재를 유발할 수 있는)의 태양열 전
환을 돕고 있다.[6]

완전히 낯선 사람들로 학습팀을 꾸리고, 미지의 세계에 뛰어
들어, 그렇게 많은 이들의 삶에 획기적인 영향을 미치는 혁신을 가
능케 했던 그 강력한 힘의 원천은 무엇일까? 디스쿨에서 가르치는
기본 원칙과 기법, 즉 디자인 사고design thinking 혹은 인간 중심 디자
인human-centered design은 학습하는 팀을 낳는다.[7] 이런 문제 해결 접
근법은 디자인 회사 IDEO가 개척한 것으로(IDEO의 설립자인 데이
비드 켈리는 디스쿨의 핵심 창립자들 중 하나이기도 하다) 현재 전 세계
수천 개의 조직에서 사용되고 있다.[8] 모든 팀이 성과의 역설을 극
복할 준비를 갖추도록 돕는 디자인 사고는 에어비앤비, 애플, GE
헬스케어GE HealthCare, 구글, IBM, 인튜이트Intuit, 마이크로소프트, 넷
플릭스, 나이키, 프록터 앤 갬블, 우버 등 일류 기업의 획기적인 혁

신을 이끌었다.[9] 좋은 소식은 누구나 디자인 사고 기법과 철학을 배우고 이를 이용해 팀 내의 학습을 활성화시키며 팀원들이 지략과 상상력을 발휘하도록 할 수 있다는 것이다. 누구나 이 과정에서 삶과 일을 더 큰 충족감을 얻는 '디라이트적' 상태로 만들 수 있다. 디자인 사고는 하나의 예일 뿐이다. 학습팀의 육성에 사용할 수 있는 다른 철학, 규범, 프로세스도 많다. 이 책에서 만나는 다른 리더나 조직에서 영감을 얻을 수도 있고, 우리가 만나는 많은 사람이 해냈듯이 당신이 직접 만들어 낼 수도 있다. 우리는 '대담한 태도' '강한 주인 의식' '작은 실험을 통한 큰 배움' '더 열심히 일하는 것이 아닌 더 똑똑하게 일하는 것' '변화는 우리의 디폴트' '항상 진실을 말하는 영상' '완벽보다는 진보'를 증명할 많은 사례를 이미 살펴보았고, 앞으로도 더 많은 사례를 보게 될 것이다.

그런데도 어디서부터 시작해야 할지 막막할 때, 디자인 사고는 누구나 활용할 수 있는 일관되고 정립된 일련의 단순한 원칙, 규범, 기법을 제시한다. 또한 디자인 사고를 배우고 적용하는 전 세계 수많은 커뮤니티 덕에, 그 과정에서 많은 도움과 협력이 이루어진다. 디자인 사고 프로세스를 함께 거치는 것은 정체성, 목적, 신념, 습관을 공유해 학습과 성과, 두 영역에서 모두 번성하는 커뮤니티를 형성하는 데에 도움을 준다. 다시 말해 디자인 사고 프로세스의 훌륭한 측면은 유연성이다. 필요에 맞게 조정할 수 있고, 몇 가지 원칙을 업무의 각기 다른 측면에 적용해 학습 문화를 육성하고 성과를 증진하도록 지원할 수 있다. 디자인 사고에 대해 더 알아볼 수 있는 좋은 책으로 디스쿨의 상임 이사 사라 스타인 그린버그Sarah Stein Greenberg의 《호기심 많은 사람들의 창작 활동Creative Acts for Curious People》[10]과 켈리 형제의 《유쾌한 크리에이티브》가 있다. 늘 그렇듯이, 우리의 목표는 이 모든 것을 다 하는 것이 아니라 어떤 기법이 유용할지 생각해 보는 것이다. 또한 모든 기법이 능력과 자질을 가변적인 것으로 묘사하고, 학습과 성과 두 영역을 위한 구조와 습관을 마련한다는 2가지 핵심 원칙에 기반을 두고 있다는 점을 잊지 말아야 한다.

공통의 목적을 중심으로 다양한 분야와 배경의 사람들을 모은다

디자인 사고는 여러 분야 내 다양한 팀의 통합을 장려한다. 익스트림 프로그램은 모든 스탠퍼드 학생들에게 열려 있으며 교수진은 팀을 신중하게 구성한다. 임브레이스의 팀에는 공대 학생 2명(전기공학과 라훌 파니커Rahul Panicker, 컴퓨터공학과 라이너스 리앙)과 경영대학원 학생 2명(자선 사업 분야의 제인 첸Jane Chen과 경영 컨설팅·국제 개발 분야의 내 친구 라즈미그)이 포함되어 있었다. 이렇듯 배경과 전공이 각기 다른 사람들이 서로 다른 지식과 마인드셋을 제공하면, 더 똑똑하고 혁신적인 집단이 만들어진다. 임브레이스의 경우, 팀원 중 신생아학이나 의료기기에 대한 소양을 갖춘 사람이 전혀 없었다. 하지만 해결해야 할 문제에 대한 구체적인 지식이 없는 사람들이 오히려 다른 렌즈를 통해 상황을 살피고 다양한 맥락에서 비롯된 아이디어를 활용할 수도 있는 법이다. 그렇게 해서 도출된 아이디어들은 처음에는 순진해 보이거나 문제가 있을 수 있지만, 그렇더라도 실현 가능한 해법의 씨앗 역할을 할 수 있다.

팀에는 공통의 목적이 있어야 한다. 접객업체라면, 호텔이 장애가 있는 투숙객의 니즈를 충족시키는 것이 목적이 될 수 있다. 팀은 건물 전체에 접근 가능한 경로를 만드는 것에 집중할 수도, 장애인의 잠재적 니즈를 파악하거나 그들이 접근하기 쉽게 웹사이트를 재편하는 데 집중할 수도 있다. 팀원마다 의욕의 정도는 다를 수 있겠지만, 사람들에게 일의 더 큰 목적과 그것이 삶에 미치는 영향을 상기시킨다면 결속력은 단단해질 것이다. 디자인 사고 프로세스를 거치는 이유가 바로 목적의식과 결속력을 강화하기 위함이다. 사람의 니즈를 발견하고 식견을 쌓으면서, 그 과정에서 팀원들 간의 유대가 깊어지기 때문이다. 강력한 목적(일에 대한 정서적 유대감)과 실현 방법을 공유하는 것은 사람들을 한데 묶고 학습과 성과, 두 영역에 정신적·육체적 노력을 기울이는 일이다.

한 명 이상의 퍼실리테이터를 구축한다

디자인 사고 프로세스를 진행할 때는 이 프로세스에 익숙한 한 명 이상의 퍼실리테이터facilitator가 팀을 위해 프로세스를 만들고, 진행 과정을 이끌고, 규범을 제안하고, 팀의 일관된 협력을 촉진하는 것이 유용할 수 있다. 프로세스는 여러 단계를 거치며, 보통 다양한 사고와 합의가 발산적·수렴적 사고, 즉 기회를 늘리는 단계(옵션 만들기)와 줄이는 단계(선택하기) 사이를 오가게 되는데, 각 단계마다 다른 생각과 행동을 수반하기 때문에 팀원들은 자신이 어떤 단계에 와 있는지 명확히 알고 있어야 한다.[11]

발산적 사고는 가속 페달을 밟는 것과 같은 반면, 수렴적 사고는 브레이크를 밟는 것과 같다. 가속 페달과 브레이크를 동시에 밟아서는 안 된다. 발산적 사고는 기회를 늘리기 위해 노력하는 것이다. 미지의 것을 탐구하고 조사하며, 아이디어를 늘려 나간다. 이 단계의 규칙으로는 다음과 같은 것들이 있다.

- 초심자의 마음을 갖는다. 알고 있는 것보다는 모르는 것에 집중한다.
- 관찰하고, 개방형 질문과 후속 질문을 던지며, 새로운 통찰을 얻기 위해 노력한다.
- 무모하고 엉뚱한 아이디어를 장려하고 질이 아닌 양을 중시한다.

- 아이디어를 기꺼이 수용하고 그에 대한 판단은 보류한다. 자신
  의 기여 또한 평가하지 않는다.
- 틀에 얽매이지 말고 적극적으로 임하며 과정을 즐긴다.

발산적 사고 단계 이후에는 선택을 하는 수렴적 사고 단계가
이어진다. 이전 단계에서 다량으로 수집된 관찰, 통찰, 아이디어를
가지고, 이제는 속도를 늦추고, 추론을 바탕으로 무엇이 가장 전망
이 좋은지 고려한 후, 우리가 실험할 주제나 핵심 질문guiding question,
가설 또는 아이디어를 확인한다. 수렴적 사고 단계의 규칙으로는
다음과 같은 것들이 있다.

- 관찰과 질문을 통해 새로운 통찰을 하나씩 적고 한 공간에서 팀
  원들과 공유한다.
- 더 깊이 있는 사고를 위해 팀 전체가 새롭게 얻은 통찰에 대해
  토론한다.
- 핵심 질문, 핵심 니즈, 그리고 관점을 규정한다.

이런 규범들이 명확성을 부여하고 일관된 협력을 가능케 하기
때문에 팀원들은 팀의 성공에 도움이 되는 방식으로 더욱 자신 있
게 행동할 수 있다. 또한 누구나 이와 유사한 규범을 사용해 학습
하는 팀을 구축할 수 있다. 성장 마인드셋과 학습 영역을 조성하는

데에도 도움이 되는 디자인 사고의 중심 철학은 프로세스에 대한
신뢰다. 즉 프로세스를 마치기 전까지 최대한 디자인 사고에 대한
평가를 피해야 한다. 한 주기를 거치고 나면 사람들은 자신과 팀원
들이 배우고, 발명하고, 성취한 것에 놀라곤 한다. 일단 이 마법을
경험하고 나면, 다른 배경에서도 학습 영역으로 쉽게 도약할 수 있
게 된다.

팀원 간의 신뢰를 구축한다

　프로세스에 대한 신뢰를 발전시키는 것 외에, 팀원들 간의 신
뢰를 발전시키는 것도 중요하다.[12] 학습 영역과 성과 영역 모두에
서의 효과적인 협업을 위해서는 신뢰가 필요하다. 신뢰가 없다면
사람들은 위험을 회피하고 신중한 경향을 보이게 된다. 함께 일하
면서 신뢰를 쌓을 수도 있지만, 미리 서로를 알아가는 시간을 가지
는 것이 도움이 된다. 각자의 의도, 이 일에 참여하게 된 계기, 이
일을 통해 얻고자 하는바, 기여하고 싶은 부분을 공유하게 되면,
이런 대화를 통해서 일을 하는 동안 신뢰를 한층 강화할 토대를 마
련할 수 있다. 암묵적인 것을 명시적인 것으로 만드는 과정에서 다
른 사람들이 당신의 말과 행동을 당신의 의도대로 해석하기가 더
쉬워질 뿐만 아니라 오해의 여지도 줄어들기 때문이다.

탐구하고, 가까이 다가가며, 면밀히 살핀다

타깃 대상 혹은 사용자에 대한 팀 내 합의가 이루어지면, 디자인 사고 프로세스는 리서치에서 시작되는 것이 보통이다. 여기에는 온라인 조사나 전문가 인터뷰와 같은 전통적인 조사가 포함되지만, 이상적으로라면 인간 중심의 공감 작업도 포함되어야 한다. 이는 사무실에서 벗어나 서비스를 제공받는 사람들이 사는 공간에 들어가서 그들의 일상을 관찰하는 것을 의미한다. 개방형의 면밀한 질문을 이용한 인터뷰도 가능하다. 선입견 없이 탐색적인 질문을 통해 상대의 입장이 되어 그들 스스로도 인식하지 못한 니즈를 찾아야 한다. 이 조사 과정은 우리의 인식 확장을 추구하므로 발산적 사고의 범주에 속한다. 이 과정에서 우리는 이전에 가지고 있던 가정을 제거하고, 미지의 세계에 발을 들이고, 이전에는 미처 발견하지 못했던 것을 알아차린다. 팀으로서 이 일을 할 때는 좋은 질문을 준비하고, 사용자를 확보한 후, 그들을 편안하게 해 주면서, 면밀히 관찰하기 위한 협업이 필요하다. 이런 발견과 당면한 과제에서 정서적 경험을 공유하는 것은 우리를 팀으로서 더 가까워지게 만든다. 이는 디자인 사고의 모든 측면이 마찬가지다. 간혹 잠재 고객에 대한 서비스 제공자의 이해도가 과대평가되는 경향이 있는데, 이는 다른 사람들도 우리처럼 생각할 것이라고 여기는 인간 본연 경향, 즉 허위 합의 편향false consensus bias 때문이다.[13] 그렇기에 더더욱 잠재 고객의 생활 반경과 가깝게 지내는 일이 중요한 것이다.

사티아 나델라가 마이크로소프트의 CEO가 되면서 시작한 일 중 하나가 임원진 교육 시간의 일부를 고객 방문에 할애한 것이다. 그는 《히트 리프레시》에서 이렇게 말했다. "처음에는 불쾌감을 표현하며 앓는 소리를 하는 사람들이 적지 않았다." 하지만 이후 그의 동료들은 그 일의 가치를 발견했다. "경영진은 귀를 기울였고, 함께 배움을 얻었으며,**14** 새로운 관계를 맺었다. 그들은 배타적인 태도를 버리고 마이크로소프트가 세상에서 사명을 다할 수 있는 새로운 방법을 발견했다. 회사 전체를 아우르는 다양성을 갖춘 팀을 두는 것이 고객의 문제를 함께 해결하는 데에서 어떤 힘을 발휘하는지 경험했다." 이렇듯 함께 관찰하고 발견함으로써 식견을 얻고 탐구, 협업, 성장의 문화를 육성할 수 있다.

핵심 질문 혹은 니즈를 파악한다

탐색과 조사 후에는, 잠시 관찰 내용과 그로부터 얻은 통찰을 공유하는 시간을 갖는다. 또한 핵심 질문, 니즈 혹은 관점을 찾아내야 한다. 이제 수렴적 사고의 영역으로 이동하는 것이다. 그렇게 서로의 관찰 내용과 궁금증을 토론과 탐색의 바탕으로 삼은 후에, 관찰한 내용을 종합하고, 사용자와 니즈의 범위를 좁히고, 다음 단계의 방향을 잡을 질문이나 관점을 함께 만든다. 이런 종합과 규정에 도움이 되는 기법에는 여러 가지가 있다.

▌대화는 한 번에 하나씩

여러 사람 제각각이 말을 해서 동시에 여러 대화가 이루어지게 하기보다는 팀원들이 포괄적이고 협력적인 대화를 나누도록 유도해야 한다. 누군가가 공유한 이야기는 포스트잇에 적어 모두가 볼 수 있는 포스터나 벽 위에 붙인다. 아예 벽 한 면을 '말한 것' '행동한 것' '생각한 것' '느낀 것'으로 네 등분하는 방법도 있다. 이렇게 하면 팀원들이 더 많은 관찰 내용을 놓치지 않고 포착하도록 할 수 있다. 새로운 통찰, 불만 사항, 기회, 니즈 등 최종 사용자를 면밀히 관찰하는 동안 당신에게 놀라움을 선사한 일이라면 어떤 것이든 좋다. "그녀는 독단적으로 일하는 것 같다" "그녀는 동료와의 보다 직접적인 접촉을 원한다" "그녀는 공급업체를 신뢰할 수 없어 스트레스를 받고 있다" "공간 곳곳에 민족을 상징하는 물건이 있다" "그녀는 아코디언에 대한 질문을 받자 밝은 미소를 보였다" 등이 그 내용이 될 수 있다. 이런 디자인 사고 프로세스는 뚜렷한 구조 없이도 이루어질 수 있지만, 명확한 규범이 있다면 학습, 성과, 문화 개발에 더 도움이 된다. 이를테면 두 사람이 동시에 이야기하면 안 된다는 규범을 확립하는 것도 모든 사람이 다른 사람의 말을 듣고 다음 단계에서 같은 내용을 이해할 수 있을 뿐 아니라,

무의식적인 편견을 덜고 포용성을 촉진한다는 점에서 중요하다.

┃테마 분류

패턴을 찾자. 포스트잇을 옮겨 가면서 서로와 연관된 무리를 만든다. 그 과정에서 일정 테마가 나타나면, 부가적인 통찰과 기회의 영역으로 이어지는 연결고리를 발견하게 될 것이다.

┃사용자 식별

디자인 사고는 인간 중심적이다. 이는 전체 프로세스가 구체적인 사람, 아바타, 표적 인구의 니즈에 초점을 맞춘다는 의미다. 임브레이스의 팀은 아기, 부모, 비영리 단체 직원 중 누구의 니즈에, 구체적으로 어떤 니즈에 집중해야 할지를 결정해야 했다. 그들은 '시골 마을에 살면서 큰 병원에 접근할 자원이 없는 절박한 부모들'에 집중하기로 했다. 레스토랑 체인이라면 예산이 많지 않은 가족, 빨리 직장으로 돌아가야 하는 전문직 종사자, 직장에서의 스트레스와 개인적인 스트레스에 시달리는 주방 직원의 충족되지 못한 니즈를 발견하는 데 디자인 사고를 사용할 수 있다. 배송업체는 발신인과 수신인, 그리고 운전사의 니즈에 초점을 맞출 수 있다. 병원은 무릎 수술을 받을 환자와 그의 가족, 그리고 간호 직원의 니즈에 집중할 수 있다.

┃니즈 식별

경제성 극대화 디자인 프로그램의 교수인 제임스 파텔James Pa-tell은 학생들이 "사용자의 필수적인 니즈에 레이저와 같이 예리하게 초점을 맞추는 능력"[15]을 개발하도록 가르친다고 이야기한다. 분명 해결하고자 하는 니즈는 명확해야만 한다. 지나치게 광범위해서도 구체적인 해법에 너무 집중해서도 안 된다. 따라서 목표를 명확히 하면서도 창의적일 수 있는 여지를 남겨야 한다. 아이러니하게도 몇 가지 제약(구체적인 목적과 같은)을 걸어두는 것이 사람들이 보다 창의적인 아이디어를 창출하는 데 도움이 된다. 임브레이스의 팀은 "죽어가는 미숙아에게 생존의 기회를 주고 싶은" 부모의 니즈를 확인했다.

┃"어떻게 할 수 있을까?"라는 핵심 질문

"어떻게 할 수 있을까?"라는 질문은 팀이 추구하는 바, 팀이 충족시키고자 하는 니즈가 무엇이며 누구의 것인지를 명확히 하는 것이다. 이는 팀이 장애가 아닌 해법에 집중하고 창의적으로 생각하도록 영감을 불어넣는다. 임브레이스의 팀은 이런 질문에 이르렀다. "어떻게 하면 시골 마을에 살면서 큰 병원에 접근할 자원이 없는 절박한 부모들과 그들의 죽어가는 미숙아에게 생존의 기회가 되는 수단을 부여할 수 있을까?"[16] 그들은 구체적이고 인간 중심적인 방식으로 명확한 니즈을 파악함으로써 그에 영감을 얻어 학습 영역으로의 도약과 혁신적인 해법을 찾을 수 있었다. "어떻게 하면…?"이라는 질문은 집중력, 방향성, 영감을 제공하고 프로세스의 후속 단계를 이끈다. 다음은 또 다른 사례들이다.

- 어떻게 하면 장애가 있는 호텔 투숙객이 환영받는다는 느낌을 받으면서 효율적으로 체크인할 수 있을까?
- 어떻게 하면 오지의 사람들이 다른 사람들과 접촉할 수 있고, 업무와 공부에 지장이 없도록 대중교통수단을 제공할 수 있을까?
- 어떻게 하면 원격으로 근무하는 동료들이 사무실에 근무하는 사람들과의 동지애와 유대감을 잃지 않게 할 수 있을까?

"그렇지, 그리고"를 통해 구상한다

초점이 명확해지면 창의적인 아이디어가 폭발적으로 나오는 발산적 사고의 단계로 넘어갈 준비를 갖춘 것이다. 팀은 포스트잇 묶음을 들고 일어선 상태로 아이디어를 구상한다. 5~20분 정도로 타이머를 맞추고 가능한 한 많은 아이디어를 낸다. 각자 다른 사람들이 모두 들을 수 있도록 자신의 아이디어를 한 번에 하나씩 발표한다. 한 사람이 아이디어를 적어 벽에 붙이는 동안 다른 사람은 자신의 아이디어를 발표하기 시작한다. 방금 들은 내용을 기반으로 삼은 아이디어가 이상적이다. 그리고 이 사람 역시 자신의 아이디어를 적어 벽에 붙인다. 팀은 짧은 시간에 많은 양을 목표로 다른 사람의 의견을 경청하고 이를 영감으로 삼아 더 많은 아이디어를 빠른 시간 안에 만들어야 한다. 이 과정에서 웃음이 터져 나올 것이다. 함께 아이디어를 구상할 때는 아이디어를 평가하지 않는다. 대신 "그렇지, 그리고Yes, and"라는 즉흥 코미디 기법을 활용한다. 즉 들은 것을 기정사실로 받아들이고 가능하면 이를 기반으로 삼는다. 누군가 "종이 클립으로 다리를 만들 수 있지 않을까요?"라고 말했을 때 "아뇨, 그건 아니죠"라고 말해서는 안 된다는 뜻이다. 대신 "그렇죠. 그리고 종이 클립을 연결해 자기를 띠게 하면 되겠네요"라고 하는 것이다. 임브레이스는 "어떻게 하면…?"이라는 질문에 대해 텐트, 뜨거운 물병, 전구, 상자, 침낭, 온열 담요 등 여러 가지 해법을 만들었다. 분명한 건 아이디어 구상은 동료들과 함께 미지의 영역, 즉 학습 영역으로 뛰어드는 빠르고, 열정적이고, 재미있는 활동이어야 한다는 것이다. 아이디어 구상을 이끄는 규범은 다음과 같다.

- 양을 중시한다. 이 단계에서는 좋은 아이디어가 아닌 많은 아이디어를 내는 것을 목표로 한다.
- 판단을 미룬다. 아이디어가 건실한가보다는 다른 아이디어의 연료가 되도록 하는 것이 중요하다.

무모하거나 엉뚱한 아이디어를 장려한다. 무모하고 엉뚱한 아이디어는 그렇지 않았다면 생각해 보지 않았을 것에 이르게 해 줄 수 있고, 해당 활동에 활력과 재미를 주어 창의력을 높이고 팀을 더 친밀하게 만들 수 있기 때문에 가치가 있다. "이 일을 가장 많은 비용을 쓰면서 하는 방법은 무엇일까?" "가장 저렴한 방법은?" "가장 빠른 방법은?" "가장 느린 방법은?" "가장 추잡한 방법은?" "가장 아름다움 방법은?" "가장 무거운 방법은?" "가장 가벼운 방법은?" 이런 질문과 함께 극단을 추구한 것이 임브레이스가 25달러 인큐베이터의 토대를 만들었다.

자신에게 "그렇지, 그리고"라고 말한다. 누군가 아이디어를 공유하면, "그렇지, 그리고"라고 생각한 뒤 그 말을 이어나간다. 어떤 아이디어도 거부하지 말자. 모든 아이디어를 수용하고 연료로 사용하자.

실현 가능한 해법을 찾는다

구상 단계 동안 수많은 옵션을 만든 후에는 수렴적 사고의 단계로 이동한다. 관찰을 종합할 때는 포스트잇을 테마별로 무리 짓는 것과 같은 이전의 여러 기법을 활용한다. 그리고 흥미를 불러일으킨 아이디어와 그들로 인해 떠오는 생각에 주목한다. 함께 생각하면서 추가적인 아이디어를 자유롭게 더한다. 이 단계에서는 "어

떻게 하면…?"이라는 질문에 대한 실행 가능한 답을 찾아 프로토
타입을 만들고 테스트를 하면서 더 많은 것을 배운다.

▌프로토타입

테스트를 위한 저해상도 프로토타입을 하나 이상 빠르게 만
든다. 목표는 완제품을 만드는 것이 아니고, 어떤 것이 효과가 있
을지 몇 가지 가설을 테스트해 거기에서 배움을 얻고 추가적인 통
찰을 얻는 것이다. 사용자가 직접 소유하거나 상호작용을 할 수 있
는 눈에 보이는 혹은 실제 물건을 만드는 것이 이상적이지만, 대략
적인 스케치나 판지와 마커로 대충 만든 모형도 프로토타입이 될
수 있다. 디자인하고 있는 제품의 타깃 소비자와 제품을 사용하는
상황을 연출해 보자. 이 소비 경험이 어떻게 작동하는지, 그로부터
어떤 느낌을 받는지 재현하는 과정에서 그들의 피드백을 받을 수
있다.

▌테스트

테스트의 목표는 검증보다는 피드백을 받는 것이 우선시되어
야 한다. 최종 사용자가 프로토타입과 상호작용을 갖도록 하고 그
반응을 관찰한 후, 관찰한 내용을 바탕으로 개선점을 논의하고 그
에 따라 가설을 수정하고 나서 다음 단계로 넘어간다.

| 반복

디자인 사고는 반복적인 과정이다. 하지만 그것이 테스트 후에 연구의 처음으로 되돌아가야 한다는 의미는 아니다. 핵심 아이디어는 좋지만 핵심 가정은 손을 봐야 한다는 것을 암시하는 결과가 나올 수도 있다. 프로토타입 단계로 돌아가 수정 버전을 만들어야 할 수도 있다. 다른 아이디어를 구상함으로써 새로운 가능성의 토대가 드러날 수도 있다. 혹은 다른 이해관계자 집단의 생각, 감정, 경험을 더 깊이 이해하기 위한 공감 연구를 진행하거나 다른 질문으로 이끄는 새로운 통찰을 발견할 수도 있다.

| 낙관성

이 과정에서는 우리의 행동이 우리를 성공으로 이끌 수 있다는 믿음에 기반을 둔 기쁨, 열정, 낙관을 경험해야 한다. 이런 긍정적인 감정은 우리가 새로운 통찰과 가능성을 발견하는 데 도움을 주며, 특히 다른 사람들과 함께 일하는 동안 창의적인 해법을 도출할 수 있도록 돕는다.[17] 긍정적인 감정을 만들어내는 데 익숙하지 않다면 약간의 연습만으로도 얼마든지 배울 수 있다. 디자인 사고는 가치 있는 해법으로 이어지는 경우가 많다는 점에서 낙관적으로 생각할 여지가 충분하다. 프로세스가 곧장 해법으로 이어지지 않더라도, 우리는 거기에서 배움을 얻을 것이다. 이는 열정과 낙관을 잃지 말아야 할 또 다른 이유다. 적어도 이런 활동은 진전으로 이어진다. 프로토타입이 효과가 없더라도 왜 효과가 없었는지에 대한 유용한 교훈을 얻을 수 있기 때문이다. 이 과정은 우리를 더 똑똑하게 만들고, 관계가 깊어지게 하며, 스스로를 학습하는 팀으로서 발전시키는 데 도움을 준다.

▌프로세스 보고

팀으로서 프로세스가 어떻게 진행되었는지 보고한다. "잘 진행된 것은 무엇인가?" "잘 진행되지 않은 것은 무엇인가?" "팀은 어떻게 개선을 이룰 수 있을까?" 같은 질문을 던지며 각 팀원이 가져온 어떤 것을 높이 평가하는지, 더 유용하게 만들기 위해 어떤 부분에 노력을 기울여야 하는지 이야기한다. 다른 사람들은 그들을 어떻게 지원할 수 있을까? 이 과정은 팀으로서 지속적으로 발전하는 방법을 논의하는 학습 습관의 씨앗이 된다.

▌선택과 조정

원칙이 존재하기는 하지만 디자인 사고는 결코 융통성이 없는 프로세스가 아니다. 이 장에서 제시한 단계들 또한 영감을 주기 위한 것이지, 틀에 가두기 위한 것이 아니다. 학습하는 팀을 구축하는 데 도움이 되도록 필요에 따라 팀에 가장 적절한 원칙과 기법을 혼합해서 사용할 수 있고, 이미 마련한 다른 구조와 루틴을 보완하는 데 사용할 수도 있다. 이 장에 있는 단계들을 거쳐 본 적이 없다면, 현지의 디자인 사고 워크숍을 찾아 직접 경험해 보는 것도 좋다. 디자인 사고는 원칙, 규범, 기술의 힘을 보여 주는 하나의 예일 뿐이라는 점을 기억해야 한다. 앞서 다른 많은 사례들을 보았고 앞으로도 급진적 투명성, 시작하고 배우기, 신중하게 시작하기와 같은 다른 많은 사례를 만나게 될 것이다. 이들을 나름대로 혼합한다면 자신들만의 독특한 문화를 만들 수 있을 것이다. 팀이 새로운 아이디어를 발견하고 시도하려는 마음가짐(그리고 그 목표를 향한 규범과 프로세스)으로 함께 배우고 창조해 나간다면 학습 문화를 위한 기본 구성 요소를 마련할 수 있을 것이다.

성찰

* 우리 팀은 학습과 성과의 두 영역을 넘나드는 효과적인 규범, 전략, 습관을 갖추고 있는가?

* 어떻게 하면 우리의 관행을 다음 단계로 발전시킬 수 있을까?

* 나는 우리의 규범과 기법이 모든 팀원에게 효과가 있도록 하기 위해 피드백을 이끌어 내고 있는가?

과제

* 어떻게 하면 보다 단결력이 강한 팀을 만드는 데 도움이 될 수 있을까?

10장

팀워크가
발휘하는 마법

진정으로 학습하는 팀을 만들려면, 팀원들은 학습 영역을
당면한 과제뿐 아니라 자신들의 관계에도 적용해야 한다.
그렇게 신뢰, 심리적 안정, 투명성을 구축하게 되면
학습과 성과에서의 더 효과적인 협력이 가능해진다.

마이애미에서 성장한 윌리 푸트Willy Foote는 주변의 라틴아메리카 문화에 빠져들었다.[1] 예일대학교를 졸업하고 얼마지 않아 윌리는 월스트리트로 가 라틴아메리카 기업 금융을 전문으로 다루었다. 하지만 그는 월스트리트 은행가로서의 삶에 만족을 느끼지 못했다. 그는 더 많은 것을 원했다. 결국 윌리는 멕시코로 이주했고, 거기에서 농부와 소규모 기업들이 자금 조달에서 겪는 어려움에 대해 알게 되었다. 윌리는 20년 동안 마이애미대학교 총장이었던 아버지가 대학 너머까지 영향력을 확장해 지역 사회에서 선한

영향력을 행사하는 모습을 지켜보며 자랐다. 윌리는 자신 역시 그런 선한 영향력을 펼치는 사람이 되기를 원했고, 이것이 그 기회라고 판단했다. 그는 멕시코의 농부들이 종종 곤경에 처하는 것을 목격했다. 아보카도, 바나나, 레터스와 같은 작물을 키우려면 종자와 비료 등을 구입할 돈이 필요했고 재배가 시작되는 초반에 돈이 부족한 경우가 많았다. 하지만 이전부터 대출 기관은 이 지역 소규모 농가 대상의 소액의 대출에는 관심이 없었다. 윌리는 소규모 농가를 모아 큰 집단으로 만듦으로써 모두가 득을 볼 수 있는 방법를 마련해야 한다고 생각했다.

한편으로는 월스트리트의 마인드셋, 다른 한편으로는 어린 시절부터 가정에서 배워 온 원칙으로 무장한 윌리는 루트 캐피탈Root Capital이라는 비영리 단체를 설립했다. 루트 캐피탈은 융자, 재정 자문, 교육, 시장에 대한 접근권을 제공했다. 현재까지 이 단체는 아프리카, 아시아, 라틴아메리카의 약 800개 농업 기업에 18억 달러가 넘는 대출을 제공했고, 230만 농가에 50억 달러를 직접 지불했다. 이는 농부(특히 여성)들이 생계를 꾸려가는 데 큰 도움이 되었다.

또한 윌리는 루트 캐피탈을 통해 개발도상국 중소규모 농업 기업을 위한 시장 구축을 목표로 하는 대출 기관들의 연합체, 소작농 금융 협의회Council on Smallholder Agricultural Finance, CSAF를 설립했다. CSAF의 16개 참여 기관은 표면적으로는 경쟁자이지만, 함께 모여 배운 것을 공유하고 업계 표준을 개발한다. 윌리는 이 연합체를 같은 대출 분야의 조직들을 위한 '상공회의소'라고 부른다. 이는 더 큰 이익을 위해 학습팀들이 협력하는 주목할 만한 사례다.

우리는 협력과는 정반대되는, 경쟁을 숭배하는 세상에서 살고 있다. 조직이 성공하기 위해서는 서로 경쟁하는 것이 당연하다고 받아들인다. 심지어는 대의를 따른다는 비영리 부문에서조차 말이 다. 이는 성과의 역설을 강화하고 우리를 만성 성과 증후군에 빠뜨린다.[2] 사명을 중시하는 비영리 단체라면 같은 사명을 지닌 다른 조직과 협력하면서 자원을 공유하고, 배움을 나누고, 서로 도울 것이라고 생각하겠지만, 실상은 조직들이 제한적인 자금, 직원, 수혜자를 놓고 벌어지는 다툼 속에서 저마다 영웅이 되기 위해 다른 조직에게 정보를 공개하지 않는다. 영리 부문과 집단의식에서는 그런 견해가 더욱 확연하게 드러난다.

하지만 중요한 문제를 다루고 큰 영향력을 발휘하려면 협력이 필수적이다. 사실 인간이 종으로서 생존하고 우리 자신과 환경을 변화시킬 수 있었던 것은 협력의 덕분이다. 협력은 더 나은 학습과 더 나은 성과를 추진한다.[3] 더 많은 사람이 머리를 맞댈수록 다양한 방식으로 사고하고, 다양한 시점에서 비롯된 정보를 제공하고, 다양한 전문 지식을 결합하고, 사일로화된 문제 해결이 아닌 보다 시스템적인 사고에 참여하게 된다.

마이크로소프트의 사티아 나델라는 이 사실을 깨닫고 협력을 우선시했다. 나델라와 그의 동료들은 '성장 마인드셋'과 함께 '하나의 마이크로소프트'를 5가지 문화적 특성 중 하나로 정했다. 모두가 자신을 더 큰 전체의 일부로 생각하고 부서 전체에 걸친 협력을 장려하기 위해서였다. 또한 그는 윌리 푸트로부터 영향을 받아 사람들이 마이크로소프트를 넘어 전통의 라이벌과도 동맹 관계를 구축할 방법을 찾도록 이끌었다. CEO가 된 이듬해, 나델라는 세일즈포스의 연례 드림포스Dreamforce 컨퍼런스에서 기조연설을 하면서 아이폰을 꺼내 들어 모두를 놀라게 했다. 그는 대형 스크린 위에 최대 라이벌의 제품을 클로즈업해서 화면에 모든 마이크로소프트 애플리케이션이 갖추어진 모습을 보여 주었다. 두 회사가 이런 정도의 통합을 달성한 것은 유례가 없는 일이었다.

나델라는 《히트 리프레시》에서 이렇게 말했다. "지금 나의 최우선 과제 중 하나[4]는 우리의 10억 고객이 어떤 휴대폰이나 플랫폼을 사용하기로 선택하든 니즈를 충족시킬 수 있도록 함으로써 우리의 성장이 계속 이어지도록 하는 것이다. 이를 위해 때때로 우리는 오래된 라이벌과 감정의 응어리를 풀고, 놀랍도록 새로운 파트너십을 추구하고, 오랜 관계를 되살려야 한다." 그 결과 마이크로소프트는 현재 어도비Adobe, 아마존, 애플, 구글, 페이스북, 레드햇Red Hat 등 전통의 라이벌들과 의미 있는 파트너십을 구축하고 있다. 그렇다면 과연 일부 '경쟁자'를 협력자로 보기 시작하는 것이 가치 있는 일일까?

우선 나나 나델라나 경쟁이 가치가 없다고 말하려는 것이 아님을 분명히 하고 싶다. 경쟁심은 모든 당사자가 학습 영역과 성과 영역 모두에서 최선의 노력을 다하면서 서로의 성장을 부추기도록 한다. 하지만 경쟁에만 집중하면 협력을 통해 얻을 수 있는 소중한 기회를 놓칠 수 있다. 또한 성과에 대한 불안감을 조성하고, 시야를 좁히고, 성과의 역설이 우리를 만성 성과 증후군에 빠뜨리게 하고, 경쟁사가 추구하지 않는 기회나 전략을 놓치게 할 수도 있다. 조직 내에서 경쟁은 유용하기보다는 해가 되는 경우가 훨씬 많다. 그럼에도 여전히 사람들은 동료에게 경쟁심을 느끼고, 동료를 척지며 일해야 한다고 생각하는 경향이 높다. 더 높은 장기적인 성과를 달성하기 위한 협력적인 학습 팀을 구축하려면 어떻게 해야 할까? 모두가 어린 시절부터 개인적인 달성에 보상을 주는 사회적 경향에 익숙해진 상황에서 협업을 장려하기 위해서는 어떤 방식을 취해야 할까?

루트 캐피탈과 다른 협력사들은 효과적인 협업을 실현하기 위해 공동의 목적과 신뢰를 발전시켜야 했다. 생존, 성장, 기여, 그 어떤 것에 자극을 받든, 사람들과 팀은 공동의 목적과 신뢰를 발전시킬 때 가장 효과적으로 협업을 진행하고 상대로부터 가장 많은 것을 배울 수 있다. 이는 우리가 하나의 사명 아래 하나로 뭉쳐서, 명확한 기대치를 설정하고, 헌신의 약속을 지키며, 학습 역량, 자원, 효과를 높이는 데 협력할 때 가능해진다. 조직 내에서든, 조직 간에든, 학습하는 팀은 세상을 바꾼다. 이를 명심하고 뛰어난 학습

팀의 토대를 파헤쳐 보자.

학습하는 팀의 기초 #1
신뢰, 관계, 목적을 확립한다

당신 회사나 팀이 아직 협력적인 학습 습관을 개발하지 못했다 해도 절망할 필요는 없다. 너무 늦은 때란 존재하지 않는다. 협력적인 학습 습관을 개발하는 일은 임브레이스의 팀이 놓쳐서 초반에 그들을 힘들게 했던 단계에서 시작된다. 디자인 사고에서 영감을 받은 원칙과 관행들(앞 장에서 설명했던) 중에 디자인 사고 지침서에서는 발견할 수 없지만 퍼실리테이터들이 과정에 추가하곤 하는 것이 하나 있다. 바로 신뢰의 확립이다. 나는 디스쿨에서 여러 디자인 사고 사이클에 참여했고, 거기에서 팀이 서로를 알아가고 신뢰를 구축하는 데 상당한 시간을 할애했다.

반면 내 친구 라즈미그 호바기미안과 동기들이 익스트림 프로그램을 들었을 때는 학생들 간의 유대를 형성하는 명시적 프로세스가 존재하지 않았다. 이전에 본 적이 없는 사람들로 그룹을 배정하더라도 학생들이 협업을 진행하면서 유대가 자연스럽게 형성되리라고 가정했던 것이다. 하지만 일은 그렇게 돌아가지 않았다. 라즈미그는 내게 6개월간의 과정이 끝난 후 팀원들이 임브레이스를 설립하기로 결정한 시점의 상황에 대해 이렇게 말했다. "솔직히 그

때까지도 우리는 서로에 대해 거의 아는 게 없었지.[5] 그저 수업을 같이 들으면서 일, 일, 일만 한 게 전부였어. 왜 여기에 오게 되었는지, 동기는 무엇인지, 가족 관계 같은 일상적인 이야기 등 개인적으로 서로에 대해서 알아가는 시간은 없었어. '그런데 나와 일하고 있는 저들은 어떤 사람들이지?'라고 속으로만 파악하는 식이었으니 어려울 수밖에 없었지." 디자인 사고 프로세스(당면한 과제에만 집중하는) 덕분에 강력한 목적의식은 존재했지만, 과제를 넘어서는 소속감이나 명확한 팀 규범은 갖지 못했던 것이다. 결국 갈등이 생기기 시작했다. 일부 팀원들은 다른 사람의 커뮤니케이션 스타일, 혹은 커뮤니케이션이 없는 것을 불편하게 여겼다. 한 팀원은 팀원들에게 말하지 않은 상태에서 아이디어를 공개하거나 그룹 외부의 사람과 협업을 논의하기 시작했고, 이런 태도가 마치 팀과 사명보다 개인의 발전을 앞세운다는 인상을 남겼다. 대부분의 팀원들은 중요한 문제를 공유하지 않고 침묵을 지켰다. 그들은 투명성과 같은 규범에 합의하지 않았고, 그들에게 중요한 것이 무엇인지도 확인하지 않았다.

임브레이스의 창립자들 각각은 그들이 발견한 사회적 니즈와 그들이 만든 해법이 대단히 중요하다고 생각했고 그것을 추구해야 한다는 데에는 동의했지만, 조직 내에 그런 긴장감이 있는 상태로는 그 일을 할 수 없다는 것 또한 인식하고 있었다. 따라서 그들은 갈등을 해소하고 진정으로 화합하는 팀을 만들기 위해 노력하기로 결정했다. 그 한 예로, 그들은 모두 나무에 올라가서 모두가 자신이 느끼는 바를 털어놓을 때까지 나무에서 내려오지 않기로 했다. 이것은 팀원의 생각과 감정, 각자가 어떻게 다른 사람에게 영향을 주고 있는지를 드러내는 데 집중하는 학습 영역 활동이다. 긴 침묵과 어색함이 이어졌지만 어느 순간 웃음이 터지고 동지애가 피어났다. 날이 어두워져서 나무 밑을 지나는 학생들의 목소리를 들리지만 얼굴은 보이지 않는 코믹한 장면도 연출되었다. 캠퍼스에서 몇 시간 거리에 있는 집을 빌려서 주말을 함께 보내며 팀원들이 자신의 생각과 느낌을 공유하는 기회를 가지기도 했다. 마침내 그들은 서로를 더 잘 이해하게 되었다. 그들은 갈등을 해소하고 앞으로는 완벽한 투명성을 유지하며 서로의 행동을 선의로 해석하기로 합의했다. 또한 그들은 각자의 역할과 책임을 분명히 하고, 제인 첸을 CEO로 선출했다.

경험이 많은 호텔 경영진이었던 내 멘토 칩 콘리는 CEO의 멘토이자 경영진의 일원으로 에어비앤비Airbnb에 합류하게 되었다.[6] 그가 자신의 책《일터의 현자Wisdom @ Work》에서 설명했듯이, 그는 그 기업의 경영진이 엄청난 잠재력을 갖고 있지만 팀으로서의 최적화는 진행되지 못하고 있다는 것을 바로 알아차렸다. 그는 내게 이렇게 말했다. "그들은 비정기적으로 회의를 했습니다. 모두가 합의한 일관적인 전략적 프로그램도 없었죠." 해법은 무엇이었을까? 그들은 팀워크 구축 회의에서 학습 영역에 들어가기 시작했다. "우리는 한 달에 한 번씩 사외 수련회를 갖고, 최소 분기에 한 번씩 1박 혹은 2~3박 일정의 단합대회를 가지는 등 정말 집중적인 팀워크 구축 과정을 거쳤습니다." 그가 말했다. 칩은 그것이 총력을 다한 헌신이었다고 지적했다. 팀과 시간을 보내기 위해서는 분기마다 며칠씩 일상의 과제는 물론이고 가족과 개인 생활에서 멀어지는 시간을 가져야 했지만, 그것은 장기적으로는 다른 기업을 앞질러 갈 수 있는 학습하는 문화를 만드는, 값을 헤아릴 수 없는 투자였다.

칩이 《일터의 현자》에서 설명하듯이, 회의 밖에서 경쟁적인 파벌이 형성되는 것을 피하려면 경영진들이 그룹으로서 공개적으로 여러 사안에 대해 편안하게 토론할 수 있는 지점에 도달해야 했다. 칩은 이렇게 적었다. "우리는 토론하고, 판단하고, 헌신하고, 조율하는 것이 대단히 가치 있는 일이라는 것을 배웠다. 나이, 배경, 성격 유형 등 서로의 차이로 인해 속도가 느려질 수 있는 상황에서조차 말이다." 그들은 매력적인 단어나 문구를 브레인스토밍하는 등 에이비앤비의 지도 신조를 만드는 일에서도 협력했으며, 이후 "누구나 어디에서나 소속감을 느낄 수 있는 세상을 만든다"라는 문구는 에어비앤비의 사명이 되었다. 이로써 직원들은 목적의식을 공유한다.

하지만 회사에 정기적인 사회 수련회를 시행할 예산이 없거나, 팀원 중 나무에 오르는 것을 불안해 하는 사람이 있다면 어떻게 해야 할까? 동료애를 쌓고 함께 배우고 성장할 수 있는 다른 방법을 찾고 있다면 어떨까? 스프라우트 제약Sprout Pharmaceuticals의 CEO인 신디 에커트Cindy Eckert[7]는 팀원들과 정기적으로 함께 점심을 먹으며 회사가 다른 기업에서 배울 수 있는 점에 대해 이야기하는 시간을 갖기 시작했고, 이를 〈팀 페리스 쇼The Tim Ferriss Show〉 팟캐스트에서 소개했다. 심지어 현장 견학을 통한 관찰에서 아이디어를 얻기도 했다. 그들은 시애틀의 파이크 플레이스 마켓Pike Place Market과 비처스 수제 치즈 가게Beecher's Handmade Cheese를 방문해 이들이 어떤 특별한 일을 하는지, 어떻게 사람들을 경험으로 끌어들이는지 파악했다. 이 과정에서 그들은 서로가 좋아하는 것과 싫어하는 것에 대해 배우고 관계를 구축했다. 함께 유대를 형성하고 배울 수 있는 기회를 마련하는 것은 사람들이 지식과 기술을 발전시키도록 할 뿐 아니라 정기적으로 학습 영역에 참여하고, 그것을 협력적으로 하는 데 익숙해지도록 한다. 이는 팀 문화를 발전시킴과 동시에 역량을 키운다. 결국 신디 에커트는 팀이 위대한 기업으로부터 배우고 성장하는 학습자라는 정체성을 공유하도록 했다. 이는 누구나 받아들일 수 있는 포용적인 정체성이다. 에커트의 점심 식사와 같은 집단 활동 역시 참가자들 간의 소속감과 신뢰를 더욱 깊어지게 한다.

소속감을 키우고 집단의 목적의식을 고취하기 위해서는 다음을 기억하자.

— 시간을 할애해 팀원들이 서로를 이해하면서 함께 일하고 싶은 열망을 공유할 수 있게 한다.
— 공통의 목적과 가치관을 확인하고, 거기에 수반되는 행동이 어떤 것인지 분석하여 함께 개선해 나간다.
— 팀의 목표와 전략을 확인하고 이를 달성하기 위해 팀 내외에서 책임을 분담하고 협력할 방법을 모색한다.
— 미래의 동료들이 소외감을 느낄 가능성이 있는 상징은 가급적 피하고, 목적, 가치관, 포용적인 의식 등 다양한 사람들이 선택하고 즐길 수 있는 것들을 통해 소속감을 키운다.

처음 알게 된 사람들, 심지어는 상당 기간 알고 지낸 사람들도 그다지 의미가 없는 피상적인 대화를 이어가는 경우가 있다. 이는 투명성을 증진하고, 학습과 성과의 두 영역에서 보다 강력한 협업을 조장하는 데 방해가 된다. 이런 상황을 방지하는 차원에서 나는 팀원이나 다른 사람들과 함께 할 수 있는 본딩 스토리Bonding Stories라는 게임을 만들었는데, 이제 막 알게 된 사람이든 잘 알고 있는 사람이든, 신뢰를 키우고 더 깊은 관계를 맺는 데 도움이 될 것이다. 이 게임은 briceno.com/paradox/resources/에서 찾아볼 수 있다.

학습하는 팀의 기초 #2
변화를 주도할 수 있는 직원 역량을 강화한다

직원들이 팀이나 회사를 개선할 수 있는 방법에 관해 아무리 많은 제안을 하더라도 아이디어를 실행에 옮길 수 있는 프로세스가 없다면 어떤 일이 일어날까? 제니 라덴버그Jenny Radenberg가 협력적인 학습 습관을 도입하기 전 제너럴밀즈의 한 팀이 바로 이런 상황에 처해 있었다. 직원들은 더 나은 업무 방식을 제안했지만 제안이 실행되는 경우를 보지 못했고 아무도 귀 기울이지 않는다는 느낌을 받는 경우가 많았다. 실제로 리더와 조직이 직원들의 새로운 아이디어에 전혀 귀를 기울이지 않는 경우가 많다. 시키는 대로 하지 않았다는 이유로 질책을 하면서 학습 영역에 참여하는 데 대한 직원들의 관심을 부주의하게 꺾어 버리는 경우도 많다.

하버드 경영대학원의 에단 번스타인Ethan Bernstein 교수는 세계에서 두 번째로 큰 중국 소재의 휴대폰 공장을 연구하는 과정에서, 관리자들이 받는 교육의 내용이 기존 절차에서 어긋나서는 안 되며, 직원들이 반드시 모범 사례를 따르도록 해야 한다는 것임을 발견했다.[8] 번스타인은 회사 경영진과의 합의하에 학생 3명을 일반 직원으로 위장해 현장에 배치하고 관찰한 내용을 보고하도록 했다. 학생들은 직원들이 많은 개선 아이디어를 갖고 있지만 질책을 받을까 두려워서 목소리를 내지 않거나 상사가 보지 않을 때만 자신의 아이디어를 실행하는 경우가 많다는 것을 알아차렸다. 제니는 실험을 위해 대조군과 실험군 사이에 큰 커튼을 설치해 서로 영향을 받지 않도록 했다. 커튼이 올라가자 직원 중 하나가 "라인 주변을 모두 커튼으로 감싸면 완전히 차단되어서 좋지 않을까요? 생산성이 훨씬 더 높아질 수 있을 것 같아요"라고 말했다. 제니는 그 아이디어가 마음에 들었다. 그는 원래의 실험 설계를 수정해 실험군에 커튼을 더 많이 설치해서 관리자가 직원들이 무엇을 하는지 볼 수 없도록 했다. 어떤 결과가 나왔을까? 직원들은 이제 자신의 아이디어를 안전하게 실행할 수 있다고 느꼈다. 단 일주일 만에 시간당 무결점 생산 단위가 교대 근무조에 따라 10~15퍼센트 늘어났다. 관리자의 시야를 벗어나자 직원들은 "산만함을 피하고, 생산적인 일탈, 국지적인 실험, 지속적인 개선에 집중"할 수 있었다. 관리자가 생산성을 저해한다는 게 아니라 학습과 성과의 두 영역을 포용하는 관리자는 가치를 부각한다.

제니 라덴버그의 팀은 리더들이 직원들에게 귀를 기울이지 않고 제안을 따르지 않는다고 느꼈고 제니는 이에 팀원들이 직접 피드백을 제공하고 모범 사례에 대해 토론할 수 있는 월례 회의를 마련했다.[9] 그는 팀 내에서 서로의 제안을 충분히 고려하고 이 과정에서 결정된 사안에 대한 설명과 함께 소통을 마무리할 것을 분명히 했다. 회의와 후속 조치가 마련된 후 팀의 운영 방식에 극적인 변화가 일어났다. 그 결과 한 가지 맛에서 다른 맛으로의 제조 라

인 전환 방법과 같은 사안에 대한 결정이 팀의 인풋을 통해 비용을
절약하면서도 보다 효율적인 관점에서 이루어졌다.

그렇다면 그들이 회의에서 논의한 다른 문제로는 어떤 것이
있을까? "저는 데이터를 좋아합니다." 제니가 말했다. "저희는 측
정치를 내밀며 '전환 시간이 목표에 비해 짧다는 데이터가 나왔
습니다. 여러분들이 해냈군요'라고 말했습니다. 매달 이런 자랑스
러운 수치가 나왔죠. 이후에는 전환이 있을 때마다 사람들이 '좋
아요. 이번에는 목표가 몇 시간이죠? 3시간?' 이렇게 말했습니다.
그러면 저는 '2시간 안에 해낸다면 제가 컵케이크를 만들어 대접
하죠'라고 대답하고 직원들은 '그렇게 하려면 뭐가 필요하죠?'라
고 묻는 식이었죠." 팀의 성과 데이터 추세를 사람들에게 내놓으
면, 사람들은 협력해서 새로운 수준에 도달하고자 하는 동기를 얻
게 된다. 그러면 팀원들은 다른 팀과 경쟁하는 대신 자신들의 최고
기록과 경쟁을 한다. 이는 의욕을 높이는 활동일 뿐 아니라 재미를
주는 활동이 된다. "이런 지표를 주도하는 것이 바로 팀원들입니
다." 제니가 말했다. "그들에게 이런 정보를 제공하지 않고 어떻게
그들이 목표를 달성하기를 바라겠어요? 팀원들은 이 수치를, 그리
고 거기에 영향을 끼친 자신들의 능력을 무척 자랑스럽게 여겼습
니다. 일이 잘못되었을 때도, 그들이 책임을 졌죠. 그것은 경영진의
지표가 아니라 그들이 자랑스럽게 여기고 그들이 달성하고자 하는
그들의 목표였습니다."

이렇듯 리더의 역할은 사람들로 하여금 학습 영역 참여가 진정한 변화로 이어진다는 느낌을 받게 하는 것이다. 직원에게 진정한 주체성을 부여해서 학습과 성과 두 영역에서 그들의 노력이 진정한 보상으로 돌아오도록 해야 한다. 직원들은 사안에 대한 다양한 의견을 가지고 있을 것이고, 그들 중에는 분명 충돌하는 것도 있을 것이다. 하지만 경영진이 자신들의 목소리에 귀를 기울이고 있다고 느끼고 결정이 어떻게 이루어지는지를 이해하면 직원들은 개선과 기여의 방법에 대해 생각하는 일을 포기하지 않는다.

학습하는 팀의 기초 #3
극단적 투명성을 증진한다

세계 최대의 헤지 펀드 브릿지워터 어소시에이트는 모든 회의를 녹화해 회사 내 모든 사람이 그것을 이용할 수 있도록 한다.[10] 녹화된 회의는 누구나 잘했거나 개선할 수 있는 부분에 대해 듣고 성찰할 수 있는 도구가 되며, 유용하거나 문제가 된 대화에 대해 피드백을 주고, 회의실에 참석하지 않은 사람도 학습 영역에 들어가 토론으로부터 배움을 얻을 수 있게 한다.[11] 이 회사는 주요 회의에서 가장 유익한 부분을 강조해 모든 직원이 이용할 수 있도록 지원하는 팀까지 만들었다. 교훈과 효과적인 관행을 전파해 더 많은 사람과 팀이 혜택을 받을 수 있도록 하기 위한 방법이었다. 이는 브릿지워터의 설립자인 레이 달리오Ray Dalio가 '극단적 투명성radical transparency'라고 부르는 원칙을 반영한 것이다. 《비즈니스인사이더》의 보도에 따르면, 직원들은 매주 1시간 이상 녹화된 회의를 검토하고 관찰한 내용에 대해 성찰한다. 직원들은 상사에게 질문하고, 자신의 약점을 인정하고, 비판을 피하지 않는 등의 원칙을 배운다.[12]

이런 철학은 달리오의 《원칙Principles》 시리즈에 담겨 있다. 달리오는 직원들이 어떤 행동을 했을 때 이를 지적하거나 칭찬함으로써 극단적 투명성과 피드백에 참여하도록 장려한다. 그는 TED 강연에서 직원이 자신에게 보낸 이메일에 대해 이야기한 바 있다.[13] 그는 "레이, 오늘 회의에서 당신의 성과는 D-를 받아 마땅합니다. 조금이라도 준비가 되어 있었다면 그 정도로 엉망이지는 않았을 겁니다"라고 시작하는 이메일을 공개하면서 그것이 바로 극단적 투명성이라고 설명했다. 브릿지워터에서 일하고자 하는 사람들은 끊임없는 학습이 회사에 스며들어 있다는 것을 잘 알고 있다. 바로 그것이 조직 문화에 부합하는 성장의 프로펠러를 갖고 있는 사람들이 그 회사에 끌리는 이유 중 하나다.

급진적 투명성이라는 이 회사의 관행은 여러 배울 점을 제공한다. 성장 프로펠러의 한 요소인 투명성에는 개선 목표와 함께 우리의 우려, 질문, 피드백, 실수, 교훈을 공유하는 것이 포함된다. 투명성을 유지하는 것이 항상 쉬운 일을 아니다. 간혹 정보 공유가 자신의 약점으로 돌아올지도 모른다고 생각하는 사람들이 있다. 이성적으로는 공유의 순기능을 알면서도 감정적으로는 두려움을 느끼는 것이다. 따라서 학습 문화를 조성하기 시작할 때는 사람들이 공개적으로 공유하고 동료의 반응을 경험하는 데 적응하기까지 약간의 불편함이 있으리란 것을 예상해야 한다.

경력 초기에 나는 피드백에 방어적으로 반응했고, 다른 사람의 말에 귀를 기울이기보다는 자신을 합리화하는 경우가 많았다. 하지만 캐럴 드웩의 연구를 통해 내 행동이 목표를 향한 길을 가로막고 있다는 것을 이해하게 되었다. 그렇게 피드백을 전혀 다르게 이해하게 되면서 피드백에 대한 나의 감정적 반응도 바뀌었다. 하지만 그 후에도 다른 사람에게 솔직한 피드백을 주기까지는 긴 시간이 필요했다. 나는 수년에 걸쳐 안락 구역에서 나와 피드백이라는 선물을 선사하도록 스스로를 채찍질해야 했다. 그렇게 노력을 거듭하면서 피드백의 힘을 더 많이 경험하게 되었고, 이는 훨씬 더 자신감을 갖고 효과적으로 극단적 투명성을 실천하는 데 도움을 주었다. 아직 그 단계에 이르지 못했다면 스스로에 대한 다그침을 멈추지 말고 부디 안락 구역에서 벗어나길 바란다. 시간이 지나면 투명한 공유에 익숙해지고 다른 사람들이 건설적인 방식으로 반응하는 것을(혹은 그들은 해결하지 못하는 갈등을 우리가 해결하는 것을) 보면서 취약함을 느끼지 않고 투명하게 공유하는 수준에 이르게 될 것이다. 그때야말로 심리적으로 안전한 환경이 조성된다. 이 개념에 대해 좀 더 자세히 살펴보기로 하자.

학습하는 팀의 기초 #4
심리적 안정감을 구축한다

벤처 캐피털에서 말단 투자 전문가로 일할 때의 나는 두려움 때문에 투명하지 못했다. 투자 기회가 매력적인지에 대한 확신이 없는 때가 많았지만 나는 이런 내 의심을 혼자만 간직했다. 무능하거나 자신감이 없다는 평가를 받을까 두려웠기 때문이다. 가능할 때까지 허세로 버틴다라는 식이었다. 의문이나 불확실성을 공유하지도 않았다. 다른 사람들로부터 도움을 받을 수 있을 만한 것들이었는데도 말이다. 내 행동은 우리의 대화와 결정을 왜곡하고 겉치레 문화를 조장했다. 그런데 여기에는 흥미로운 점이 하나 있다. 나는 피칭을 할 때마다 확고한 신념을 가져야 한다는 말을 들은 적이 한 번도 없었다. 그저 주변 사람들을 관찰해서 배운 것이었다. 나와 같이 일하던 사람들은 나보다 수십 년 더 많은 경험을 가지고 있었는데, 나는 왜 그들처럼 행동하고 그들만큼 아는 척을 해야 한다고 느꼈을까? 나는 내가 본 그들의 행동을 근거로 마음속에서 주변 사람들이 가치를 두는 것에 대한 스토리를 만들어 냈다. 하지만 사람들은 이제 막 그 일을 시작한 사람이 처음부터 확고한 신념을 형성하리라고 기대하지 않았을 가능성이 크다. 내 두려움은 저절로 생겨났다. 그리고 그 두려움은 약한 성장의 프로펠러를 만들어 낸 나머지 팀과 내게 모두 피해를 주었다. 이런 두려움은 매우 흔하며 팀의 효율성에 큰 걸림돌이 된다. 주변 사람들이 두려움을 만들어 낸 것이 아니라 내가 명확성과 안전성을 충분히 만들어 내지 못한 것이다.

현재 하버드 경영대학원의 저명한 교수인 에이미 에드먼슨Amy Edmondson은 박사 과정 첫 해에 병원의 착오율을 조사하는 연구팀에 합류했다.[14] 그녀는 환자 치료를 효과적으로 하는 팀일수록 오류가 적을 것이라는 논리적인 가설을 세웠다. 그러나 그녀가 자신의 책 《두려움 없는 조직The Fearless Organization》에서 설명했듯이, 그녀는 정반대의 결과를 발견하고 충격을 받았다. 성과가 높다고 간주하는 팀일수록 착오율이 더 높은 것으로 나타났다. 그녀는 실적 압박에 굴복해 흥미로운 결과를 논문으로 빨리 발표하는 대신 학습 영역으로 더 깊이 들어가 무슨 일이 일어나고 있는지 알아내기 위해 노력했다. 그녀는 두 팀의 운영 방식 차이를 조사하기 위해 앤디 몰린스키Andy Molinsky를 고용했다. 연구 조교인 몰린스키는 당시 조사 결과나 가설에 대해 전혀 알지 못했다. 몰린스키의 관찰을 데이터와 결합해 성과가 높은 팀은 착오가 더 많은 것이 아니라 착오를 더 '자주' 보고한다는 사실을 발견했다.[15] 그녀의 처음 연구에서 실수와 성과 사이에 반직관적인 관계가 발견된 것은 그 때문이었다.

성과가 높은 팀의 구성원들은 실수에 대해 이야기해도 좋다는 느낌을 받았다. 그들은 실수에 대해 공개적으로 토론하면서 배움을 얻고 실수를 알아차리고 예방할 수 있는 방법을 찾았다. 이렇게 해서 에드먼슨은 심리적 안정감psychological safety이라는 개념을 연구하기 시작했다. 그녀는 심리적 안정감을 대인 관계에서의 위험을 감수해도 안전하다는 팀원들의 공유된 믿음이라고 정의했다.[16] 이후 수많은 연구를 통해 그녀와 다른 연구자들은 심리적 안정감이 높은 문화와 높은 성과 사이에 밀접한 관계가 있다는 것을 발견했다.

구글이 자사 팀을 대상으로 한 연구에서도 같은 것이 발견되었다. 심리적 안정감이 팀 효율성을 추진하는 가장 중요한 요인이었던 것이다. 심리적 안정감은 성과를 추진한다. 그에 따라 발휘되는 투명성이 학습 영역과 성과 영역 모두에서 효과적인 협업의 필수 요소이기 때문이다. 반면 투명성을 위험으로 느끼는 팀은 어려움을 겪게 된다. 에드먼슨과 그녀의 동료인 헨릭 브레즈먼Henrik Bresman은 조사 보고서에 이렇게 적었다. "심리적 안정감이 크면, 솔직함이 더 이상 위험으로 느껴지지 않는다. 아이디어를 제안하고, 의심을 공유하고, 질문을 하는 것이 모두 더 쉬워진다."[17] 그렇다면 두려움이 가득한 문화를 갖고 있는 기업 내에서 고기능 성장 프로펠러를 갖춘 팀을 구축하려 할 때(이는 심리적 안정감을 조장한다)는 어떻게 해야 할까?

먼저 이 명제를 받아들여야 한다. 대부분의 기업에는 투명성, 위험 감수, 실패 수용과 관련해 매우 다양한 문화를 가진 팀들이 있다. 조직이 마치 상어로 가득한 바다와 같은 상황에서라면, 가까운 동료들과 함께 일하고 싶은 방식에 대해 의견을 조율하고 신뢰를 구축해 안전한 섬을 만들 수 있다. 이는 학습하고 성과를 올리는 우리의 능력을 강화한다. 트라카 사바도고는 다른 스타벅스 지점의 직원들이 변화에 저항할 때에도 자신이 속한 팀과 함께 이런 안전한 섬을 만들었다. 이후 그녀는 자기 팀의 혁신에서 얻은 혜택을 회사 전체에 영향을 미치는 데 사용했다. 에드먼슨과 브레즈먼은 프레이밍framing과 질문inquiry을 사용해 팀의 심리적 안정감을 강화할 수 있다고 말한다.[18]

프레이밍은 상황이나 행동을 사람들이 원하는 방식으로 해석하도록 명확히 전달하는 것이며, 이로써 특히 솔직함과 학습이 필요한 것으로 인식되도록 하는 것을 목표로 한다. 이것은 암묵적인 가정을 명시적으로 드러내어 모두가 그것에 대해 공감하고 조율할 수 있도록 돕는 과정이다.

관리자들이 받는 교육의 내용이 기존 절차에서 어긋나서는 안 되며 직원들이 반드시 모범 사례를 따르도록 해야 한다는 것임을 발견했다. 물론 그들이 두려움을 조성한 것은 아니었다. 그렇다고 명확함과 안정감을 가져다주지도 않았다. 개인적으로는 매우 좋은 사람들이었지만 말이다. 그들은 다른 사람이 어떻게 행동하기를 바라는지에 대한 명확한 그림이 없었다. 그저 각자의 해석에 따라 맡은 바를 해 나가야 했다. 그렇게 나는 나만의 이야기를 만들어 냈다.

혹여나 당신의 팀원들은, 당신이 그들에게 항상 아는 만큼 최선을 다해 일하고 실수를 최소화하며 성과를 위해 지속적으로 노력하길 원한다고, 느끼고 있지는 않은가? 혹시 팀원들이 의구심을 공유하거나 어떤 시도를 했다가 성과가 좋지 못하면 당신으로부터 좋지 못한 평가를 받을 것이라고 생각하고 있지는 않은가? 실수를 인정하는 팀원을 마지막으로 본 것이 언제였는지 떠올려 보자. 기억이 나지 않는다면 심리적 안정감을 조성하기 위한 노력이 필요한 것일 수 있다. 두려움을 유발하는 행동은 하지 않더라도, 안정감을 조성하기 위한 노력 역시 부족하지는 않은지, 위험을 감수하더라도 학습 영역에 참여하도록 팀원들을 격려하고 있는지 성찰해 보자. 심리적 안정감을 만드는 데에는 암묵적인 것을 적극적으로 명시적으로 만드는 일, 즉 우리의 원칙과 바람직한 행동에 대해 말하는 데 신중을 기하는 일이 포함된다. 거기에서는 규범을 명확히 확인하고, 토론하고, 기록하고, 정기적으로 다시 언급하는 것이 중요하다. 규범에 있어 귀감을 보이는 팀원에게는 확실한 보상을 해 주고, 규범에 어긋나는 행동을 하는 사람은 정확히 지적해 주는 것도 필요하다.

누군가가 규범을 충실히 따르는 모습을 보여 줄 때는 다음과 같이 말할 수 있다.

"프로젝트를 이런 방식으로 다룬 여러분이 대단히 자랑스럽습니다.

우리는 큰 도전을 받아들였고, 시스템이 작동하지 않는 상황에서도 인내심을 발휘했으며, 효과가 있는 것을 찾을 때까지 다양한 전략을 시도했습니다. 이것이 바로 모험을 받아들이는 모습입니다!"

"비록 프로젝트가 성공하지는 못했지만, 이것이야말로 '모험을 받아들이는' 모습의 전형입니다. 이렇게 현명하게 위험을 감수하다 보면 우리는 새로운 해결책을 찾게 될 것입니다."

누군가 규범에 반하는 행동을 한다면 다음과 같이 말할 수 있다.

"리시, 당신과 우리 팀을 소중히 여기기 때문에 하는 얘기니 들어주겠어요? 그 회의에서 당신이 행동한 방식은 우리의 핵심 가치인 겸손에 어긋나는 것 같아요. 안나와 압둘은 자신들의 생각을 공유하려고 했지만 말을 꺼낼 기회가 없었죠. 제가 보기에 당신은 그들이 말하는 데 끼어들어서 그들이 말을 끝내지 못하게 했고, 그들이 어떤 생각을 하는지 이해하기 위해 질문하기보다는 계속 당신 이야기만 했어요. 저는 그런 인상을 받았는데, 당신은 어떻게 생각하나요?"

"톰, 프로젝트가 바람직한 결과를 내지 못했다는 사실을 공유해 주지 않은 일이 우리의 핵심 가치인 정직에 어긋나서 걱정이 되는군요. 어떤 일 때문에 정직해지는 데 두려움을 느끼는 걸까요? 아니면 방해가 되는 다른 어떤 일이 있나요?

그리고 다음과 같은 질문(에드먼슨과 브레즈먼이 제안)을 사용해 구성원에게 자신의 생각을 말하도록, 즉 투명한 태도를 보이도록 명시적으로 요청하자.

— 달성하고자 하는 것은 무엇인가?
— 반대하는 것은 무엇인가?
— 걱정하는 것은 무엇인가?
— 제안하고자 하는 것은 무엇인가?

학습하는 팀의 기초 #5
잦고 폭넓은 피드백을 요청하다

심리적 안정감은 성장 문화를 조성하는 데 필요하지만 그것만으로는 충분치 않다. 사람들은 안정감을 느끼면서도 학습에 참여해야 할 이유를 찾지 못할 수 있고 방법을 모를 수도 있다. 예를 들어 많은 사람이 피드백을 제공하고 받는 방법을 잘 알지 못한다. 이것이야말로 협업에서 필수적인 학습 영역 전략인데 말이다. 본격적으로 피드백 활성화 작업에 착수할 때는 직원들에게 피드백 제공을 장려하는 데에서 시작하는 경우가 많다. 나쁘다고는 할 수 없지만, 힘이 많이 드는 방법이다. 많은 사람이 피드백(다른 사람의 생각을 알기 위해 누구나 활용할 수 있는 커뮤니케이션)이 무엇인지, 왜 유용한지 아직 이해하고 있지 못할 수도, 팀원들이 피드백을 자신과 같은 방식으로 생각지 않고 방어적으로 반응할까 봐 겁을 낼 수도 있다. 이 여정을 시작하는 보다 효과적인 방법은 리더가 모범을 보이면서 피드백 요청을 장려하는 데 집중하는 것이다. 한두 명이 아닌 다양한 사람에게 자주 그리고 폭넓게 피드백을 요청하는 습관을 발전시키면, 상대방도 나에게 피드백을 주기가 훨씬 쉬워진다. 프로세스에 착수한 것이 다름 아닌 자신들이기 때문에 자신감과 주체성도 강화된다.

많은 사람이 비판적 피드백을 부정적인 피드백이라고 생각한다. 하지만 비판적 피드백은 성장에 있어 가장 강력한 원천적인 정보다. 그런 피드백이 어떻게 부정적일 수 있겠는가? '부정적인 피드백'이라는 용어 자체가 피드백의 수도꼭지를 막고 있는 것처럼 느껴질 수도 있는데 이럴 때는 다른 표현을 생각해 보자. 탁월한 사람들은 비판적 피드백critical feedback과 강화적 피드백reinforcing feedback 모두를 긍정적이고 강력한 정보원으로 여긴다.

스탠퍼드 경영대학원 교수인 데이비드 브래드포드David Bradford 와 캐롤 로빈Carole Robin이 《연결Connect》에서 설명했듯이, 피드백을 제공할 때는 다른 사람의 생각, 감정, 의도를 가정하지 않는 것이 가장 좋다.[19] 대부분 그런 가정은 틀린 경우가 많고, 상대가 오해나 공격을 받았다고 느낄 수 있기 때문이다. 오로지 자신의 생각이나 감정(당신이 알고 있는 것)을 공유하는 데 초점을 맞추고 누구나 관찰할 수 있는 행동과 그 행동이 당신에게 어떤 영향을 미치는지를 언급해야 한다. 특히 조직 문화를 구축하고 공통의 이해를 만들어 가는 초기 단계에서는 부드러운 태도를 갖추거나 상대방의 입장에 맞추어 접근법을 조정해야 할 수도 있다. 상대방은 피드백의 중요성을 논리적으로는 이해하면서도 여전히 두려움이나 거부감을 보일 수 있다. 뇌의 배선이 바뀌는 데에는 시간이 걸린다. 따라서 피드백을 제공하는 초기에는 상대방에게 당신의 의도를 명확히 상기시키고 신중한 프레이밍을 사용할 필요가 있다. 하지만 신경심리학자 도널드 헵Donald Hebb의 유명한 말처럼, "함께 발화하는 뉴런은 함께 연결된다."[20] 즉 반복은 나를 비롯한 많은 사람이 경험했듯이, 새로운 사고 패턴을 만들고 강화해서 서서히 멘탈 모델과 반응을 변화시킨다.

내가 생각하는 이상적인 대화는 이런 식으로 흘러간다. "샘, 이번 일이 우리의 높은 기준에 부합하지 않는 것 같아서 아쉽습니다. 제가 보기에 당신은 훨씬 높은 수준의 보고서를 작성할 잠재력을 갖추고 있어요. 제가 그 능력을 발휘하는 데 몇 가지 도움을 드리고 싶은데 어떠신가요? 그 이야기를 지금 해도 좋을까요?" 이후 직원이 준비가 되었다고 답하면 그가 생각하는 개선점이 무엇인지 물어보는 것부터 시작한다.

누구나 학습하는 조직을 만들 수 있다

당신이 조직의 리더도, 팀의 리더도 아니라면 어떻게 해야 할까? 그런데도 협력적인 학습 팀의 행동을 사무실에 끌어들일 수 있을까? 물론이다! 이렇게 자문하는 것부터 시작해 보자. "나는 다른 사람을 이끌고 다른 사람에게 영향을 주는 내 능력에 대해 고정 마인드셋을 가지고 있는가 아니면 성장 마인드셋을 가지고 있는가?" "영향력을 키우는 내 능력에 대해 아직 자신감이 없다면, 어떻게 그런 기술을 개발할 수 있을까?" "학습하는 문화를 조성하는 나의 이 긴 여정을 지원해 줄 수 있는 사람은 누구일까?" 사실 우리는 생각보다 큰 영향력을 갖고 있는 경우가 많다. 특히 문화란 공동체 안에 있는 모든 사람이 가진 신념과 습관의 결과물이기 때문에 언제든 내가 속한 환경에 더 큰 영향을 미칠 수 있는 법이다.

물론 우리가 뚜렷한 학습자로서 다른 사람을 이끄는 위험을 감수할 때 사람들이 어떻게 반응할지는 알 수 없는 일이다. 하지만 작은 것부터, 작은 위험을 감수하는 것부터 시작해 볼 수 있지 않을까? 잘했지만 더 나아질 수 있는 어떤 것에 대한 피드백을 요청하고, 프레젠테이션 전의 긴장 상태 같은 것들을 동료에게 공유하고, 어떤 사안에 대한 생각을 묻고 다른 사람의 아이디어를 구하고 있다는 것을 드러내는 등의 방식으로 말이다. 그런 다음에는 개선점을 공유하거나 도전에 함께할 것을 요청하는 것과 같이 조금 더 큰 위험을 감수한다. 동료가 여전히 확신이 없고 조심스러운 상태라면, 우리가 만들고자 하는 문화에 대한 대화로 돌아가서 우리가 모두 같은 의도를 가지고 있는지 확인하고, 그에 수반되는 행동을 분석하면 된다.

　학습하는 조직 개발을 시작할 때는 우선 리더의 역할을 맡은 사람들에게 비공개로 우리의 제안을 공유하고 그들의 반응과 피드백을 요청하는 것이 좋다. 이로써 우리와 그들에게 보다 안전한 학습 영역이 만들어진다. 이는 학습 전략을 더 큰 집단에 소개하기 전에 우리가 의미하는 바를 충분히 설명하고, 다른 사람의 관점을 파악하고, 질문을 해결하고, 동의를 얻고, 조율을 할 수 있는 기회도 선사한다. 팀원들에게 우리 아이디어를 밝히면, 일부는 그런 노력을 열의를 갖고 받아들일 것이다. 첫날부터 모두를 한 배에 태우려고 하지 말고 흥미를 가지는 사람들에게 집중하는 것이 보통 더 효과적이다. 아마 많은 사람이 관심을 보일 것이다. 성장 마인드셋과 학습 영역은 사람들에게 널리 공명하는 경향이 있기 때문이다.

　학습 행동에 참여하지 않는 사람들이 있다면 그 이유에 주목해 봐야 한다. 그들은 고정 마인드셋을 가졌을 수도 있고, 공동의 목적이나 기술을 발전시키는 데 관심이 없을 수도 있다. 자신들이 충분한 지원을 받고 있다고 느끼지 못하거나, 개선 방법을 알지 못하거나, 자원이 부족할 수도 있다. 이런 각각의 이유에는 각기 다른 반응이 필요하다. 학습하는 문화를 촉진한다는 공동의 목표를 지적하고 그런 의도에 동의하는지 질문해야 한다. 그들이 상황을 어떻게 보는지, 어떤 게 방해가 되고 있는지, 우리가 어떤 지원을 할 수 있는지 집요하게 물어야 한다. 그렇게 피드백을 주고받으며 함께 다음 단계를 만들어 나가야 한다.

개발 의도에 동의하지 않거나, 몇 번의 반복 후에도 여전히 행동에 참여하지 않거나 실질적인 개선을 보이지 않는다면, 다른 길을 가는 것도 방법이다. 팀과 조직을 구축하는 데에는 서로의 조화도 중요하다. 반대로 여러 접근법을 시도했지만 팀이 학습하는 문화를 육성하는 데 영향을 미치지 못했다면, 팀이나 조직을 바꾸는 것도 고려해 보자. 학습과 성과, 두 영역의 변혁적 힘을 깨닫고 있는 많은 사람이 당신과 열정을 공유할 것이다. 조직 내외에서 직속 팀 이외의 학습 공동체를 만드는 방법을 찾는 것도 고려해 볼 만하다. 어떤 경로를 선택하든, 공식적인 권위가 없더라도 얼마든지 조직에 영향을 주고 사람들을 끌어모을 수 있는 방법이 있다는 것을 기억하자. 다음 장에서는 그렇게 하기 위한 추가적인 전략을 탐색할 것이다.

성찰

* 내 주위의 사람들은 효과적인 학습 영역 전략에 정기적으로 참여하는 내 노력을 어떻게 방해하거나 어떻게 돕는가?

* 내 머릿속에는 어떤 가정이 있는가?

* 어떻게 하면 우리 팀에서 관계를 구축하고 학습하는 문화를 발전시킬 수 있을까?

* 우리 팀은 강한 목적의식을 갖고 있는가? 그렇지 않다면 어떻게 그렇게 만들 수 있을까?

과제

* 내 역할과 관계없이, 우리 팀이 학습과 성과, 두 영역에 보다 적극적으로 참여하도록 이끌 방법은 없을까?

11장

성장을 위한
리더십

학습과 높은 수준의 성과를 위해서는 팀 구성원들에게
관심을 기울이고, 언제 어떻게 두 영역에 참여하는지에 대한
명확한 지침을 제공하는 리더가 필요하다.

마이크 스티븐슨Mike Stevenson은 젊은 시절 리더십에 대한 그의
이해를, 그리고 그의 인생을 완전히 뒤바꾼 한 사람을 만났다.[1] 고
향 스코틀랜드에서 강연자로 활동하는 마이크는 1960년대에 벽
돌공의 조수로 런던 여기저기 건설 현장을 돌아다녔다. 그중 한 곳
에서 참전 용사로 코뼈가 부러진 웨일즈 출신의 현장 감독과 일했
는데, 첫날부터 마이크는 그가 다른 사람과는 뭔가 다르다는 것을
바로 알아차릴 수 있었다. "보통 현장에 도착하면 '우리가 원하는
벽의 폭은 이렇고, 높이는 이렇고, 일은 목요일 아침까지 마쳐야

한다. 그렇지 않으면 대금에서 제할 것이다' 같은 이야기를 듣거든
요." 그가 회상했다. "하지만 그는 저를 옆으로 데려가더니 어깨를
감싸 안고 '잘 왔어, 마이클. 일을 시작하기 전에 보여 주고 싶은 게
있어'라면서 제게 계획을 보여 주더니 이렇게 말했습니다. '이게
자네가 지을 궁전이야.'" 사실 그들이 짓고 있는 것은 펍이었지만,
그 현장 감독이 말하는 방식은 마이크의 마인드셋을 바꾸어 놓았
다. "갑자기 '세상에! 내가 뭔가 특별한 일을 하고 있구나. 앞으로
전설로 남게 될 것을 만드는 거구나'라는 생각이 들었죠." 프레이
밍이 할 수 있는 일이 바로 이런 것이다. 상황이나 개념을 다른 사
람들로 하여금 새로운 방식으로 보게 하는 말로 묘사하는 것이다.
"갑자기 자신감이 샘솟았어요." 마이크가 내게 말했다. "그는 대단
했어요. 매일 아침 일찍 일터에 나와서 밤이면 맨 마지막에 현장을
떠났죠." 어느 날 현장 감독은 마이크에게 그날 저녁의 문단속을
맡겼는데, 이는 곧 마이크가 수만 달러 상당의 장비를 관리하는 책
임을 져야 한다는 것을 의미했다. 이런 존중과 확신의 신호에 그의
자존감은 높아졌다. "감독님이 저를 믿어 주신 덕분에 그 순간 제
키가 4피트는 자란 것 같았습니다." 마이크가 말했다.

그 현장 감독은 신뢰가 쌍방향이라는 것을 명확히 이해하고
있었다. 어떤 관계에서 신뢰를 키우기 위해서는 내가 먼저 상대에
대한 신뢰를 키워야 한다.[2] 그것이 신뢰를 통한 리더십의 정의다.
"제가 더 잘할 수 있다고 생각하는 부분이 있으면 그분은 '자넨 더

잘할 수 있어, 좀 더 빨리할 수도 있잖아. 이런 식으로 하면 돼'라고 말씀하셨죠. 실수를 했다고 질책하는 법도 없었죠. 더 잘하는 쪽으로 이끌어 주실 뿐이었습니다. 이때 진정한 리더십을 처음으로 경험해 봤어요. 그 현장에서 일하면서 저는 한 인간으로서 성장했습니다. 자신감이 커졌죠. 그분은 언제나 타인에게 열려 있는 분이었죠. 제 평생의 어떤 사람보다 많은 가르침을 주셨습니다."

긱 경제gig economy(기업들이 정규직보다 필요에 따라 계약직 혹은 임시직으로 사람을 고용하는 경향이 커지는 경제 상황-옮긴이) 시대의 많은 산업이 건설 현장이 직면하는 것과 같은 문제를 겪고 있다. 어떻게 하면 프로젝트 기반의, 심지어는 개별 계약자들로 이루어진 임시적인 팀의 공동체 의식을 키울 수 있을까? 마이크의 현장 감독은 현장의 모든 사람이, 비록 함께 일하는 기간은 짧지만, 조화롭게 함께 일하게 하는 것이 얼마나 중요한지 잘 알고 있었다. 그것은 일종의 도전이었다. 구성원들은 각자 다른 책무를 맡고 있었고, 인종과 민족적 배경이 달랐으며, 다른 언어를 사용했기 때문이다. "건설 현장에는 벽돌공, 미장공, 배관공 등 수많은 사람이 있습니다. 이들이 서로 대화를 나누고, 협력하면서 일하도록 조정하는 것은 대단히 힘든 일이에요. 건설 현장은 난장판인 경우가 많거든요." 마이크가 말했다. "그런 종류의 리더십이 없다면 비용만 늘어나죠. 미장공이 벽을 바르고 나서 전기 기사가 들어와 플러그를 설치하기 위해 벽을 깨는 식으로요. 이런 일들이 비용을 늘리고 마

감을 늦춰요. 그런데 우리는 마감일 전에 일을 마쳤고 건물이 완성
된 후 필요한 재작업도 적었습니다. 비용은 예산을 밑돌았죠. 그것
이 리더십입니다. 저는 매일 같이 재미있게 일했고 제가 하고 있는
일이 무척 자랑스러웠습니다." 일을 마치고 펍에서 만난 친구들이
어떤 일을 하고 있느냐고 물으면 마이크는 "나는 궁전을 짓고 있
지"라고 답하곤 했다. 그렇게 해서 완성된 이 빼어난 건축물은 50
년이 이상이 흐른 지금도 여전히 자리를 지키고 있다. 마이크는 런
던에 갈 때마다 차를 몰고 그곳을 지나며 감탄하곤 한다.

리더십의 새로운 시대

경영과 리더십의 형태는 수천 년 전부터 존재했지만, 경영 이
론이 탄생한 것은 산업 혁명 때였다.[3] 대량생산의 시대에 접근법은
오직 명령과 통제였다. 관리자들은 시스템을 설계하고 사람들에게
무엇을 해야 할지 지시했다. 경영이라는 개념이 이런 식으로 통하
던 때였다. 그런데 아직까지도 "우리가 원하는 벽의 폭은 이렇고,
높이는 이렇고, 일은 목요일 아침까지 마쳐야 한다"라는 식으로 사
람을 공장의 톱니처럼 관리하는 해묵은 가정들이 존재한다.

하지만 오늘날에는 반복 작업이 점차 자동화되고 있으며, 경
제에는 서비스 부문이 늘어나고 있고, 변화의 속도는 훨씬 빨라졌
다. 경영의 과제는 가능한 한 싼 값에 검은색 모델 T(포드 모터 컴퍼

니Ford Motor Company에서 1908년부터 1927년까지 대량생산된 자동차-옮긴이)를 찍어 내는 것에서 충족되지 않은 니즈를 파악하고, 혁신을 주도하고, 서비스를 개인화하는 인간 중심적인 것으로 바뀌었다. 기계는 이런 일을 잘하지 못하며, 기계처럼 취급을 받을 때는 사람도 마찬가지다.

리더들은(때로는 직원들 역시) 직원들이 독립적인 사고를 하고 결정을 내릴 능력을 갖추지 못했기 때문에 사소한 것까지 관리해야 한다고 암묵적으로 가정하는 경우가 너무 많다. 이런 믿음은 종종 자기 충족적 예언이 된다. 조직에서 소수(고객이나 수행되는 업무와 가장 멀리 있는)만이 사고를 하는 경우, 그 조직은 고객의 요구를 파악하고, 혁신을 주도하고, 서비스를 개인화하고, 문제를 해결할 수 있는 인식 능력이 훨씬 낮다.

성과의 역설을 극복하고 결과를 내는 동시에 계속해서 새로운 차원의 성공에 이르는 팀과 회사를 만들려면 사람, 관리, 리더십에 대한 우리의 믿음, 즉 마인드셋을 바꿔야 한다. 명령과 통제로부터 벗어나 미래상을 그리고, 목적의식을 고취하고, 복지를 증진하고, 직원들이 주도적으로 일할 수 있도록 힘을 실어 주고, 직원들의 발전을 지원하는 쪽으로의 방향 전환이 필요하다. 성공적인 리더가 되려면 학습과 성과 영역 모두가 유지될 수 있는 환경을 조성할 뿐 아니라 자신들도 여기에 참여함으로써 집단지성을 키워야 한다.

그렇게 리더가 되어 간다

리더십에 대해 연구하는 워렌 베니스Warren Bennis는 "가장 위험한 리더십 신화 중 하나가 리더는 타고난다는 것이다.[4] 터무니없는 생각이다. 사실은 그 정반대다. 리더는 태어나는 것이 아니라 만들어진다." 리더로, 지휘와 통제를 하는 사람으로 태어나는 사람은 없다. 우리는 부모, 학교, 미디어, 직장으로부터 리더십에 대한 가정을 배운다.

이제는 다른 것을 배워야 한다. 누구나, 공식적인 직책이 무엇이든, 영감을 불어 넣는 리더가 될 수 있다. 학습과 성과, 두 영역을 통해 긍정적인 관계를 발전시키고 학습의 문화, 높은 성과의 문화를 발전시키는 영감을 주는 리더가 되는 법을 배워야 한다. 이 장과 다음 장에서 그 방법에 대해 이야기할 것이다.

컴캐스트Comcast의 경영진으로 영입된 데이비드 타쉬지안David Tashjian은 뛰어난 실적을 갖고 있었다.[5] 하지만 그에게는 치명적인 문제가 하나 있었다. 그가 성과의 역설에 갇혀 직원들을 괴롭히는 사람이라는 인상을 주고 있었던 것이다. 그는 특유의 강한 성정으로 회의를 지배했기 때문에 그만큼 강하지 않은 다른 사람은 목소리를 낼 여지가 없었다. "회의 중에 '왜 여태 이 얘기를 하고 있지? 나는 해야 할 일이 정확히 어떤 것인지 알아. 그냥 넘어가면 안 되는 건가?'라는 생각을 했던 것이 기억납니다." 그가 내게 말했다.

그가 성과에 대해 느낀 부담감은 당면한 과제에만 매달리는 좁은 시야, 다른 아이디어에 대한 무관심으로 나타났고, 동료들은 그가 계속 승진을 한다면 회사가 직원의 참여, 팀워크, 발전의 측면에서 큰 대가를 치러야 할 것이라는 노파심에 사로잡혔다.

　부사장으로 1년을 보낸 후, 상사가 그의 성과를 검토했다. 그는 데이비드의 멘토 중 하나인 사업부 사장이었다. 그의 이야기는 데이비드에게 엄청난 충격을 주었다. "그분은 '자네가 높은 성과를 올리는 리더라는 데에는 의심의 여지가 없네. 하지만 자네가 일을 하는 방식, 거칠게 밀어붙이는 태도는 치명적인 결함이 될 수 있어'라고 말씀하셨습니다." 데이비드가 말했다. "저는 머리끝까지 화가 났습니다. '나는 훌륭한 결과를 내는 사람이야. 말도 안 돼. 나는 절대 그런 사람이 아니야'라는 생각에 사로잡혔죠." 이를 계기로 과거를 돌아본 데이비드는 자신의 리더십 스타일이 내면의 불안에 의해 주도되었다는 것을 깨달았다. 그는 자신의 취약한 부분이 드러날까 봐 겁을 내고 있었다. 그는 자신이 책임지고 있는 사람들을 대할 때 투명성을 보여 주지 못했다. 그는 많은 사람이 '나쁜 리더'라고 부르는 유형의 사람이었다. 나쁜 리더는 사람들이 직장을 떠나는 주요 원인이다. 물론 다른 여러 가지 원인이 있을 수 있지만 대부분은 리더에 큰 영향을 받는다. 팀 내에서 독과 같은 역할을 하는 비효율적인 리더를 경험해 보지 않은 사람이 있을까? 팀원들의 사기를 꺾고 의견을 내지 못하게 만드는 방식으로 피드백

을 제공하는 상사는? 아니면 말로만 위험 감수의 중요성을 강조하
고 기대한 결과를 얻지 못했을 때는 팀원을 처벌하는 리더는?

갤럽Gallup은 20년 이상 직원 참여도를 측정하는 광범위한 설
문조사를 실시해 왔다. 그 결과 직원 참여도 점수 차이의 최소 70
퍼센트에 관리자가 영향을 미치며, 미국인의 약 3분의 1만이 업무
에 몰두하고 있다는 것을 보여 주었다.[6] 직원 둘 중 하나는 경력 중
어느 시점엔가는 나쁜 관리자로부터 벗어나기 위해 직장을 떠났던
적이 있었다. 원격으로 일할 때는 의욕을 잃고 업무에 몰두하지 못
하는 상태에 빠지는 것이 더욱 쉽다. 이는 결국 회사 성과에 극적
인 영향을 미친다. '나쁜 리더'는 직장 밖의 인간관계에게도 영향
을 미친다. 사람들이 직장에서의 불쾌한 기분을 집에까지 가져오
면서 스트레스가 가중되고 인간관계를 비롯한 전반적인 삶이 망가
지기 때문이다.

최근 몇 년 동안 많은 사람이 자신의 삶에서 일이 갖는 가치
와 장점의 측면에서 환멸을 느끼게 되면서, 이로 인해 일하는 장
소, 시간, 방법에 대해 새로운 스타일을 추구하는 등 큰 변화가 일
고 있다.[7]

따라서 리더라면, 직급과 관계없이, 직원들이 자신이 하는 일
에 흥미를 느끼고 다른 사람들과 함께 학습과 성과 영역에 참여할
수 있는 관계, 환경, 구조, 지원 시스템을 만들어야 한다. 대개의 경
우 이를 위해서는 리더가 학습 영역을 사용해 직원의 참여와 협력

을 이끌고 강화하는 더 나은 전략과 시스템을 파악해야 한다. 직원이 번창해야 조직도 번창한다.

데이비드 타쉬지안은 리더십 스타일에 대한 학습과 성장을 시작해 만성 성과 증후군을 극복하고 극적인 결과를 일구었다. 그는 학습 영역에 발을 들여놓았고 실수로부터 배움을 얻었다. 자신의 방식을 바꾸기 위해 노력하면서 자신이 상처를 준 사람들에게 다가가 용서와 피드백을 요청했다. 몇 안 되는 신뢰하는 절친한 사람들의 범위를 벗어나 자신을 욕하는 사람들에게 마음을 열고 소통을 자처함으로써 그들의 마음을 되돌리기 위해 노력하기로 마음먹은 것이다. 이런 노력의 결과 자신의 취약점을 극복할 수 있었고, 투명한 조직은 곧 직원 만족도의 상승과 효과적인 협업으로 이어졌다.

배려로 시작해 신뢰를 구축한다

프란체스카 렌치Francesca Lenci는 16년 동안 지멘스Siemens에서 근무했다.[8] 그녀는 자신이 태어나고 자란 리마에서 말단 재무 분석가로 사회생활을 시작했다. 해가 거듭하면서 여러 나라로 자리를 옮기고 종종 위기에 처한 사업부에 합류하는 등 중요한 도전을 받아들였고 그 과정에서 승진을 거듭했다. 프란체스카가 독일에서 근무하던 당시, 이탈리아 지멘스 모빌리티Siemens Mobility의 최고재무

책임자CFO가 될 수 있는 새로운 기회가 생겼다. 그렇게 새로운 도
전을 받아들이고 이탈리아에 도착한 그녀는 팀원들에게 높은 성과
를 낼 수 있다는 믿음이 없음을 감지했다. 야심 찬 전문가이자 리
더인 프란체스카는 팀을 변화시키고 싶었다. 그녀는 동료들에게
모범적인 팀으로 인정받을 수 있다는 것을 보여 주고자 했다. 하지
만 프란체스카는 명령-통제 접근법을 취하지 않았다.

지멘스는 매년 재무 부서 내에서의 모범적인 현금 관리에 시
상을 하는 캐쉬 어워드Cash Award라는 콘테스트를 개최했다. 고객이
대금을 얼마나 빨리 지불하는지, 공급업체와의 계약서와 청구서
를 얼마나 잘 처리하는지 등을 기준으로 현금 관리 지표가 가장 높
은 국가가 이 상을 받게 된다. 이탈리아는 최하위권에 있었지만 프
란체스카는 오히려 이것이 팀원들로 하여금 함께 달성할 수 있는
것이 무엇인지를 다시 생각해 보게 할 기회가 될 것이라 생각했다.
그녀는 팀원들에게 이 상에 도전해 볼 것을 권했다. 첫해에는 수상
하지 못하더라도 앞으로는 수상할 수 있을 것이라고 믿는다는 말
과 함께. 하지만 그녀는 성과와 지표에만 집중하지 않았다. 그녀는
배려와 신뢰에서부터 이 일을 시작했다.

프란체스카는 조직에 합류한 뒤 하급자들을 개별로 만나 업무
적으로뿐만 아니라 개인적으로도 그들을 알아가는 시간을 가졌다.
이것은 좋은 효과를 내는 중요한 학습 영역이었다. 프란체스카는
반려동물의 이름이나 멀리 떨어져 살거나 건강 문제로 어려움을

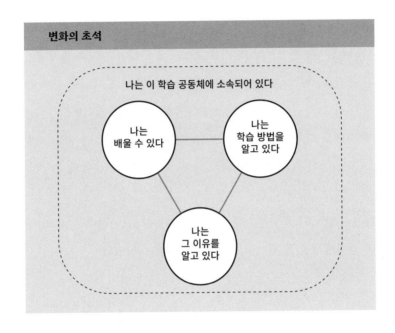

변화의 초석

나는 이 학습 공동체에 소속되어 있다

나는
배울 수 있다

나는
학습 방법을
알고 있다

나는
그 이유를
알고 있다

겪고 있는 가족 구성원 등 각 직원에게 중요한 세부 사항을 확실히 기억하도록 애를 썼다. 그리고 수시로 직원들에게 그 반려동물이나 가족의 안부를 물었다. 뿐만 아니라 직원들이 매달 30~60분씩 개인 개발에 투자하도록 격려하면서 성장 목표를 명확히 하도록 도왔다. 코로나19 팬데믹 기간에는 많은 사람이 정신적 어려움을 겪고 있다는 것을 알게 되면서, 매주 30분간 진행되는 모임을 만들었다. 이탈리아에서는 정신 건강의 문제를 드러내고 이야기하는 것이 일반적인 문화가 아니었음에도 말이다. 이 자리에서는 업무 외에 무엇이든 이야기할 수 있었다. 이를 통해 관계가 깊어지고 동료들이 서로를 지원할 수 있는 소통이 가능해졌다.

　프란체스카가 학습과 성과 영역에서 사회적 유대를 형성하고 팀 습관을 기르자, 이탈리아에 도착한 지 1년 만에 그녀의 팀은 캐시 어워드에서 전 세계 상위 3개국 최종 후보로 선정되었다. 두 번째 해에도 마찬가지였다. 세 번째 해에도 최종 후보에 올랐으며, '지속 가능하고 비전 있는 성과'로 공식적인 '마음 분야의 수상자'가 되었다.[9] 팀은 이전과는 크게 달라졌다. 그들은 학습 영역에서 재무 시스템과 프로세스를 더 잘 관리할 수 있는 전략을 찾고, 성과 영역에서 이를 실천함으로써 그 자리에 도달했다.

　소속감은 어느 팀에서든, 어디에서든, 심지어 원격으로도 키울 수 있다.[10] 그것은 다름 아닌 진정한 배려, 명시적인 의사소통, 지원, 경험 공유, 정서적 유대감의 결과다. 소속감을 키우는 데 꼭 긴 시간이 필요한 것은 아니다. 때로는 그 사람의 기여가 가치가 있다고 알리는 것만으로도 큰 지지가 될 수 있다. 스탠퍼드대학교의 심리학과 교수 제프리 L. 코헨Geoffrey L. Cohen은 그의 책《소속감 Belonging》에서 실리콘 밸리 유명 기업의 한 여성 임원이 경력 초기에 겪은 결정적인 순간에 대해 이야기한다.[11] 그녀는 주주 대상의 프레젠테이션을 앞두고 불안을 느끼고 있었다. 당시 업계에는 여성 리더가 거의 없었고, 그녀는 아웃사이더라는 자신의 위치를 분명히 인식하고 있었다. 그런데 사회자가 그녀를 소개하기 직전, 회사 CEO가 그녀에게 다가와 눈을 보며 "당신이 이 회사를 바꾸고

있습니다"라고 말해 주었다. 그녀는 그 다섯 마디의 말에서 강력한
소속감을 갖게 되었다고 코엔에게 말했다. 그녀는 프레젠테이션도
멋지게 해낼 수 있었다.

프란체스카 렌치의 사례에서 알 수 있듯이, 배려와 신뢰는 필
수적인 요소임에 분명하지만, 그것만으로는 성장을 추진할 수는 없
다. 한 명품 생산업체가 외부 강사와의 협력이나 시스템 도입 등 문
화 개발에 상당한 투자를 했음에도 불구하고 높은 성과나 강력한
성장을 달성하지 못해 나에게 컨설팅을 의뢰한 적이 있다. 직원 참
여 데이터와 내가 실시한 설문조사에서 얻은 추가 데이터를 통해,
이 회사가 배려, 신뢰, 안전의 문화를 조성해 왔다는 것을 알 수 있
었다. 직원들은 긍정적인 관계를 맺고, 안정감을 느끼며, 일을 즐겼
고, 리더를 존경했다. 이 회사는 기반이 될 많은 강점을 가지고 있
었지만, 학습과 높은 성과의 문화를 조성하기 위한 다른 핵심 요소
들이 부족했다. 그중 하나가 바로 명확한 프레이밍과 지침이었다.

명확한 지침을 제공하기 위한
학습과 성과 프레이밍

스포츠 수분 보충제·영양제 업체인 스크래치 랩스Skratch Labs
의 공동 창립자이자 CEO인 이안 맥그리거Ian MacGregor[12]는 새로 영
입된 최고운영책임자COO와 점심을 먹던 중, 그가 스크래치 랩스에

합류한 것이 본인 인생에서 가장 위험한 일이었다고 말하는 것을 듣고 깜짝 놀랐다. 이안은 참지 못하고 웃음을 터뜨렸다. 새로운 COO가 느꼈던 감정을 과소평가한 것은 아니지만, 인생의 그 시점에 스크래치 랩스를 시작한 것은 이안의 인생에서 해 본 가장 안전한 일이었던 것과 비교가 되어 웃음을 참지 못한 것이다.

젊은 시절 이안은 프로 사이클 선수로 활동했다. 두 번이나 23세 이하 미국 챔피언 자리에 올랐지만 다리 부상으로 스물여섯의 나이에 은퇴할 수밖에 없었다. 사이클 선수가 되기 전에는 놀라운 속도로 산을 내려오는 활강 스키 레이서였다. 이안은 그와 동료의 극적인 관점 차이에 큰 충격을 받았고, 이후 그 대화는 창업자이자 CEO로서 그에게 가장 기억에 남는 배움의 순간으로 자리 잡았다. 이 대화를 통해 그는 사람들마다 위험에 대한 인식이 얼마나 다른지 보다 잘 이해하게 되었다.

이안은 스크래치 랩스 직원들이 위험을 감수하도록 하기 위해서는 명시적으로 격려하고 인도하며 안전하다는 느낌을 주어야 한다는 점을 깨달았다. 직원들이 이안이 원하는 행동이 무엇인지 알아야 하고, 위험을 감수한 결과가 실패로 끝나더라도 그들에게는 문제가 없을 것이며, 오히려 적절한 위험을 감수한 것에 대한 보상을 받으리란 점을 확실히 해야 했다.

이안은 자신이 프로 사이클 선수와 활강 스키 레이서로서 위험을 감수할 수 있었던 것은 부모님이 제공한 안정감 덕분이었다는 사실도 깨달았다. 그는 부상을 입어 선수 생활을 계속할 수 없게 되더라도, 다른 길을 갈 수 있다는 자신감을 갖고 있었다.

이안은 직원과 임원들을 대상으로 일관성과 응집력을 창출하는 위험 감수 프레이밍 방식을 개발했다. 이해관계자들과 혁신에 대한 스크래치 랩스의 접근법에 대해 이야기할 때면, 이안은 수평선을 그린다. 그는 선의 한쪽 끝에 씨 뿌리기와 키우기seed and nurture, 다른 쪽 끝에 출시와 학습launch and learn이라고 표시한다. 씨를 뿌리고 키우는 것은 보다 체계적이고 신중한 혁신 방식을 말한다. 여기에는 아이디어를 구상하고, 그 아이디어를 확실히 파악하기 위해 상당한 연구를 진행하며, 소규모 그룹으로 프로토타입을 테스트해 출시 전에 위험을 줄이고 제품을 개선하는 과정이 포함된다. 스펙트럼의 반대쪽 끝에 있는 출시와 학습에는 조사나 연구실 기반 실험에 할애하는 시간이 훨씬 적다. 출시와 학습은 아이디어를 빠르게 시행하고 다음에 일어나는 일로부터 배우는 과정을 뜻한다.

이후 이안은 스크래치 랩스가 스펙트럼의 어디에 있기를 원하는지 확실히 보여 주었다. 씨 뿌리기와 키우기보다는 출시와 학습에 훨씬 더 가까운 곳으로, 유망한 아이디어에 빠르게 착수하고 실행하면서 배우는 것을 의미한다.

스크래치 랩스는 콜로라도주 볼더에 있는 트레이닝캠프에 엘리트 선수들을 모아 그들과 긴밀한 상호작용을 갖고, 그들에게 아이디어를 실행하게 하고, 피드백을 얻는다. 이후 팀은 유망한 제품을 세상에 내놓기 위해 빠르게 움직인다. 출시와 학습 편향이 모든 상황에서 유효한 것은 아니다. 하지만 스크래치 랩스의 경우에는 분명 효과적이다. 판매의 대부분은 제한된 진열 공간에 어떤 제품을 진열할지 분석하고 결정하는 데에만 몇 달이 소요되는 오프라인 소매 유통업체가 아닌 웹사이트와 아마존을 통해 소비자에게 직접적으로 이루어진다. 이런 전략을 통해 스크래치 랩스는 새로운 콘셉트의 성공 여부에 따라 가상 진열대에 제품을 빠르게 진열하거나 치우거나 다른 종류를 추가할 수 있다. 신제품 출시 소식이 자주 부각되는 것은 스크래치 랩스의 브랜드가 혁신적이라는 홍보 효과를 낸다. 또한 이 회사는 표적 고객의 브랜드 충성도가 높기 때문에 어떤 것이 효과가 있고 어떤 것이 효과가 없는지를 빠르게 파악할 수 있다.

　제품을 함부로 출시했다가 큰 피해를 입는 위험을 줄이기 위해 이안은 스크래치 랩스를 배에, 팀을 승무원에 비유한다. 배의 경우, 갑판에서 발생한 화재는 위기를 유발하지만 쉽게 해결할 수 있는 경향이 강하다. 갑판에 있는 누군가가 불을 발견하고 소화기를 들고 불을 끄면 되니 말이다. 약간의 손해가 발생하더라도 고칠 수 있으며 보트의 부양 능력이나 항해 능력에는 영향을 미치지 않는다. 반면에 기관실과 같은 수면 아래에서 화재가 시작되면 치명적일 수 있다. 배의 구조를 형성하는 목재가 손상되고 물이 들어오기 시작하면 보트가 전복될 수 있다. 이안은 팀원들에게 수면 위에서 작업할 때는 원하는 것을 마음껏 할 수 있게끔 격려한다. 제품을 출시하고, 배우고, 위험을 감수하고, 실험하는 것이다. 하지만 수면 아래에서 작업할 때는 동료를 끌어들여 아이디어를 공유해야 하고, 함께 철저히 생각해 보고, 더 많은 피드백을 수집하거나 소규모 시험을 하는 등 위험을 완화할 방법이 있는지 고려해야 한다. 어떻게 행동해야 하는지에 대한 명확한 그림을 제공하는 것이 프레이밍의 예다. 이 프레임 안에서 운영되는 동안, 스크래치 랩스의 직원들은 자신이 해야 할 일을 하고 있다는 것을 알기 때문에 훨씬 더 자신감 있고 효과적으로 학습과 성과, 두 영역에 참여할 수 있다.

프레이밍은 사람들을 인도한다. 무정형적이거나 압도적으로 느껴질 수 있는 활동에 한도와 형태를 제공하고, 역량, 투명성, 주체성, 도전, 피드백, 실수, 공동체 등 성장의 동인을 이해하는 데에도 도움을 준다. 결국 이로 인해 성장 프로펠러는 더욱 강화된다.

프레이밍은 이안 맥그리거가 했듯이 상황에 앞서 이루어지기도 하지만 사건에 대한 반응으로 이루어지기도 한다. 예를 들어 건설 기술 회사인 버서틀은 첫 제품 크레인뷰CraneView[13]를 개발했을 때 눈에 잘 띄는 대형 프로젝트에 제품을 출시할 수 있는 소중한 기회를 포착했다. 당시 골든스테이트 워리어스Golden State Warriors의 홈구장인 샌프란시스코의 체이스 센터Chase Center가 건설 중이었고,

해당 공사비는 14억 달러에 달했다. 관련 건설업체가 크레인뷰에
관심을 보였다. 버서틀은 수개월에 걸쳐 관계를 구축하고 제품에
대한 교육을 실시했지만, 결국 해당 건설업체는 내부적인 이유로
제품을 사용하지 않기로 결정했다. 버서틀에게는 큰 좌절이었다.
당시 CEO 메이라브 오렌이 직원들에게 한 말이 무엇인지 아는가?
"수업료 한번 치렀다고 생각합시다. 자, 그래서 우리가 배운 것은
무엇인가요?" 이것이 바로 프레이밍이다. 이렇게 함으로써 메이라
브는 사람들이 실수를 바라보는 방식에 영향을 주었다. 실수에는
비용이 든다. 하지만 수업료라는 건 그런 것이다. 실수를 숨기려
애쓰지 않고 실수로부터 무엇을 배울 수 있는지 깊이 생각한다면,
더 현명해지고 더 능숙하게 앞으로 나아갈 수 있다.

　　피드백에도 프레이밍이 필요하다. 많은 사람이 피드백을 두려
워하고 실제로든 인식으로든 피드백을 무례함이나 무능함의 신호
로 생각한다. 사람들이 방어적으로 반응하는 것을 막으려면 왜 피
드백을 제공하는지 공유하고 피드백이 무엇인지를 정의해야 한다.
피드백은 누구나 혜택을 받을 수 있는, 사람들이 원하는, 고려할
만한 정보를 말한다.

　　허위 합의 편향을 떠올려 보자. 우리는 상대에게 어떤 이야기
를 할 때 우리가 의미하는 바를 상대도 명확하게 이해하고 있다고
생각한다. 하지만 실제로 상대방의 해석은 우리의 의도와 매우 다
를 수 있다. 우리 마음속에 암묵적으로 존재하는 것(피드백이나 실

수에 대한 견해 등)을 말을 통해 명시적으로 표현함으로써 다른 사람들이 성장 프로펠러를 구축하는 것을 돕고 효과적인 커뮤니케이션, 협업, 학습과 성과와의 일관성을 확보해야 한다. 그렇게 우리의 논리를 다른 사람들에게 명확하게 표현함으로써 우리는 집단적 신념, 습관, 공동체와의 일관성을 보장할 수 있다. 프레이밍의 필요성은 그룹과 소통할 때(리더들에게 자주 생기는 일) 특히 중요하다. 사람들이 대상을 명확하게 하기 위한 질문을 할 기회가 없거나 그런 질문하는 것을 불편해 할 수 있기 때문이다. 프레이밍이 없다면 사람들은 부정확하게 이해하고 잘못된 방향으로 나아가기 쉽다.

학습하는 문화를 위한 프레이밍

2017년 캐럴 드웩은 심리학에 대해 자신이 알고 있는 모든 것을 바탕으로 동기 부여, 성격, 발달의 통합 이론을 발표했다.[14] 그녀는 거기에서 수용, 예측 가능성, 역량, 신뢰, 통제, 자존감/지위, 자기 일관성 등이 보편적인 인간의 니즈라 간주했다. 리더라면 조직 내에서 사람들이 이런 니즈를 충족할 수 있는 여건을 조성해야 하는데, 그것을 어떻게 수행하느냐가 큰 차이를 만들 수 있다. 이제 이런 각각의 니즈와 관련해서 당신이 사용하는 메시지에 대해, 그 메시지가 어떻게 아는 체 하는 문화 혹은 학습하는 문화를 조성할 수 있는지에 대해 생각해 보자. 다음 표에서는 조직에서 가장 자주 사용되는 언어와 보다 잘 조화되도록 이런 니즈 중 몇 가지에 새로운 이름을 붙여 보았다.

학습하는 문화의 프레이밍 방법		
	아는 체 하는 문화를 조장하는 메시지	학습하는 문화를 조장하는 메시지
소속감	당신이 여기에 속해 있는 것은 당신이 똑똑하고, 타고난 재능이 있기 때문이다.	당신이 여기에 속해 있는 것은 우리 자신을 계발하고 세상에 큰 영향을 미치기 위해 열심히 일하고 협력하는 데 헌신하기로 했기 때문이다.
예측 가능성	우리의 일은 미래를 확실히 예측하는 것이다. 때문에 우리는 완전한 확신하에 움직일 수 있다.	우리는 가치관과 합의에 따라 우리가 어떻게 함께 행동할지는 예측할 수 있다.
역량	우리는 실수 없이 우리의 일을 어떻게 해야 하는지 알아야 한다.	우리는 적절한 기술과 학습·개선 능력을 갖추고 있다.
신뢰	우리는 서로가 항상 정답을 알고 있고, 절대 실수를 저지르지 않고, 최고의 자리를 지키고, 서로의 뒤를 봐주고, 다른 팀을 꺾을 수 있다고 믿는다.	우리는 상호 합의하에 행동하며 공정하고 건설적인 프로세스를 통해 갈등을 해결하고 그로부터 배움을 얻는다.

주체성	우리는 우리의 미래와 우리 업계가 진행할 방향을 완벽하게 통제한다.	우리가 가장 잘 통제할 수 있는 것은 우리의 행동이다. 우리는 학습과 성과 영역의 효과적인 팀워크를 통해 세상에 영향을 미칠 수 있다.
지위	성공하고 승진한 사람은 이 중에서 가장 똑똑한 사람이고 자신에 대한 확신이 가장 강한 사람이다.	높은 지위에 오르는 사람은 우리의 가치관을 실천하고 그 과정에서 우리 팀과 조직을 강화하며 학습하는 행동의 본보기가 되는 사람이다.
목적	우리는 우리가 최고라는 것을 보여 주기 위해 노력한다.	우리의 목적은 고객의 삶, 공동체, 사회를 개선하는 것이다.
지배적 논리	모든 메시지와 관점은 능력이 고정적이며 우리는 무결함을 위해 노력한다는 아이디어에 맞추어져 있다.	모든 메시지와 관점은 능력은 학습 영역을 통해 개발이 가능하고 성과 영역을 통해 적용된다는 아이디어에 맞추어져 있다.

바람직한 행동을 정기적으로 부각시킨다

바람직한 행동의 본보기가 되는 사람들과 팀의 이야기를 공유함으로써 바람직한 행동을 강화할 방안을 찾는 것은 모두가 원칙이 실제에서 어떻게 작용하는지 확실히 이해하는 데 도움을 준다.

또한 직원들이 정서적으로 공감하고, 기억하고, 효과적으로 소통하는 데 도움이 되는, 결코 잊을 수 없는 이야기를 제공한다.

4장에서 소나타입이 직원들에게 핵심 가치의 모범이 되는 동료를 추천하도록 독려한 것을 기억하는가? 누구나 지명한 이유를 설명하고, 가치관의 본보기가 된 사람의 이야기를 공유하는 동영상을 제출할 수 있었다. 카를로스 모레노 세라노는 리차드 팬먼을 후보로 추천했다. 소나타입은 회사 전체가 참여하는 행사에서 수상자와 그들의 이야기를 공개했다. 정기적으로 모든 직원에게 이메일을 보내 모범적인 행동을 부각시키고 축하하는 기업들도 있다.

보상의 반대말은 처벌이다. 나는 위험을 감수하도록 장려하면서도 실험이 바라던 만큼 성공적이지 않으면 실망하고 관련 직원에게 나쁜 평가를 하거나, 보너스를 줄이거나, 승진에서 누락시키는 리더들을 본 적이 있다. 이는 실제적인 위험 감수에 대한 안정감을 주는 진정한 격려가 아니다. 이런 태도는 사람들이 지나치게 신중해지고 효과가 있다는 확신이 있는 일만 하게 되는 정반대의 효과를 초래한다. 도전을 추구하고 위험을 감수하는 행동을 장려하고자 한다면 위험 감수가 바라던 결과가 가져왔을 때뿐만 아니라 도전을 추구하고 위험을 감수하는 노력 자체에 보상을 해야 한다. 결과로부터 배움을 얻고 교훈에 가치를 두어야 한다. 팀이나 조직이 실패를 통해 배우고 새로운 통찰을 앞으로 나아가는 데 적용하는 것을 본 사람들은 계속해서 위험을 감수할 수 있는 동기를 얻고 지원을 받는다고 느끼게 될 것이다.

　메시지를 구체적이고 집중적이며 명확하게 만들어야 한다는 점, 짧은 메시지도 큰 도움이 될 수 있다는 점도 명심하자. 리치 레서Rich Lesser는 보스턴컨설팅그룹의 CEO로 일하던 시절 〈화요일의 2분Two Minutes on Tuesday〉이라는 동영상을 게시하곤 했다. 여기에서 그는 성장 마인드셋의 중요성 등 다양한 주제를 다뤘다. 한 영상에서 그는 "아는 것을 아는 것보다 모르는 것을 아는 것이 더 가치 있다"라는 말을 전하고 그 이유를 설명했다.[15] 이는 높은 성과를 올리는 많은 경영 컨설턴트들의 직관에 어긋나는 이야기였다. 또한 그는 사람들에게 "수평적으로 성장할 수 있는 기회를 찾고, 자신과 다른 기술을 가진 사람을 찾으라"라고 충고했다. 이런 메시지를 통해 그는 보스턴컨설팅그룹 직원들에게 학습하고 성과를 올리는 방법에 대한 틀을 제시한 셈이다. 그는 사람들이 일을 성장을 촉진하는 방법의 하나로 보도록 도왔다. 이로써 직원들 모두가 자신이 모르는 것을 인정하는 것이 가치 있는 일이라는 것을 이해하고 서로에게서 배우려는 마음으로 회의와 프로젝트에 참여할 수 있게 만들었다. 이것이 바로 배려와 신뢰, 명확성을 통한 리더십이다. 리더는 학습과 성과, 두 영역에 대한 시스템과 루틴을 마련하고 그 방식의 본보기가 되어야 한다. 이것이 다음 장의 주제다.

성찰

* 나는 우리 팀이 어떤 문화를 갖기를 바라는가?

* 내 동료들과 나는 서로를 신뢰하는가?

* 나는 내 목표에 방해가 될 수 있는 사고방식을 갖고 있지 않은가?

* 나는 바람직한 행동을 인정하고 강화하고 있는가?

과제

* 우리 팀이 학습과 성과, 두 영역에 참여하는 데 도움을 주는 시스템과 루틴은 어떤 것일까? 나는 어떻게 그 길을 이끌어야 할까?

12장

뛰어난 리더는
뛰어난 학습자다

뛰어난 리더는 학습과 성과, 두 영역을 지원하는
구조를 마련하고 학습자로서 명확한 본보기가 된다.

스크래치 랩스는 운동을 좋아하는 사람들을 겨냥해 주머니에
서 녹지 않는 몸에 좋고 편리한 쌀 케이크, 스크래치 크리스피Sk-
ratch Crispy를 개발하고 포장에 사용되는 필름을 새로운 업체에서 받
기로 결정했다.[1] 늘 그렇듯 '씨 뿌리기와 키우기'보다는 '출시와 학
습'의 측면에 치중했다. 제품 출시 과정은 난항을 겪었다. 회사가
필름을 위해 디자인한 상세 이미지가 공급업체의 역량 때문이었는
지 포장에서 흐릿해 보였다. 스크래치 랩스는 회의 끝에 다른 필름
공급업체를 찾으면서 기존 제품을 그대로 시장에 내놓기로 결정했

다. 새로운 포장으로 전환하자마자 남은 재고는 기부했다.

　스크래치 랩스는 일이 순조롭게 진행되지 않았을 때 어떤 과
정을 거쳤을까? 그들은 마치 큰 성공을 앞두었을 때와 똑같이 일
을 진행했다. 매 분기, 회사 전체가 모여 '회사 현황' 회의를 갖는
다. 이 회의는 보통 1시간 30분간 진행되며 그들은 한두 가지 심각
한 실패와 큰 성공을 선정해 공개적으로 논의한다. 대단히 유용한
학습 영역 활동이다.

　각 분석은 다음의 4가지를 논의하는 동일한 프로세스를 따른다.

- 알고 있는 비용: 스크래치 랩스의 사례에서는 기부된 재고의 가
  치가 여기에 포함된다.
- 알지 못하는 비용: 회사는 흐릿한 포장의 제품을 그대로 출시하
  기로 결정했고, 이로 인해 브랜드 가치에 부정적인 영향을 미쳤
  을 뿐만 아니라 다른 부수적 피해도 일어났을 수 있다. 이 과정
  을 통해 팀은 자신들이 모르는 것이 있다는 점을 명시적으로 인
  정한다.
- 결심 시점: 이 회사는 팀을 의사 결정이 내려진 시점으로 이끌어
  당시 이용할 수 있었던 정보가 어떤 것인지 확인한다. CEO인 이
  안 맥그리거는 회사의 핵심 가치를 반영해 팀이 잘한 일을 부각
  시킨 뒤, 팀이 다른 결정을 내렸다면 어땠을지를 논의한다.
- 프로세스 변경: 마지막으로 스크래치 랩스는 이런 교훈을 바탕

으로 프로세스를 변경할지 결정한다. 스크래치 크리스피 출시의 경우, 팀은 프로세스 변경이 필요치 않다고 결정했다. 공급업체가 필름을 정확하게 인쇄할 수 있다고 그들을 안심시켰기 때문이다. 출시와 학습이라는 행동에 편향된 그들의 철학을 고려할 때, 그 팀은 수면 위에서 수용 가능한 위험을 감수했다.

스크래치 랩스는 중요한 프로젝트가 성공했는지 실패했는지에 관계없이 이 프로세스를 따른다. 새로운 공급업체의 필름을 이용한 후 스크래치 크리스피는 이제 상업적 성공을 거둔 제품으로 자리매김했다. 가장 중요한 것은 스크래치 랩스의 직원들이 동료들이 진정으로 원하는 것에 대한 확신을 가진 채 계속해서 출시와 학습을 이어가고 있다는 점이다.

시스템과 루틴을 마련한다

스크래치 랩스의 분기별 회의는 학습과 성과, 두 영역을 지원하기 위해 설계된 시스템의 한 예다. 또한 이 회사는 각 부서별로 매일 1분에서 12분 정도 진행되는 스탠드업 회의를 갖는다. 이는 동료들이 중요한 정보를 공유하고 조율해 이후의 분담과 업무 수행을 가능케 하는 일종의 '실행하는 동안의 학습 포럼'이다.

사후 검토after-action review를 실행하는 회사나 팀들도 있다.[2] 본래 군대에서 시작된 이 관행은 성찰하고, 배우고, 개선할 점을 파악하는 데 사용된다. 컨설팅업체 페일 포워드Fail Forward의 CEO, 애슐리 굿Ashley Good은 개인이나 조직이 실패를 학습과 성장의 기회로 이용할 수 있도록 돕는다.[3] 그녀는 프로젝트가 끝나고 일을 돌이켜 보며 사후 검토만 하는 것보다 프로젝트가 진행 중일 때 정기적으로 프로젝트를 평가하는 간소한 회의 자리를 마련한다면 더 많은 것을 배울 수 있다고 지적한다. "사후 검토가 유용하다고 말하는 것이 망설여지는 이유는 무엇인가를 바꾸기에는 너무 늦어 버리기 경우가 많기 때문입니다." 애슐리는 내게 이렇게 말했다. "근본적으로 사후 검토는 고통스러운 일입니다. 마치 치과의 신경치료와 같죠. 따라서 문제가 발생한 뒤에 대응하는 것이 아니라 진행 과정 내내 대화를 가지고 회의를 잡는 것이 낫습니다."

회의의 진행 과정을 변경하는 것은 회의 중에 이루어지는 대화를 바꿀 수 있는 간단한 방법이다. 링크드인의 최고제품책임자 CPO인 토머 코헨은 회사의 상위 100명 내외의 리더가 참여하는 주간 회의에서 이 방법을 도입했다.[4] 그는 진행 과정을 변경해 이제 회의의 한 섹션을 참가자들이 회사 전체의 다른 리더들과 배운 것을 공유하는 데 할애하고 있다. "제 목표는 언어의 관점뿐만 아니라 방향의 관점에서도 학습을 전면에 내세우고 템플릿으로 만들어, 그 과정에서 얻은 교훈을 공유하는 것이 일상적인 일이 될 수 있도록 하는 것입니다." 토머의 말이다.

처음에는 회의에서 새롭게 마련된 시간 동안 사람들이 잘된 점과 잘못된 점에 대한 데이터나 결과를 공유할 뿐 구체적인 교훈이나 시사점은 밝히지 않았다. 토머는 사람들이 생각을 가다듬고 동료들이 교훈으로 삼고 앞으로 적용할 수 있는 일반화된 교훈을 확인할 수 있도록 "그래서?So what?"라는 후속 질문을 던졌다. 이야기를 공유한 사람이 문제의 핵심을 파악할 때까지 말이다. 차츰 사람들은 이 새로운 마인드셋에 익숙해졌다. 토머는 회의에 참석한 모든 리더가 배울 수 있는 것이 무엇이며 자신들의 업무에 어떻게 적용할 수 있을지 생각해 보도록 독려했다. 이를 통해 회의를 학습에 더욱 집중하도록 프레이밍했을 뿐 아니라 리더들이 일상 업무에 접근하는 방식도 변화시켜 그들이 실행하는 도중의 학습에 더 많이 참여할 수 있도록 했다. 토머가 이런 변화를 시작한 후, 회의 참석자들로부터 회의 덕분에 더 똑똑해지고 업무 효율이 높아졌다는 이야기를 들은 다른 사람들도 주간 회의 참석(듣기만 하더라도)에 관심을 표현하기 시작했다.

사람들에게 행군 명령을 내리는 것만으로는 충분치 않다. 효과적인 리더는 효과적인 교사가 되어야 한다. 그 과정에서 리더는 모든 것을 아는 체 하는 사람으로서가 아니라 일하는 방법에 대한 비전을 가진 리더로서 항상 다른 사람의 관점을 고려할 수 있는 열린 자세로 사람들을 인도해야 한다. 개인 역시 정기적으로 성찰하는 시간을 마련해 두고 상사, 동료, 멘토, 고객에게 주기적으로 피드백을 요청함으로써 보다 효과적으로 일하는 방법을 찾을 수 있다. 이 모든 것이 학습과 성과, 두 영역을 위한 시스템과 루틴이다.

또한 협업의 기회를 얼마나 체계적으로 활용하고 있는지 생각해 보자. 예를 들어 신참이 보고서 초안을 작성해 당신에게 검토를 요청하는 경우, 단순히 보고서를 수정해 전달하는 것은 기회를 놓치는 일이다. 가능하다면 그에게 당신이 보고서를 수정하는 자리에 함께할 의향이 있는지 묻는 것이 좋다. 수정을 진행하면서 자신의 생각을 설명해 동료가 머릿속으로 모델을 발전시키도록 도울수도, 그가 수정하는 동안 당신이 코칭을 할 수 있다. 이런 접근 방식은 처음에는 시간이 좀 더 걸리겠지만, 이후 보고서를 검토해야할 필요가 줄어들고 시간이 단축되므로 장기적으로는 큰 이득이 있을 것이다.

이밖에도 특정 기술을 개발하기 위해서는, 특정 유형의 업무에서 더 긴밀하게 협업하거나, 하급자가 일부 고객 대상의 피칭이나 고위 경영진과의 대화에 참여하도록 하거나, 고위 경영진이 하루 동안 일선 직원의 업무를 경험해 보는 방법도 있다. 또한 상호 이익과 학습을 위한 다른 분야 혹은 다른 제품 라인의 사람들과의 보다 긴밀한 협업으로 본인 혹은 팀이 얻을 수 있는 이점이 어떤 것인지도 생각해 보자.

다음은 고려해야 할 몇 가지 추가적인 시스템과 루틴이다.

- 측정 가능한 목표를 정하고, 정기적인 데이터 추적, 분석, 논의로 아이디어를 창출하고, 실험을 실행하며 결과를 평가한다.
- 정기적으로 다른 부서를 팀 회의에 초대해 그들이 하는 일에 대해 질문하고, 피드백을 요청하고, 더 나은 협업 방법을 모색한다.
- 월별, 분기별 정기회의 일정을 정해 한 팀으로서 모여 협력 방식 개선을 목표로 문제와 아이디어에 대해 논의한다.
- 연례 360도 피드백 프로세스를 만들어 모든 사람이 다른 사람들이 유용하다고 생각하는 정보를 얻고 개선이 필요한 영역을 확인할 수 있도록 한다.

변화가 수포로 돌아가지 않도록 한다

업계, 기업, 팀의 새로운 프로그램이나 변화는 마인드셋과 습관을 전환할 기회다. 이는 팀이 직면하는 모든 도전이나 실수에 적용된다. 어떻게 하면 그 상황을 성장 프로펠러를 더 강화하는 데 활용할 수 있을지 생각해 보자.

1부에서 언급했던 비시바의 CEO 더글라스 프랑코를 기억하는가?[5] 더글라스는 교육업체에 합류해 회사의 성장 속도를 크게 높여야 하는 임무를 맡으면서 도전에 직면했다. 그는 "처음에는 상당히 힘들었습니다. CEO로 영입되었기 때문에 회사의 거의 모든 사람, 특히 경영진이 제게 좋은 인상을 주려고 애를 썼거든요"라

고 말했다. "자기 자신을 정당화하기 바빴죠. 저는 '난 우리가 어디
에 있었는지는 개의치 않아요. 지금 어디로 가는지만 관심 있습니
다'라는 식의 태도를 보였습니다." 이것은 프레이밍의 또 다른 예
다. 그가 직원들에게 바라는 것은 개선할 수 있는 부분을 파악하지
못하면 궤도를 바꿀 수 없다는 점을 깨닫는 것이었다. "문제를 찾
아서 해결하면 우리는 성장할 것입니다. 문제를 해결할 기회가 없
다면 지금의 위치에서부터의 개선이 가능할까요?" 그는 말했다.
더글라스는 자신 역시 리더로서 실수를 저지르고 있다는 것을 깨
달았다. 그는 위협적인 느낌을 주었고, 사람들의 말을 자르는 등의
행동으로 상황을 악화시키기까지 했다. 그는 사람들이 무슨 말을
할지 안다고 상황을 단정짓거나 도중에 답을 할 수 없다는 것을 뻔
히 아는 어려운 질문을 던졌다. 공포감을 자아내려는 의도는 아니
었지만, 성과에 대해 느끼는 압박감에서 비롯된 그의 리더십 스타
일은 팀원들을 만성 성과 증후군으로 밀어넣었다.

　"직원들은 자신들이 곤란한 상황에 처해 있다고 느꼈습니다.
회의에서 제가 조성하고 있는 역학이 좋지 않으며 적절한 문화를
촉진하지 못하고 있다는 것을 깨달았습니다. 그래서 저는 스타일
을 바꾸고, 더 인내심을 갖고, 적극적인 경청을 하고, 모범을 보임
으로써 가르쳐야 했습니다. '좋아요, 그 가설이 왜 효과가 없다고
생각하는지 설명하죠. 그 이유를 공유하겠습니다. 그리고 수치가
무엇을 의미하는지 살펴봅시다'라고 말하는 거죠. 저는 코치와 같

은 역할을 하기 위해 노력했습니다. 하고 싶은 말을 참고 질문하기 시작했고, 효과를 볼 수 있도록 제 리더십 스타일을 조정했어요. 그리고 마침내 이 방법이 성공했습니다." 이 회사는 코로나19 팬데믹 동안 인력을 17퍼센트 감축해야 했음에도 불구하고 위기를 이겨내고 더 강한 기업이 되었다. 경영진은 2년이 안 되는 시간 동안 신제품 아이디어를 테스트하고, 표적 고객을 찾고, 채널과 메시지를 홍보하는 70회 이상의 실험을 진행했다. 20개는 실패했지만 이들 실험은 그 기간 내에 총매출과 수익의 2배 증가라는 결과로 이어졌다. 2년 후, 그들의 종업원 수는 팬데믹 이전으로 회복되었다. 단 이번에는 기록적인 재정적 성과가 함께했다.

비시바의 연간 예산과 목표 계획을 승인할 때면 이사회에는 기본 계획과 에베레스트 계획Everest plan이 보고된다. 경영진은 기본 계획에 따라 평가를 받지만, 모든 이사회 회의에서는 두 계획에 대한 진전을 논의하며, 모든 이사회 회의와 회사 내의 모든 사람들이 이야기하고 실험을 통해 추구하는 목표는 에베레스트 계획이다. 회사의 전략적 목표와 연계된 더 크고 대담한 목표 말이다. 비시바는 핵심 가치관과 지도 언어를 바꾸기 위해 직원들의 의견을 구했고, 직원들은 회사의 본사와 사무실 이름으로 '베이스캠프'와 '8850미터'를 제안했다. 이런 이름들은 대담한 태도를 갖고 알고 있는 것 너머를 실험해야 한다는 것을 일상에서 쉽게 상기시키는 역할을 한다. 단지 경영진뿐 아니라 조직의 모든 사람들이 문화를

삶에 받아들일 때야말로 문화의 전환이 일어나고 있다는 것을 알
수 있다. 결국 최종 목표는 조직 내 모든 사람들의 생각하고 행동
하는 방식을 바꾸고 모든 직원이 경험하는 문화를 바꾸는 것이다.

결점 앞에 솔직해진다

리더인 우리는 자신을 학습자로 보고 정기적으로 학습 영역에
효과적으로 참여하지만, 개인적으로도 그렇게 행동해야 한다. 프
레이밍은 중요하다. 하지만 눈에 보이는 행동이 언어와 일치하지
않는 경우에는 행동이 말보다 큰 목소리를 낸다. 사람들은 자신들
이 보는 행동을 따라 한다. 대상이 리더나 롤 모델일 때는 특히 더
그렇다. 리더가 모든 답을 갖고 있어야 하는 것처럼 행동한다면 사
람들은 그것이 조직의 가치관이라고, 그것이 승진의 기회를 만든
다고 배울 것이다.

넷플릭스의 공동 창립자이자 전 CEO, 리드 헤이스팅스Reed
Hastings는 그의 책 《규칙 없음No Rules Rules》에 이렇게 적고 있다. "리
더는 360도 평가, 특히 자신이 잘못하고 있는 모든 일에 대해 솔직
한 내용을 팀원들과 공유해야 한다.[6] 이로써 모두에게 명확하고 실
행 가능한 피드백을 주고받는 것이 그렇게 겁나는 일이 아니란 것
을 보여 줄 수 있다."

지미 키멜Jimmy Kimmel의 심야 쇼에서 오래 이어지고 있는 인기

코너로 '심술궂은 트윗Mean Tweets'라는 것이 있다. 유명인을 생방송
에 초대해 트위터에 게시된 가장 모욕적인 글을 큰 소리로 읽게 하
는 코너다. 몇 년 전, 조직 심리학자 애덤 그랜트Adam Grant의 제자인
와튼경영대학원 학생 그룹이 '심술궂은 트윗'의 구성을 빌려 코믹
한 영상을 제작했는데, 학기말 교수 평가에 올라온 자신에 대한 비
판적인 댓글을 읽는 교수진의 모습을 담은 것이었다.[7] 그랜트는 그
의 책 《싱크 어게인Think Again》에서 이 동영상의 결과로 교수와 학생
간의 역학 관계에 어떤 일이 일어났는지 설명했다. 그는 이 주목할
만한 영상을 매 학기 초에 학생들과 공유하기 시작했다. 그는 동영
상을 본 학생들이 교수에 대한 건설적인 비판을 하는 자발성이 훨
씬 활성화된 것을 관찰했다. 영상 속에서 한 교수는 "이 교수는 개
자식이다. 하지만 좋은 개자식이다"라는 평가를 읽고, 그랜트 자신
도 유쾌하게 자신에 대한 평가를 읽는다. "머펫(여러 가지 캐릭터의
동물 인형의 통칭. 멍청이라는 뜻으로 쓰인다-옮긴이)이 생각나네요."
그랜트는 이 영상을 통해 학생들이 자신을 "일은 진지하게 생각하
지만, 자신은 그리 진지하게 생각하지 않는" 사람으로 본다는 것을
알 수 있었다고 말한다.

　비디오에 대한 반응은 매우 뜨거웠다. 그로부터 몇 년이 지나
그랜트는 이와 비슷한 것이 게이츠 재단Gates Foundation이 추구하는
팀원들의 심리적 안정감 조성에 효과가 있지 않을까 하는 아이디
어를 떠올렸다. 그는 이 영상을 멜린다 게이츠Melinda Gates에게 보냈

고, 그녀는 그의 제안에 적극 동의했다. 심지어 자신을 첫 번째 대
상으로 삼아 달라고 부탁할 정도였다. 그는 이렇게 적었다. "그녀
의 팀은 직원 설문조사에서 나온 비판을 정리해 카드에 인쇄한 다
음 그녀가 카메라 앞에서 실시간으로 반응하게 했다. 그녀는 자신
을 망할 메리 포핀스 같다고 한 직원의 불만(멜린다가 욕하는 것을
들었다는 이야기는 처음이었다)을 읽고, 자신의 결함을 더 잘 드러나
게 하기 위해 얼마나 노력하고 있는지 설명했다." 과연 이 방법은
얼마나 효과적이었을까? 그랜트와 그의 동료들은 이를 평가하기
위해 직원들을 세 그룹으로 나누어 첫 번째 그룹은 '비열한 트윗'
스타일의 동영상을 시청하고, 두 번째 그룹은 조직에서 조성하고
자 하는 문화에 대해 논의하는 게이츠의 다른 동영상을 시청하고,
세 번째 그룹인 통제군은 아무 영상도 시청하지 않게 했다. 그랜트
는 실제로 첫 번째 그룹이 "학습 지향성이 더 강해졌으며, 자신의
단점을 인식하고 이를 극복하기 위해 노력하는 측면에서 영감을
받았다"라는 사실을 발견했다. 또한 그랜트는 이들 직원이 우려뿐
아니라 칭찬과 같은 다양한 이유로 게이츠에게 연락할 가능성이
더 높다는 것을 관찰했다. 권력과 위계질서에서 비롯되는 억제 효
과의 일부가 사라진 것이다. 그랜트가 책에서 인용한 한 직원은 이
렇게 말했다. "그 영상에서 멜린다는 재단에서 제가 아직 본 적이
없는 일을 했습니다. 그녀는 대중들이 갖고 있는 피상적인 이미지
를 완전히 깨뜨렸습니다. '무슨 소리인지도 모르는 회의에 너무 자

주 들어가요'라고 말했을 때였죠. 그녀의 솔직함에 큰 충격을 받았고 한편으로는 감사한 마음이 들었습니다. 어찌나 강렬했던지 그 말을 받아 적었을 정도였죠. 이후 그녀가 정말 크게 웃고 나서 어려운 말에 대답할 때, 이미지가 다시 한 번 박살났습니다. 저는 그런 모습이 전혀 멜린다 게이츠 같지 않다는 것을, 아니 사실은 정말 멜린다 게이츠 같다는 것을 알 길이 없었으니까요."

나도 남도 쉽게 재단하지 않는다

학습하는 문화를 이끌려면 말과 행동을 일치시켜야 한다. 메시지가 혼란스러울 때는 행동이 말보다 더 큰 힘을 발휘하지만, 말이 없는 행동은 여러 가지 방식으로 잘못 해석되기가 쉽다. 줄리아 바르바로Julia Barbaro는 남편 지노(전직 피자집 주인이자 부동산 투자 회사를 공동 설립한)와 함께 〈멀티 패밀리 존Multi Family Zone〉이라는 팟캐스트를 공동 진행 중인 인생·결혼 코치다.[8] 몇 년 전만 해도 그녀는 모든 것을 다 갖춘 것처럼 보이는 주변의 기혼 여성들과 이웃으로 지냈었다. 그 10년이라는 시간 동안 그녀는 자신이 그들만 못하다는 느낌을 줄곧 받아 왔다. 자신의 삶은 고단한데 그 사람들은 그렇지 않다고 생각했기 때문이었다. "저는 겉모습만 보고 그 엄마들은 완벽하다고 생각했어요." 그녀는 말했다. "그들은 모든 일을 잘 해냈어요. 아이들마저 성적이 우수했죠. 저는 결코 따

라갈 수 없었어요. 몇 년 동안 그 생각에 사로잡혀 있었죠. 그들은
결혼, 가족, 아이들, 교육… 이 모든 것을 가졌다고 말이에요." 하지
만 어느 날 커피숍에 앉아 있던 그녀는 뒤쪽 테이블에 앉은 여성들
중 몇 명이 자신은 상상도 하지 못했던 어려움에 대해 이야기하는
것을 우연히 듣게 되었다. "저는 '저런 사정이 있는 줄은 꿈에도 몰
랐네'라고 생각했습니다. 물어본 적이 없었으니까요. 제가 그분들
발끝도 쫓아갈 수 없다고 생각했기 때문에 그들에게 다가가지조차
않았던 거예요. 그리고 '세상에, 난 다른 사람들에게 절대 그런 느
낌을 주고 싶지 않아'라고 생각했죠."

　　이제는 다른 사람들이 그녀와 지노가 크고 아름다운 집, 여섯
아이들, 재정적 독립이라는 '완벽한 삶'을 산다고 생각한다. 하지
만 줄리아는 그 사람들에게 지금의 삶을 누리기까지 겪었던 모든
어려움과 배움에 대해 이야기하기로 결심했다. 과거에 그녀가 그
랬던 것처럼 사람들이 마음속으로 나름의 이야기를 만들어 내고서
자신들을 그녀와 비교하는 일을 하지 않길 바랐기 때문이다. "사람
들이 '두 사람은 완벽한 결혼 생활을 하고 있군요'라고 말하기 시
작하면, 저는 '아니요, 절대 그렇지 않아요. 우리도 힘들어요'라고
말해요. 사람들이 그걸 알았으면 좋겠어요. 삶이란 어렵다는 것을,
아이를 키우는 것은 어렵다는 것을 말이죠. 우리는 많은 일을 겪어
요. 열심히 노력할 뿐이죠. 진심을 다해 노력하고 실수로부터 배워
야 해요."

다른 사람에 대해 쉽게 재단하고 가정하는 것은 고정 마인드셋이 형성되는 흔한 방식이다. 우리는 우수한 운동선수가 경기를 펼치는 것을 보고, 모든 것이 쉬웠을 것이라고 가정한다. 경기장이나 밖에서 그 선수가 거친 과정을 보지 못했기 때문이다. 회사 임원이 무대에 올라 호감이 가는 발표를 하거나 회의를 능숙하게 이끄는 것을 보면, 우리는 그가 타고난 재능을 가졌고, 긴 시간 노력하거나 준비할 필요가 없었을 것이라고 생각한다. 오로지 성과 영역만 보는 것이다.

리더로서 모범을 보인다

리더라면 사람들에게 학습 영역에서 우리가 거쳐 온 과정을 다른 사람들에게 상기시켜야 한다. 그리고 천부적인 재능이 있는 것처럼 보이는 다른 사람들을 볼 때는, 우리가 긴 시간 속의 한 장면만 보고 있으며 모두가 학습 영역에 정기적으로 참여함으로써 더 나아진다는 것을 스스로에게 상기시켜야 한다. 나는 스스로를 강한 학습자라고 생각하는 경영진과 일을 하게 될 때가 있다. 그들과 대화하고 교류하다 보면 그들의 자기 평가가 정확하다는 생각이 든다. 하지만 그들과 다른 사람들을 여러 가지 측면에서 조사해 보면, 고위 임원들의 경우 자신이 학습의 본보기가 되고 있다고 생각하는 정도가 하급자들 생각하는 것보다 일관적으로 훨씬 높게 나타난다. 나는 함께 일하는 사람들에게 동료들로부터 어떤 모습으로 기억되고 싶은지도 질문한다. 그들이 말하는 것 중엔 매우 긍정적인 이야기가 많은 반면, 계속 발전하는 사람으로 보이고 싶다고 말하는 경우는 찾기 힘들다. 성장의 문화를 조성하려면 학습자로 인식되고자 하는 의도를 발전시켜야 하고, 학습 행동의 가시적인 본보기를 통해 암묵적인 사고를 명시적으로 만듦으로써 다른 사람들이 우리가 어떤 일을 하고 있으며 그 이유가 무엇인지 이해하도록 해야 한다.

　팀원들에게 늘 완벽하고 확신에 찬 모습을 보일 필요는 없다. 하지만 그 시점에 도달하기 위해서는 우선 리더는 고장 난 녹음기가 되어야 한다. 리더는 일관된 태도로 사고, 논리, 가정을 투명하게 보여 주면서 다른 사람들이 리더를 이해하고 자신의 성장 프로펠러를 개발할 수 있도록 해야 한다. 직원들은 리더의 소통이 지나치다고 보기보다는 소통이 부족한 사람으로 볼 가능성이 9배 이상 높다는 것을 명심하자.[9] 또한 소통이 부족하다고 인식되는 리더는 무신경하고 불분명하게 보이는 경향이 있는 반면, 소통이 과하다고 인식되는 리더는 배려심이 있고 명확하며 노력한다는 인상을 준다는 것도 기억하자. 조직이 중대한 도전에 직면했을 때 리더인 우리는 불확실성과 어려움에 대해 솔직하게 이야기하면서도 함께하면 장애를 극복하고 목표를 이룰 수 있다는 믿음을 공유해야 한다. 아직 모든 해답을 가지고 있지는 않지만, 우리에겐 모든 필요한 기초 지식과 기술은 물론 역경을 통해 지속적으로 개선하고 배울 수 있는 학습 성향이 있다고 말이다.

다른 많은 사람과 마찬가지로 나 역시 오랫동안 롤 모델링이란 다른 사람들이 실천하기를 바라는 행동을 가시적으로 보여 주는 것이라고 설명했다. 하지만 이것은 정확한 설명이 아니다. 리더가 문화를 구축하는 초기 단계에서는 특히 더 그렇다. 대신 리더는 내가 비대칭 모델링asymmetrical modeling이라고 부르는 방식을 사용해야 한다. 사람들이 이야기하고 질문하기를 원한다면, 리더는 자신이 팀원들에게 원하는 것이 무엇인지 말하고, 그들에게도 반드시 이야기할 수 있는 공간을 제공해야 한다. 사람들이 자신의 아이디어와 의견이 불일치하는 부분을 드러내기를 원한다면, 리더가 자신의 아이디어와 의견이 불일치하는 부분을 먼저 드러내서는 안 된다. 우선 경청과 질문으로 시작해야 한다. 이것이 바로 비대칭적인 부분이다. 리더는 권력을 가진 위치에 있기 때문에 리더의 행동은 달리 해석된다. 따라서 리더가 말하고 이의를 제기하면 다른 사람들은 침묵을 지키며 리더의 결정을 기다리게 된다. 리더는 다른 사람들을 코칭하고, 경청과 질문에 집중하며, 바람직한 행동을 실천하도록 유도해야 한다. 이후 그들이 바람직한 행동에 참여했을 때 보상을 제공하면 된다. 다른 사람들이 질문을 하기를 원한다면 "보통 사람들은 뭘 궁금해 하나요?"라고 물어보는 것이 좋다. 사람들이 의견이 불일치하는 부분을 공유하기를 원한다면 "이 문제에 대해 다른 관점을 가진 분이 계신가요?"라는 질문으로 시작하는 것이 좋다. 그리고 새로운 관점을 얻었을 때는 우리가 오히려 배우고 있으며 생각을 바꾸고 있다는 것을 보여 주어야 한다. 모든 것을 아는 체 하는 사람이란 인상을 주지 않아야 한다.

마지막으로 본보기를 보이는 것과 관련해 경고할 것이 있다. 학습에 대한 본보기를 보이는 것은 다른 사람들이 우리가 유능하다고 믿을 때 가장 효과적이다. 상대방이 우리를 무능하다고 생각할 때라면 학습 모델링이 역효과를 낼 수 있다. 기량의 부족이나 불안으로 해석될 수 있기 때문이다.[10] 이것이 바로 커리어 전체에 걸쳐 정기적으로 학습 영역에 참여하는 것이 중요한 이유 중 하나다. 우리가 지속적으로 역량을 키워야 일을 완수하고 학습 모델링 등을 통해 성장의 문화를 조성하는 데에서 자신감과 효율성을 높일 수 있다.

나는 이것을 역량의 플라이휠flywheel of competence이라고 부른다. 플라이휠은 무겁고 회전하는 데 많은 힘이 필요하다. 하지만 꾸준히 힘을 주면 플라이휠은 점점 더 빠르게 돌고, 빠르게 돌면서 추진력을 얻으면 멈추기가 어렵다. 역량도 마찬가지다. 학습 영역을 통해 역량을 개발할수록 이를 더욱 발전시키고 적용해 문화를 이끄는 데 이용하는 일이 더 쉬워진다. 모든 사람이 학습과 성과에 정통해지면 효율이 급증하면서 두 영역에 할애할 더 많은 시간이 생긴다. 이는 자기 강화 사이클로, 이때부터는 이 사이클을 멈출 수 없게 된다.

　코로나19 팬데믹이 시작되었을 때 리지 딥 메츠거가 아주 손
쉽게 동료 3명에게 연락해 매주 전화 통화로 서로 도움을 주면서
전략을 공유하자고 제안할 수 있었던 것도 그런 이유에서다. 모두
가 그녀가 일에 있어 뛰어나다는 것을 알고 있었기 때문에 함께 배
우자는 그녀의 제안은 힘과 능력의 신호로, 위기 상황에서 무엇을
해야 하는지 알고 있다는 신호로 받아들여졌다. 리지의 동료들은
리지의 에어 센스 역시 신뢰했다. 4장의 학습 영역 전략을 기억하
는가? 그들은 리지의 예리한 직관에 대해 알고 있었기 때문에 그녀
가 다른 사람들에게 도움이 되는 올바른 결정을 내릴 것이라고 믿
었다. 이런 이유로 코로나19도 그녀를 멈추지 못했고, 그녀는 계속
해서 최고의 성과를 달성했다. 그녀는 경력 내내 강한 회복력을 유
지했다. 도전과 불확실성의 시기에 해야 할 일이 무엇인지를, 그런
시기에는 학습 영역에 뛰어들어야 한다는 것을 알았기 때문이다.

　자신의 역량에 대해 불안을 느끼면서도 학습 문화를 구축해야
하는 어려운 상황에 처해 있다면, 학습 영역에 참여해 기술을 개발
하는 것이 좋은 방법이다. 거기에 더해, 학습 행동에 참여하는 이
유를 설명해야 한다. 암묵적인 것을 명시적으로 만드는 것이다. 모
든 사람이 어떻게 행동해야 하는지를 조율하고, 본보기를 보일 때
는 이런 합의를 다시 떠올려 보자. 이렇게 한다면 당신의 행동이
기량의 부족이나 불안으로 해석될 가능성은 줄어든다. 오히려 다

른 사람들이 그 행동을 리더십의 신호로(실제 그대로) 해석하도록
돕고 있는 것이다. 경력이 쌓일수록 필요한 전문 지식의 복잡성과
수준은 높아진다. 하지만 당신이 자신의 일에 유능하다고 느끼는
순간부터 플라이휠은 굴러갈 것이고, 학습과 성과 두 영역에 계속
참여하면 가속은 더 쉬워질 것이다. 가장 순조로운 길은 커리어 전
반에 걸쳐 꾸준히 학습 영역에 투자하는 것이다.

인센티브와 보상을 확실히 한다

성공했을 때만, 일이 잘 되었을 때만 보상과 칭찬과 축하가 주
어지는가? 사람들이 위험을 감수할 경우, 그런 위험 감수가 바람
직한 결과로 이어질 때만 칭찬하고 축하하는가? 이렇게 하고 있다
면, 당신은 아는 체 하는 문화와 만성 성과 증후군을 조장하고 있
는 것이다. 인센티브와 보상이라는 용어는 단순히 금전적인 것만
을 의미하는 것이 아니다. 진정한 칭찬과 감사는 사람들의 행동을
강화하는 더 강력한 방법이 된다. 컨설턴트이자 내가 좋아하는 팟
캐스트 〈파트너링 리더십Partnering Leadership〉의 진행자, 마한 타바콜
리Mahan Tavakoli는 자신의 전 상사였던 데일 카네기 앤 어소시에이츠
의 CEO 피터 핸달이 이 일을 얼마나 훌륭하게 했는지를 이렇게
설명한다.[11] "그분은 결코 먼저 발언하는 법이 없었습니다. 거의 항
상 맨 마지막에 이야기를 했죠." 마한은 내게 이렇게 말했다. "그분

은 항상 자신의 의견을 두고 끊임없는 토론과 의견 불일치가 있기를 바랐습니다. 제가 격렬하게 반대 의견을 제시하면 그분은 회의가 끝난 후 저를 한쪽으로 데려가서 '정말 잘했어. 그런 모습 더 기대하겠네'라고 말씀하셨죠. 다른 사람에게도 분명히 그렇게 하셨을 겁니다. 저는 구름을 밟고 있는 느낌이었어요. 초기에 진행했던 회의 후에는 특히 더했죠. 정말 말이 안 되는 일이었어요. CEO가 저를 따로 불러서 다른 팀원들이 보는 앞에서 그와 대립하라고 지시하다뇨! 하지만 그분은 직원이 자신과 다른 의견을 내는 것을 아주 좋아했고 그런 경우를 더 많이 보고 싶어 했어요." 핸달은 비대칭 모델링을 이끌고, 그것을 장려하고, 거기에 보상을 주고, 참여했다. 팀원, 특히 리더의 사회적 자극과 보상은 금전적 보상보다 더 긍정적인 영향을 미친다. 우리의 행동이 어떻게 일에 도움이 되고 우리의 영향력을 확대하는지를 지적하는 일도 마찬가지의 효과를 지닌다. 리더로서 혹은 팀원으로서 이를 유리하게 활용한다면 우리가 만들고자 하는 문화를 훨씬 더 효율적으로 촉진할 수 있다.

성급한 채용은 삼가한다

조직이 성장하면 새로운 직원을 고용해야 한다. 이때야말로 당신이 가치를 두는 신념과 습관을 발전시켜 온 사람들을 채용할 수 있는 기회다. 하지만 신중하게 이루어지지 않은 성급한 채용은 기존의 문화를 약화시킬 수 있다. 지원자의 학습 성향과 기술을 평가하려면 다음과 같은 면접 질문에서부터 시작하는 것이 좋다.

— 업무 환경과 문화에서 바라는 것이 있다면 어떤 것인가? (성과 영역만 설명하는가, 학습 영역도 설명하는가?)

— 이 새로운 역할에 맡으면서 노력하고 싶거나 발전시키고 싶은 기술이 있나? (스스로 개선하고자 하는 것과 이를 위해 어떻게 하고 싶은지를 얼마나 신중하게 설명하는가?)

— 숙달하지 못한 기술이 필요한 야심 찬 프로젝트와 성공 가능성이 높은 프로젝트 중 하나를 맡아야 한다면 선택할 때 어떤 사항을 고려하겠는가? (답변을 통해 각자의 목표와 협업, 위험 감수, 미션 추구에 대한 견해의 측면에서 어떤 것이 드러나는가?)

— 지난 몇 달 동안 개선하기 위해 노력한 부분이 있는가? 구체적으로 실천한 방법은 무엇인가?

— 어려움이 있을 때는 어떻게 하는가? 몇 가지 예를 들어줄 수 있는가?

— 가장 큰 실수나 실패는 무엇인가? 그 결과 어떤 일이 일어났는가? (책임을 졌는가? 교훈을 얻었는가? 이후의 결정에 영향을 미쳤는가?)

— 가장 최근에 피드백 받은 시기는 언제였으며, 그 후 어떤 일이 있었나?

— 피드백을 제공할 때 어떤 방식을 사용하는가? (세심하게 계획된

프레임워크가 있는가?)

— 피드백을 받을 때 어떤 방식을 사용하는가? (세심하게 계획된 프레임워크가 있는가? 자주 피드백을 구하는 일의 중요성을 언급하는가?)

— 교훈을 얻은 사람이나 동료가 있는가? 그들로부터 배운 것은 무엇인가?

— 더 나아지고 싶은 것이 있는가? 그것을 위해 어떻게 할 생각인가?

답변을 평가할 때는 지원자가 자신을 타고난 재능이 있는 사람이라고 생각하는지 아니면 현재 진행형인 사람이라고 생각하는지, 피드백과 성장의 기회에 얼마나 열려 있는지, 학습 영역 전략과 그 과정에 대해 얼마나 신중한지, 그 과정에서 무엇을 배웠는지 등을 고려해야 한다. 또한 다른 사람들이 지원자의 행동 패턴에 대해 어떻게 생각하는지 알아보기 위해 지원자의 추천인에게 비슷한 질문을 하는 것도 고려해야 한다.

지원자에게 완수하기 위해 학습이 필요한 과제를 주는 방법도 있다. 지원자가 이를 얼마나 잘 해내는지 확인하는 것이다. 면접에서 시나리오 기반의 질문을 사용해 지원자가 주어진 상황에서 어떻게 행동할지 이야기하도록 함으로써 평가자가 원하는 바를 쉽게 유추할 수 없도록 하고 보다 전체론적인 사고를 하도록 유도하는 방법도 있다.

다음은 그 한 예다. 하급자가 당신에게 와서 동료에 대한 불만을 토로한다. 자신의 업무와 관련된 회의에서 동료가 자신을 계속 배제한다는 것이다. 이런 상황이라면 당신은 어떻게 하겠는가? (지원자가 주어진 정보를 바탕으로 결정을 내리는가? 아니면 지원자가 어떤 질문을 할 것인지, 어떤 고려를 통해 어떤 선택을 할지 설명하는가?)

앞 장에서 언급했던 건설 기술 회사 버서틀의 CEO이자 공동 설립자인 메이라브 오렌은 입장을 바꿔 지원자에게 질문을 하도록 한다.[12] 지원자들은 이미 그녀가 신뢰하는 동료들의 조사를 거쳤기 때문에 그녀는 그들의 성향을 평가할 수 있는 기회를 가질 수 있다. 그녀는 이렇게 말한다. "저는 지원자들이 어떤 질문을 하는지, 실제로 무엇에 관심이 있는지, 그들을 추진시키는 것은 무엇인지 알고 싶어요. 저는 후보자들에게 질문의 우선순위를 정하고 질문 목록을 미리 보내달라고 요청해요. 통화가 시작되면 저는 '어디서부터 시작하는 게 좋을지 말씀해 주세요. 당신의 모든 질문을 다룰 수는 없으니까요'라고 말합니다. 그들이 선택한 질문은 그 지원자와 그들이 원하는 지식에 대해 많은 것을 알려 주죠." 메이라브는 자신의 시스템이 극히 효과적이라는 것을 발견했다. "특허라도 낼까 봐요." 그녀가 웃으며 말했다. "저는 훌륭한 리더들을 고용했고, 제가 적임자를 고용했다는 믿음과 제가 그들에게 성장할 자유를 줄 수 있다는 믿음 덕분에 더 이상 책임지지 않아도 되는 역할에서 빠져나올 수 있었어요."

무브웹Moovweb의 CEO인 아제이 카푸르Ajay Kapur는 같은 원칙을 사용해 높은 성과를 올리는 열정적인 학습자 600여 명을 채용하는 큰 성공을 거뒀다.[13] 그는 '어려운 일, 제품, 시장, 업무의 실질적 내용에 대해 끊임없이 질문하는' 지원자를 찾는다. 하지만 새로운 팀원을 채용하고 이미 성장 프로펠러 개발에 한창인 사람을 선발할 수 있는 이점이 없는 경우라도, 기존 팀원이 우리와 함께 성장 프로펠러를 강화하고 심지어 변화시키도록 도울 수 있다.

나 자신부터 바꾼다

이탈리아 지멘스 모빌리티의 CFO 프란체스카 렌치는 팀원 모두의 성장을 지원하는 일에 열정적이다.[14] 앞서 보았듯이 그녀는 직원들의 성장에 관심을 갖는 것부터 시작해 배려의 리더십을 발휘한다. 하지만 자신의 성장도 소홀히 하지 않는다. 프란체스카가 자기 계발에 투자하고, 경력 내내 학습 영역에서 의도적으로 일하지 않았다면 지금의 자리에 있지 못했을 것이다. 그러던 어느 날 프란체스카는 어느 순간부터 그녀를 제외한 모두가 자신에게 반하는 입장에 서 있다는 느낌에 사로잡혔다. 몇몇 회의에서 내려진 결정에 대해 프란체스카는 불공평하다고 생각했지만 다른 사람들은 모두 괜찮아 보였다. 프란체스카는 혼자라는 느낌에도 불구하고 자신의 관점을 계속 옹호했다. 자신의 가정이 잘못된 것은 아닌지 궁금해진 그녀는 이를 직접 확인해 보기로 마음먹었다. 그녀는 상사에게 리더십 코칭을 요청했다. 일부 동료들은 코칭을 받고 있었다. 편견 없는 외부의 가이드가 문제를 파악하는 데 도움이 될 수 있기를 기대하며 코칭 세션을 몇 번 시도해 보기로 결정했다. "제가 생각하고 있는 것이 맞는지, 혹 제가 고려하지 못하고 있는 다른 관점이 있는지 확인하고 싶었습니다." 그녀의 말이다. 코칭 세션은 그녀를 완전히 뒤바꾸었다. 상사는 프란체스카로서는 믿기 어렵지만 실은 참인 이야기를 했다. 그녀는 동료들과 경쟁적인 입장에 서고, 다른 부서에 대항해 자신의 부서를 옹호해 왔으며, 모두가 같은 큰 조직의 일원이라는 점을 고려하지 못했었다. 그녀는 때때로 전체의 이익을 위해 자신의 부서가 희생해야 하며 협상하고 타협할 방법을 찾아야 한다는 것을 깨달았다. "코칭 세션은 인생을 바꾸는 시간이었습니다. 코칭을 받은 후 저는 토론에서 조금 더 강해졌다는 느낌을 받았기 때문이죠. 이기기 위해 싸우기만 하는 것이 아니라 화해할 수 있는 힘이 생긴 느낌이었어요." 그녀가 말했다. "저는 제가 배운 교훈을 팀과 공유하려고 노력해 왔어요." 프란체스카는 효과적인 리더가 되기 위해 자신에 대한 노력부터 시작해야 했다. 모든 유능한 리더가 그렇게 한다. 노력에는 끝이 없다. 세상이 변하고, 도전 과제가 바뀌고, 책임이 커짐에 따라, 계속 새로운 기술이 필요하기 때문이다.

오늘날까지도 프란체스카는 매달 30분씩 시간을 내어 자기 계발 계획을 검토하고 업데이트한다. 그녀는 멘토와 정기적으로 만날 일정을 정하고 복잡한 상황이나 결정에 대한 의견이 필요할 때마다 멘토와 수시로 메시지를 주고받는다. 또한 소중한 관계나 파트너십을 발전시킬 수 있는 사람, 그리고 자신이 도움을 주거나 배움을 얻을 수 있는 사람들에게 연락하는 일을 꼼꼼히 챙긴다. 네트워킹 기회가 있는 자리에 참석하기 전에는 누가 참석하는지 검토하고 이야기를 나누고 싶은 사람과 꺼내고 싶은 주제를 확인한다. 종종 모임에서 다른 사람들을 만나 훌륭한 발견을 할 때도 있지만, 보통은 학습과 성과 모두를 위해 전략적으로 공동체를 강화할 수 있는 사람들을 통해 네트워크를 확장하기 위한 사전 준비를 철저히 한다.

팀과 조직에서 성장 마인드셋과 학습 영역을 촉진하는 데 관심을 갖게 되면, 우선은 다른 사람에게 눈을 돌리게 된다. 직원들이 고정 마인드셋에 갇혀 있지는 않은지, 관리자가 무의식적으로 만성적인 성과 문화를 조성하고 있지는 않는지 등을 살피는 것이다. 하지만 우선 우리 자신의 변화에 영향을 주지 않고서는 다른 사람의 변화에 영향을 줄 수 없다. 주변을 돌아보기 전에 내 자신을 살펴야 한다. 우리 자신이 개선하기 위해 노력하고 있는 것이 무엇인지 매일 상기하지 않거나, 적어도 일주일에 몇 번씩 다양한 사람들에게 피드백을 요청하지 않거나, 실수에서 배움을 얻지 않고 그저 무시하기 바쁘다면, 다른 사람을 변화시키는 일에 집중할 때가 아니다. 우리가 하지 않는 일을 다른 사람들이 하도록 만들 수 있을까? 그것은 성공 가능성이 낮은 일이다. 우리 자신의 개선 기회를 더 잘 인식하고 발전하기 시작할 때라야 변화의 주체가 되어 다른 사람들에게 영향을 미칠 수 있는 더 나은 준비를 갖추게 된다.

성장의 문화를 향해

강력한 성장 문화를 발전시키려면 배려와 신뢰로 시작해, 프레이밍을 하고, 학습과 성과, 두 영역을 위한 시스템을 구축하고, 정기적으로 소통하고, 인센티브를 주고, 보상하고, 본보기가 되어야 한다. 이 과정에서 당신과 동료들은 서로, 그리고 학습과 성과의 두 영역과 개인적인 유대를 형성하게 될 것이다. 이 장과 이전 장에서 설명한 도구들은 공식적이든 비공식적이든 우리가 이끄는 사람들의 성장 프로펠러를 형성하고 강화하는 데 도움을 줄 수 있는 방법 중 일부에 불과하다. 지속적인 학습 영역 참여(단독으로 또는 성과 영역과 함께 실행하는 동안의 학습으로)를 통해 우리는 성장과 영향력의 문화를 발전시키기 위한 리더십 도구함을 지속적으로 확장하고 강화할 수 있다.

성찰

* 나는 학습 행동의 명시적인 본보기를 얼마나 자주 보이는가?

* 우리 팀의 구조와 루틴은 학습과 성과, 두 영역 사용을 디폴트로 만들고 있는가?

* 이 책의 아이디어를 팀 내 다른 사람과 공유하고 두 영역에 대한 전략적 대화를 시작하는 것이 유용한 방법이 될 수 있을까?

과제

* 강력한 학습 습관을 갖추었다면, 최고의 성과를 촉진하는 방법은 무엇인가?

3

삶을
움직이는
마인드셋

13장

이제부터
성과의 시간이다

성과 영역은 일의 완수와 기여를 가능케 한다.
최선의 성과를 올리려면 최고 수준의 목표를 추구하고
자동 조종 장치에 입증된 루틴을 더해
당신을 다음 단계로 데려다 줄 것에 집중해야 한다.

쇼가 시작되었다. 무대에 조명이 켜지고 불빛이 당신에게 쏟아진다. 실행의 시간이 다가왔다. 그간 갈고 닦은 지식과 기술을 어떻게 적용하면 좋을까? 규칙적인 학습 영역 참여의 시간을 거치고 나면 당신은 그 질문에 대답할 준비를 갖추게 될 것이다. 저마다 상황은 다르지만, 실행을 준비할 때 고려해야 할 핵심 전략들이 있다. 본격적으로 시작하기 전에 이 책의 서두에서 만났던 컨설턴트 안잘리의 이야기로 다시 돌아가 보자.[1] 6장에서 마지막으로 만났을 때 그녀와 그녀의 매니저 살마는 불화를 겪고 있었다. 각자가 피드백의 의도를 다르게 해석하고 있었기 때문이다. 살마가 좋은 의도로 한 피드백은 의도했던 결과를 낳지 못했다. 본래의 의도와 달리 안잘리의 능력이 타고난 재능 때문이라는 메시지를 전달했기 때문이었다. 반면 안잘리는 그녀에게 자기가 맡은 직무의 일부를 배울 능력이 없다는 뜻으로 받아들여 불쾌해 했다. 만성 성과 증후 군에 갇힌 상태에서 할 수 있는 한 최선을 다해 일하고 있던 안잘 리는 살마의 피드백에 큰 부담을 느끼고 방어적인 태도를 보였다. 그들은 교착 상태에 빠졌다. 그래서 다음에 어떤 일이 일어났을까?

다행히 두 사람은 성장 마인드셋 문화를 조성하기 위해 학습 하는 조직에서 일하고 있었고, 경영진은 전 직원의 자기 계발을 독 려하고 생산성을 향상시키기 위해 학습 영역과 성과 영역 전략들 을 통합하는 일에 헌신하고 있었다. 안잘리는 살마의 피드백을 자 신의 무능력을 지적하는 발언으로 받아들였지만, 실제로 살마는 안잘리에게 문제를 혼자 해결하기 위해 억지로 버티지 말고, 필요 할 때 도움을 청하라는 뜻을 전하려고 했던 것이다. 입사 전 수년 간 독립적으로 일해 온 안잘리는 누구에게도 도움을 요청한 적이 없었다. 대체 누구에게 도움을 청한단 말인가? 하지만 살마가 안잘 리가 공격받는다는 느낌을 받지 않도록 하는 피드백 프레이밍 방 법을 배우자, 이내 안잘리는 자신의 성장과 성과를 지원하고자 하 는 피드백의 의도를 알 수 있었다. 이 새로운 직장에서는 도움을 요청하는 것이 무능함의 신호가 아니라 협업을 이끌어 내기 위한 방법으로 인식된다는 것, 즉 상호 의존성이 중시된다는 것도 깨달았다.

안잘리는 이렇게 말했다. "10년 동안 독립 컨설턴트로서 혼자 모든 문제를 해결하는 데 익숙해져 있었던 거죠. 저는 '맞아, 이제는 팀에 속해 있으니 모든 일을 혼자 할 필요가 없구나'라고 생각했습니다." 커리어의 문제에 있어서 안잘리는 노력의 균형을 찾는 데 어려움을 겪었다. 항상 한 분야에 집중하느라 다른 분야를 희생하고 있다는 느낌에 사로잡혀 있었고, 알고 있는 것과 궁금한 것 중 반드시 하나를 선택해야 한다는 강박에 시달렸다. 하지만 코칭을 통해 목표를 설정하고 업무에 있어서 자신에게 가장 활력을 주는 것이 무엇인지 알 수 있게 되었다. 동료와의 협업을 수용하자 그녀는 자신이 좋아하고 더 발전시키고 싶은 일에 더 많은 시간을 할애할 수 있는 방법을 찾을 수 있었다. 그녀는 생산성과 통제에 대한 집착이 오히려 자신을 침체의 수렁에 빠뜨렸다는 것을 깨달았다. 그녀는 처음에는 벅차게 느껴지는 크고 새로운 도전을 받아들여 실행 가능한 단계들로 나누는 방법을 배웠고, 결국 오래지 않아 관리직으로 승진할 정도로 뛰어난 성과를 거두게 되었다. 입사한 지 1년도 되지 않은 시점이었다.

살마는 그녀가 새로운 역할에서 유지하고 싶은 부분과 다른 사람에게 이전하고 싶은 부분을 파악하는 데 도움을 주었다. 그렇게 안잘리는 맞춤형 역할이라는 해법을 찾았다. 자신이 좋아하는

고객 대면 업무의 일부는 그대로 유지하면서 회사의 장기 전략 계
획, 물류, 채용·팀 지원에서 더 큰 역할을 하는 방법이었다. 안잘리
는 내게 이렇게 말했다. "제가 도움을 필요로 하는 업무 구성 요소
에 대해 이야기할 때 살마가 귀를 기울여 주셨던 일이 정말 특별하
게 느껴졌습니다. 살마와 저는 직무 명세서를 함께 작성했고, 지금
은 우리 팀을 위해 추가적인 멘토링과 지원을 제공할 다른 직원을
영입한 상태입니다. 정말 '꿈인가' 싶은 상황입니다." 수년간 성과
의 쳇바퀴만 돌리던 안잘리는 지속적인 학습과 개선의 문화를 조
성하는 조직에서 일하면서 업무에 대한 생각을 전환할 수 있었다.
심지어 출근하는 시간이 기다려졌다. 협업과 팀워크의 참여는 그
녀의 창의성을 일깨우고 소속감을 느끼게 해 주었다.

　　현재 안잘리는 뛰어난 컨설턴트가 되었을 뿐만 아니라 새로운
프로젝트 관리 기술을 탐구하기 위한 일련의 실험을 시작하는 일
을 주도하고 있다. 또한 오랫동안 자신이 갇혀 있던 만성 성과 증
후군에서 벗어나는 데 도움을 준 학습 영역 전략을 젊은 동료들에
게도 전수하고 있다. 그렇게 안잘리의 역량 플라이휠은 멈출 줄 모
르고 움직이고 있다. 안잘리는 이 책에서 만난 높은 성과를 내는
많은 사람 중 하나에 불과하다. 우리는 이들 모두가 정기적으로 학
습 영역에 참여한다는 것을 알고 있다. 그렇다면 그들의 성과 영역
습관은 어떨까? 바로 그것이 이 장의 주제다. 이들이 최선의 실행
을 위해 사용하는 전략과 도구에 대해 배워 보기로 하자.

명확성으로 시작한다

실행은 항상 당신의 최종 목표에서 시작해야 한다. 실행에 뛰어들기 전에, 당신과 동료들이 달성하고자 하는 바를 명확히 알고 있어야 한다. 모든 사람이 목표를 명확하게 이해하고 동조하고 있는지 확인한 다음, 이를 달성하기 위한 전략을 논의해야 한다. 그렇게 하면 모두가 가장 중요한 것이 무엇인지 알 수 있고, 목표에 도달하는 방법에 대한 동료들의 지식과 관점을 통해 이익을 얻을 수 있다. 이는 리더뿐 아니라 개별 기여자에게도 적용된다. 관리자와 목표에 대해 의견이 일치하지 않는다고 느낀다면, 당신이 생각하는 목표와 일정에 대해 소통하고 타당한지 질문해야 한다. 약속한 것을 일관되게 이행해야만 당신과 관리자 사이에 신뢰를 구축할 수 있고 그래야만 당신이 일을 하는 방식에 더 많은 자율권을 가질 수 있다. 하지만 이 약속은 목표에 대한 명확성과 일관성에서 시작된다.

철저한 시뮬레이션으로 준비한다

전설적인 농구 코치인 존 우든John Wooden은 그의 책 《우든: 코트 안팎에서의 평생에 걸친 관찰과 성찰Wooden: A Lifetime of Observations and Reflections On and Off the Court》에서 "준비에 실패하는 것은 실패를

준비하는 것이다"라고 말했다.[2] 준비에는 정기적으로 학습 영역에
참여해 주도적으로 기술을 개발할 뿐 아니라, 잘 먹고 충분한 수면
을 취하는 등 건강한 습관을 길러 몸과 마음이 최상의 기능을 발
휘하는 데 필요한 조건을 갖추는 것이 포함된다. 물론 특정 성과
에 어떻게 접근할 것인지 전략을 짜는 것도 포함된다. 이것은 전
화 회의가 시작되기 1분 전에 누구와 이야기할지, 어떤 모습을 보
이고 싶은지, 회의 중에 달성하고 싶은 것은 무엇인지 생각해 보는
단순한 일일 수도 있다. 많은 운동선수가 자신이 할 경기를 시각화
한다. 이는 정신을 준비시키고 더 높은 수준의 성과를 달성하는 데
유용하다. 영업사원은 잠재 고객이나 고객이 무슨 말이나 행동을
할지, 이에 어떻게 대응할지를 머릿속으로 시뮬레이션하고, 상대
방과 회사에 대한 정보를 조사할 수 있다.

　　준비는 성과 영역으로 가는 진입 차선이다. 따라서 이는 즉석
에서 모든 것을 해결하기보다는 계획을 세울 수 있도록 시간과 인
지 자원을 허용해 준다. 또한 무엇을 테스트할지 미리 파악할 수
있게 한다. 준비는 클리어초이스의 환자 교육 컨설턴트가 상담 중
어떤 부분에서 다른 것을 시도할지 미리 확인하는 것처럼, 실행하
는 동안의 학습으로 어떤 스킬을 익히기 위해 노력할지, 무엇을 테
스트할지 확인할 수 있게 한다.

　　윈스턴 처칠Winston Churchill은 연설을 준비할 때 거울 앞에서 연
습하는 습관이 있었다.[3] 당시에 비디오가 있었다면 그는 틀림없이

비디오를 사용했을 것이다. 비디오로 자신의 모습을 녹화하고 어떤 인상을 주는지 지켜보자. 동영상은 쇼타임에 당신이 직면할 상황을 거울보다 더 효과적으로 재현해 줄 것이다. 나는 내 첫 번째 TED엑스 강연TEDx Talk을 준비하면서(생애 최초로 공개 행사에서 대중 연설을 했다) 사람들이 나를 지켜볼 때 긴장하는 경향이 있다는 것을 알게 되었다. 많은 사람 앞에 섰을 때 머릿속이 텅 비어 버리는 일이 생기지 않도록 하고 싶었던 나는 이 일을 계기로 사람들이 많이 모인 사진을 프린트해 그것을 앞에 두고 연습하기 시작했다. 물론 사진으로는 내가 직면하게 될 상황을 완벽하게 재현할 수 없었다. 하지만 나를 쳐다보는 시선이 전혀 없는 것보다는 나았다. 그렇게 연습 때마다 영상을 녹화해 친구와 동료들에게 보내 주고 피드백을 반영했고 그 과정을 반복했다.

예행 연습은 위험이 적은 환경에서의 실행을 말한다. 이런 실행은 정확히 무엇을 개선해야 하는지 파악하는 데 유용하다. 때로는 다시 예행 연습을 시도하기 전에 잠시 의도적인 연습을 선택적으로 수행할 수도 있다. 어려운 대화를 준비해야 하는 상황에서는, 말하고자 하는 요점을 명확히 하고, 대화가 곤란하게 흘러갈 수 있는 방향을 미리 그려 보고, 이에 어떻게 대응할지 계획을 세우자. 또는 친구나 동료와 역할극을 하면서 시나리오, 아이디어, 피드백 제공을 요청할 수도 있다. 대중 연설(또는 어려운 대화)에 더 능숙해지면 준비할 필요성이 줄어들겠지만, 성과의 역설에 갇히지 않도

록 주의해야 한다. 새로운 차원에 도달하려면 지속적으로 학습 영
역과 실행하는 동안의 학습에 참여하면서, 일을 완수하기 위한 접
근법을 항상 손봐야 한다. 준비는 그저 실행 직전에 급히 벼락치기
를 하는 것이 아니다. 훌륭한 실행을 가능하게 하는 습관을 디폴트
로 삼는 것이다.

성과 루틴을 자동 조종 장치에 장착한다

우리 행동의 대부분은 이성적인 결정보다는 습관과 환경에 의
해 움직이기 때문에 학습과 성과의 두 영역을 가장 잘 지원할 수
있도록 루틴과 시스템을 신중하게 설계해야 한다. 그렇게 되면 효
과적인 업무 방식이 확립되어 있다는 확신을 가지고 실행 시에 업
무의 본질에만 온전히 집중할 수 있다. 리지 딥 메츠거는 생명보험
을 판매하기로 결심했을 때 매일 잠재 고객에게 하루 스물한 통의
전화를 하는 습관을 만들었기 때문에 그녀는 매일 새로운 행동 계
획을 세우는 시간을 아낄 수 있게 되었다. 안잘리는 새로운 역할에
따른 새로운 습관도 개발했다. 그녀는 새로운 관리 업무에 심신이
지칠 수 있기 때문에 시간 계획에 신중을 기해야 한다는 것을 알게
되었고, 따라서 매일 반드시 간단한 팀 체크인check-in(참가자가 상
황 업데이트를 제공하고 필요한 경우 지원을 구하며 문제 해결을 위해 협
력하는 간단하고 집중적인 회의-옮긴이)으로 하루를 시작하기로 했다.

그녀는 이것이 상당히 보람 있고 활력을 주는 습관이란 것을 발견했다. 많은 사람이 자신이 바라는 정신적·정서적 상태에 들어가기 위한 사전 의식을 거친다. 운동선수들은 좋아하는 음악을 듣거나, 긍정적인 자기 대화self talk를 하거나, 명상을 한다. 연사와 경영진들은 프레젠테이션 전에 심호흡을 하고 당당한 자세로 서서, 활력을 끌어올려야 한다는 것을 스스로에게 상기시킨다. 높은 성과를 올리는 사람들은 영업 전화나 미팅 전에 고객, 잠재 고객, 기회에 대한 주요 정보를 담은 문서나 기록을 검토한다.

또한 숙련된 실행을 지원하는 팀 시스템과 프레임워크도 있다. 매주 월요일, 지노 바르바로, 제이크 스텐지아노와 동료들은 레벨 10 회의Level 10 Meeting 프레임워크(기업 운영 체제 도구함에 포함된)에 따라 진전 상황을 검토하고, 다음 주 계획을 세우고, 서로에게 책임을 분담한다. 애자일 방법론Agile methodology(짧은 주기의 반복 실행을 통해 변화에 적극적으로 대응하는 방식-옮긴이), 4DX4 Disciplines of Execution(4가지 실행 강령), OKRObjectives and Key Results(목표와 핵심 결과), 스케일업Scaling Up(과거 록펠러 습관Rockefeller Habits으로 알려진), MINDMost Important Number and Drivers(가장 중요한 숫자와 동인) 방법론 등을 사용하는 기업들도 있다. 계획, 실행, 진행 상황 추적을 위한 나름의 개인 혹은 팀 시스템을 만들 수도 있다. 거기에서 시작해 이후 학습 영역을 사용해 계속 개선해 나가는 것이다. 즉 좋은 성과를 내게 하는 입증된 전략과 시스템을 자동 조종 장치에 장착

해 자원을 창의성, 개인화, 문제 해결, 즉흥성에 집중되도록 만들
어야 한다. 이것이 바로 스타벅스의 트라카 사바도고가 한 일이다.
그녀는 주문을 기억하는 데 필요한 정신적 자원을 고객과의 대화
에 집중하는 데 돌릴 수 있게 했다. 의도적인 자동화는 항공 업계
와 의료 업계의 조종실과 수술실에서 중요한 수술 전, 수술 중, 수
술 후에 사용하는 체크리스트를 통해 해 온 일이다.[4] 아툴 가완디
Atul Gawande가 그의 책《체크! 체크리스트The Checklist Manifesto》에서 설
명했듯이, 실행자(이 경우 의사와 조종사)는 체크리스트라는 시스템
을 통해 기본적인 사항을 모두 다루게 된다는 점을 알아야 비로소
자신이 하는 일에 온전히 집중할 수 있다.

실수가 발생하면 이를 기록하고 자동 조종 시스템을 어떻게
변경하면 장래에 오류를 방지할 수 있을지 성찰해야 한다. 또한 정
기적인 회의나 성찰의 시간을 마련해 시스템에 조정이 가능한지
검토해야 한다. 최고의 업적은 개인이 아닌 팀에 의해 달성되는 것
처럼, 최고의 성과를 내는 사람들은 주변 세계와 고립된 채로 행동
하기보다는 자신이 구축한 환경과 협력한 조치를 취한다. 그들은
성공적으로 일을 완수하기 위해 자신의 두뇌만을 믿는 오류에 빠
지지 않도록 조심할 뿐만 아니라 시스템을 구축해 자신을 다음 과
제에 집중할 수 있도록 한다.

집중, 또 집중한다

　　인간의 두뇌는 수많은 눈부신 일을 해낸다. 하지만 학습 영역
에서든 성과 영역에서든, 한 번에 2가지 의식적인 일을 하는 능력
은 형편없는 수준이다.[5] 당신은 지금 투여하고 있는 노력을 실제적
인 결과물로 착각하면서 2가지 일을 동시에 수행한다고 생각하겠
지만, 사실은 무슨 일이 일어나고 있는지 이해하려고 애쓰는 것만
으로도 지능이 급격히 떨어지고 지치게 된다. 비판적으로 생각할
겨를도 없이 말이다. 팟캐스트를 들으면서 뭔가(동화책이라도)를 읽
어 보면 내 말이 금세 이해될 것이다. 아니면 영화를 틀어둔 채 이
메일을 작성해 봐도 좋다. 2가지 활동 중 하나의 흐름을 완전히 놓
쳐버렸다는 것을 알아차리게 될 것이다. 이중 의식 멀티태스킹은
사실상 불가능하다. 하지만 대부분의 사람은 회의에 참석하거나
동영상을 시청하는 동안 이메일이나 소셜 미디어, 뉴스를 확인하
고 싶은 유혹에 무릎을 꿇는다. 회의가 끝나고 정신을 차리고 나면
대부분을 듣지 못했다는 것을 깨닫게 되지만 말이다.

　　칼 뉴포트Cal Newport가 그의 책 《딥 워크Deep Work》에서 추천한
것처럼, 깊은 생각이 필요한 복잡한 작업을 하는 동안에는 오로지
하나의 일에만 집중할 수 있게 하는 루틴을 만들어야 한다.[6] 달력
을 가리고, 기기의 알림을 무음으로 설정하고, 현재 작업과 관련
이 없는 창을 닫고, 동료와 가족에게 당신이 작업에 집중하고 있

다는 사실을 알려서 웬만하면 방해하지 말라는 신호를 보내자. 한 CEO는 내가 퍼실리테이터로 유도한 대화 도중에 직원들이 상급자의 이메일과 문자를 계속 모니터링하고 바로 요청에 응해야 한다는 생각으로 일에 몰두하지 못하고 있다는 것을 깨달았다. 이후 이 CEO는 기본 업무 방식을 더 명확히 하고 정말 긴급한 일이 있을 때만 소통해야 한다는 점을 인식했다. 동료들에게 심층 업무가 그들에게 중요한지, 그리고 심층 업무에 몰두하는 데 필요한 것을 갖추고 있다고 느끼는지 질문해 보는 것도 방법이다.

　　다른 사람의 성과 달성에 동기를 부여할 때는 당근과 채찍보다는 업무의 가치와 목적에 초점을 맞춰야 한다. 연구에 따르면 자신이든 타인이든 동기를 부여하고 집중력을 높이고자 할 때라면 금전적 또는 사회적 압박을 사용하는 것은 좋은 방법이 아니다.[7] 비판적 사고가 필요한 업무라면 특히 더 그렇다. 그렇게 하는 것이 일로부터 인지 자원을 빼앗기 때문이다.[8] 대신 사람들을 공정하고 공평하게 대우함으로써 그들이 돈과 소속감으로 인해 근심할 일이 없도록 해야 한다. 닐 도시Neel Doshi와 린지 맥그리거Lindsay McGregor가 그들의 책 《무엇이 성과를 이끄는가Primed to Perform》에서 권장하듯이, 활동이나 업무 자체, 즉 그것이 얼마나 즐겁고, 흥미롭고, 중요할 수 있는지, 다음에 해결해야 할 문제는 무엇인지, 어떤 전략이 다음 이정표에 도달하게 해 줄지에 주의를 끌어들여야 한다.[9] 때로 리더는 직원들이 느끼는 재정적·정서적 압박을 대신 흡수하고 걸러 그들이 최고의 성과를 낼 수 있도록 보호해야 한다.

최고의 성과를 내고 싶다면 생사를 가르는 보스니아 상공 아파치 헬리콥터에서의 섀넌 폴슨처럼 행동해야 한다. 하나의 중요한 일에만 집중할 수 있도록 다른 것들의 볼륨을 낮춰야 하는 것이다. 깊이 집중하는 능력을 키운다면 원할 때 성과 영역에서 뛰어난 결과를 얻어낼 수 있다.

성장 마인드셋으로 성과 불안을 조절한다

대부분의 사람은 중요한 일을 실행할 때 어느 정도의 불안을 느끼기 마련이다. 이는 정상적인 일이다. 하지만 지나친 불안은 당면한 과제에 사용할 수 있는 인지 자원을 감소시켜 성과에 부정적인 영향을 미칠 수 있다.[10] 또한 창의적인 사고와 효과적인 팀워크에 도움이 되는 긍정적인 감정 표현을 어렵게 만든다. 성과 불안을 조절하는 전략 중 하나는 성장 마인드셋을 키우는 것이다. 누구든 (심지어 올림픽 금메달리스트도) 개선이 가능하며, 어떤 성과에도 개선의 여지가 있다는 점을 스스로에게 상기시켜야 한다. 이로써 마음이 차분해지고 인지 자원을 온전히 발휘해 최고의 성과를 낼 수 있다. 그러면 실행 도중에 어떤 예상치 못한 일이 생겨도 거기에 휩쓸려 일을 망칠 가능성이 줄어든다. 성과 영역에서는 개선이 아니라 실행을 위해 일하지만 개선이 가능하다는 것(이후 학습 영역에서)을 알면 최선을 이끌어 내는 정신적·정서적 상태를 유지하는 데 도움이 된다.

실수는 프로처럼 한다

아무리 피하려고 노력을 해도 우리는 실수를 한다. 우리 모두 인간이며, 세상은 복잡하고, 누구나 더 발전할 수 있기 때문이다. 그렇기에 성과 영역에서 저지르는 실수에 대응하는 방법을 배우는 것이 최고의 성과를 내는 열쇠다. 뛰어난 성과를 내는 사람들은 어려움, 실수, 실패가 곧 학습 영역으로 넘어가야 하는 신호라는 것을 안다. 하지만 바로 학습 영역으로 넘어갈 필요는 없다. 부담이 크고, 분초를 다투는 실행 과정에서 실수를 했다면, 이에 대해 메모를 한 뒤(머릿속으로 또는 글로) 다시 최선의 실행으로 돌아가야 한다. 이후 무대 조명이 꺼지고 나면 실수를 반성하고 앞으로 어떻게 달라져야 할지 파악한다. 위험도가 높은 실행 전에 학습 영역에서 시간을 보내는 방법도 있다. 어떤 자기 대화가 좋을지 생각해 보자. 실수를 했을 때 불안감에 휩싸여 당황하는 게 당신이 바라는 그림은 아닐 것이다. 그렇다면 어떻게 대응해야 할까? "나중에 더 노력해야지"라고 혼잣말을 하거나, 마음속으로 가볍게 "이런!"이라고 말한 다음, 일단은 하고 있던 일로 돌아가 최선을 다하는 것이다.

상황과 목표에 따라 실수를 학습자에게 본보기가 되는 기회로 삼을 수도 있다. 동료들이 같은 마음으로 학습 문화를 조성하고자 하는 경우라면, 실수를 인정하고 다음에는 어떻게 다르게 할 수 있는지 말로 표현하거나 이후에는 더 노력하겠다고 언급할 수 있다. 이는 심리적 안정감과 학습 문화를 조성하는 데 도움이 되며, 이후 피드백을 요청할 수 있는 소통의 경로를 마련해 준다.

고객이나 외부 파트너와 관련된 위험도가 높은 실행 영역이라는 점에서 학습 문화를 조성하는 것보다는 해당 분야의 뛰어난 역량을 보여 주는 데에만 집중하고 싶다면, 착지할 때 약간 균형을 잃은 체조 선수처럼 실수를 숨기거나 최대한 빨리 회복해야 한다. 하지만 내가 바라는 것은 우리 모두가 힘을 합해 학습자의 세계를 조성하고 투명성을 증진하면서, 실수를 숨겨야 한다는 압박을 덜 느끼는 상황이다.

학습과 성과에 대한 책임 체계를 구축한다

능숙한 실행을 원한다면, 자신과 팀에 대한 책임 시스템을 마련해야 한다. 책임을 위해서는 목표(성과 목표와 학습 목표 모두)와 일정을 조율하고, 이를 추적하고, 필요할 때 문제를 바로잡을 수 있는 프로세스를 마련해야 한다. 역할, 책임, 기대치를 명확히 정의하고, 진전과 성공을 측정하는 방법을 확인하며, 진행 상황을 점검

하는 정기적인 체크인을 마련해야 한다. 필요에 따라 문제를 해결하고, 조율하고, 지속적인 발전을 촉진하기 위해 교훈을 얻어 내야 한다. 우리는 명확성, 사회적 약속, 후속 조치를 보장하는 시스템을 통해 최선의 노력을 쏟아붓고 인내할 수 있는 동기를 부여받으며 새로운 목표에 이르기 위한 최상의 위치에 설 수 있다.

　가능하면 리지 딥 메츠거, 지노 바르바로 등 많은 사람이 동료와 하는 것처럼 목표와 일정을 공유하고 진전 정도를 다른 사람들에게 투명하게 공개하는 것이 도움이 된다. 앞서 언급한 기존의 시스템과 도구('성과 루틴을 자동 조종 장치에 장착한다'라는 부분에서 논의한)는 보통 정기적인 팀 체크인을 통해 사회적 책임성을 촉진한다. 이 회의에서는 진행 상황을 검토하고, 성공을 축하하고, 문제점을 도출하고, 문제 해결 또는 협업을 위해 함께 일해야 할 사람들과 의견을 조율하고, 다음 단계를 투명하게 만드는 등의 일관된 구조를 목표로 삼아야 한다. 체크인 역시 누구나 필요할 때 지원을 요청하고 배운 교훈을 전파해 다른 사람들이 혜택을 받을 수 있도록 하는 방법이다. 요컨대 이런 책임 시스템이 팀원들의 학습과 성과에 도움이 되는지 확인해 보자. 뛰어난 성과를 내는 사람들은 환경과 협력해 행동한다.

　팀은 구조를 통해 혜택을 볼 수 있지만, 누구나 덜 공식적인 자리에서라도 개별적으로 혹은 책임 파트너와 함께 이 일을 할 수 있다. 논의할 주요 항목이 포함된 정기 회의 안건을 간단히 작성하는 방법도 있다. 이 중 일부는 조직 전체에 목표와 진전을 투명하게 보여 주는 OKR 도구를 구현하는 등 비동기적으로도 수행할 수 있다.

책임 시스템을 마련할 때는 반드시 피드백 루프가 있어야 한다. 즉 성과 영역에서는 항상 무엇이 잘 되었는지, 무엇은 잘되지 않았는지, 무엇은 개선이 가능한지에 대한 정보를 생성해야 한다. 이 정보를 활용하면 학습 영역에서, 또 실행하는 동안의 학습에서 노력해야 할 것이 무엇인지 파악해 지속적으로 성과를 개발하고 발전시킬 수 있다.

실시간으로 조정한다

1975년 독일 쾰른에서 공연을 준비하던 피아니스트 키스 자렛Keith Jarrett은 세계 최고 수준의 악기로 연주를 하게 될 것이라고 상상했다.[11] 하지만 그는 전혀 다른 도구에 의존해야 했다. 자신의 창의력에 말이다. 독일 라디오 방송국 WDR 3에 따르면, 그 오페라 하우스는 공연에 그가 요청한 뵈젠도르퍼 임페리얼Bösendorfer Imperial의 그랜드 피아노를 제공하기로 합의했다. 하지만 스태프들은 그 피아노를 찾지 못했고 결국 그가 요구한 모델과는 거리가 먼 다른 피아노를 가져왔다. 작가이자 경제학자인 팀 하포드Tim Harford는 NPR에서 키스 자렛의 일화를 이렇게 묘사했다. "마치 반쪽짜리 피아노 같았습니다.[12] 건반이 뻣뻣하게 움직였고, 페달도 작동하지 않았습니다. 고음부의 펠트가 모두 닳아서 깡통이 찌그러지는 것 같은 거친 소리가 났습니다. 그랜드 피아노가 아니어서 음량도 충분히 크지 않았죠." 여행에 지친 그는 제대로 작동하지 않는 악기를 본 뒤 연주를 거부하고 오페라 하우스를 떠났다. 하지만 차에 올라탄 그는 누군가 자신을 따라왔다는 것을 알아차렸다. 공연 기획자인 베라 브랜즈Vera Brandes였다. 그녀는 열여덟의 나이에 재즈에 대한 큰 애정으로 자렛과 출연 계약을 맺게 되었다.[13] 빗속을 뚫고 온 그녀는 자렛에게 돌아와 연주를 해 달라고 간청했다. 티켓은 이미 매진되었고, 그것은 그녀의 기획 경력에서 가장 중요한 행사였다. 하포드는 이렇게 말했다. "그 순간 그는 그녀가 딱하다고 생각한 모양입니다. 그리고 그녀가 상당히 어리다는 것을 깨달았죠. 이 콘서트를 보러 1400명이 올 예정인데 콘서트가 열리지 않는다니! 그는 '절대 잊지 말게. 오로지 자네 때문이라는 걸'이라고 말하고 연주에 동의했습니다." 경력을 쌓는 동안 한 번도 겪어 보지 못한 큰 도전과 제약에 직면한 자렛은 즉흥 연주를 할 수밖에 없었다. 그의 연주가 시작되자 사람들이 경외심을 품고 귀를 기울이면서 오페라 하우스는 정적에 휩싸였다. 그리고 이 라이브 녹음은 역사상 가장 많이 팔린 솔로 재즈 앨범이 되었다. 어떤 분야든 거장이나 뛰어난 전문가는 창의력을 발휘해 즉석에서 조정을 가하고 즉흥적인 모습을 보여 줄 수 있다. 키스 자렛이 수준 이하의 악기에서 영감을 받아 새로운 차원의 능력으로 연주를 했던 것처럼 말이다. 음반 프로듀서 만프레드 아이허Manfred Eicher는《월스트리트저널The Wall Street Journal》에서 그날 밤을 이렇게 묘사했다.[14] "그 피아노의 소리가 마음에 들지 않은 자렛은 그것을 최대한 활용할 수 있는 다른 방법을 찾았다."

　뛰어난 연주자들이 공연 도중에 방향을 전환할 수 있게 하는 것은 무엇일까? 그리고 우리는 거기서 무엇을 배울 수 있을까? 뛰어난 연주자들은 학습 영역을 통해 오랫동안 발전시킨 전문적 기능 때문에 공연 와중에도 조정이 가능하며, 이로써 그들은 여러 상황에 적용할 수 있는 일련의 다양하고 미묘한 차이가 있는 기술들을 습득할 수 있다. 그들의 전문성은 인지 능력을 한껏 발휘해 즉흥 연주를 할 수 있게 하기도 한다. 또한 그들이 조정이 가능한 것은 자기 대화, 전략, 집중력, 그 무엇이 되었든 효과가 없는 것은 바꾸고 다른 것을 시도하려는 자발성이 있기 때문이기도 하다. 경기장 맞은편에서 상대 팀을 상대하거나 관중이 지켜보는 상황이 아니더라도, 전혀 다른 수준의 효율성에 이르기 위해서는 실시간 조정이 필요할 수 있다. 예술, 스포츠, 비즈니스 기타 어떤 분야든 탁월함을 향한 길에는 학습 영역, 성과 영역, 그리고 실행하는 동안의 학습이 필요하다. 또한 이미 알려진 것을 뛰어넘고, 순간순간 필요한 것이 달라지는 상황에 적응하며, 기꺼이 즉흥적으로 대처하고자 하는 자발성도 필요하다. 전문성을 더 많이 개발할수록, 뛰

어난 실력을 드러내는 중에도 미지의 것에 뛰어들고 실행하는 동
안의 학습에 참여할 적절한 시점이 언제인지 평가할 준비를 더 잘
갖출 수 있다. 전문성을 확장할 때는 그 과정을 즐겨야 한다. 창의
력을 발휘하고, 직관이 점점 발전하고 있다는 자신감으로 당신의
능력을 알고 있는 것 너머까지 확장시켜야 한다. 실행하고 있는 와
중에도 말이다.

성찰

* 어떻게 하면 내 성과의 개선이 나와 다른 사람에게 이득이
  될 수 있을까?

* 어떤 성과 영역 전략이 가장 유용할까? 어떻게 거기에 몰두
  할 수 있을까?

* 나와 나의 팀이 전혀 새로운 수준으로 도약하는 데 도움이
  되는 시스템을 마련할 수 있을까?

과제

* 성과의 역설을 극복하는 것이 나의 삶과 다른 사람의 삶을
  어떻게 바꿀 수 있을까?

14장

마침내
역설을 극복하다

성과의 역설을 극복하고 만성 성과 증후군에서 벗어나면
우리는 여정과 목적지를 모두 바꿀 수 있다.
학습과 성과, 두 영역을 포용함으로써 우리는
나 자신의 삶부터 시작해 다른 사람들의 삶까지도 바꿀 수 있다.

　　마리아나 코스타 체카Mariana Costa Checa와 그녀의 파트너들은 리마에서 웹 개발 회사를 시작하기로 결정했으나 소프트웨어 개발자 팀을 꾸리는 일에서 난관에 부딪혔다.[1] 더구나 마리아나는 팀에 여성 구성원을 여럿 포함시키길 원했다. 기술 인재를 찾는 것도 어려운 일이었지만, 페루에서 여성 소프트웨어 개발자를 찾는 것은 거의 불가능한 일이었다. 많은 기업가가 이에 포기하고 성과의 역설에 굴복해 남성 개발자를 고용했다. 일은 보통 이런 식으로 흘러갔다. 하지만 마리아나와 파트너들은 호기심을 갖고 이 문제에 깊이 파고들었다. 그들이 찾은 대부분의 개발자는 전통적인 고등 교육 기관의 컴퓨터 공학과 출신이 아니었다. 대학에서 다른 분야를 전공했거나 온전히 독학으로 공부한 사람들이었다. 이를 통해 마리아나는 소프트웨어 설계·개발에서는 학위보다 기술이 더 중요하다는 것을 깨달았다. 기술 프레임워크가 자주 바뀌는 것이 특히 큰 영향을 미쳤다. 마리아나는 이렇게 말했다. "가장 가치 있는 자산은 평생 학습의 마인드셋, 즉 학습을 주도하는 능력입니다." 수십 년 동안 전 세계 기술 업계는 소프트웨어 개발자를 충분히 확보하는 데 어려움을 겪어 왔지만, 만성 성과 증후군에 갇혀 늘 동일한 지원자 풀에서 채용이 이루어지는 제자리걸음을 하고 있었던 것이다. 반면 마리아나와 그녀의 파트너들은 이 일에서 기회를 발견하고 소명을 느꼈다.

그들은 이전의 사업 아이디어를 취소하고 대신 여성, 특히 고등 교육에 접근할 수 없었던 경제적 취약 계층의 여성들이 기술을 발전시켜 전문직 경력을 시작할 수 있도록 돕는 비영리 단체를 설립했다. 이들은 이런 여성들을 위한 보수가 좋은 일자리를 창출하고, 기술 업계에서 이용할 수 있는 인재의 풀을 넓히겠다는 목표를 세웠다. 라보라토리아Laboratoria라는 이름을 가진 이 팀은 디자인 사고를 사용해 프론트엔드 개발자 혹은 UXuser experience(사용자 경험) 디자이너를 육성하는 6개월간의 몰입 학습 프로그램을 함께할 의지와 성향을 갖춘 여성을 찾기 위한 채용 프로세스를 만들었다. 라보라토리아는 교육이 어떤 모습이어야 하는지 탐색하는 데에도 디자인 사고를 이용했다. 어떻게 하면 이 여성들이 기술 업계에 성공적으로 진입할 수 있는 준비를 빠르게, 비용 효율적으로 갖출 수 있을까? 이 단체는 프로젝트 기반 학습 접근법을 찾아냈다. 즉 첫날부터 학생들에게 실제 기술 과제를 주고, 학생들이 한 달 정도의 기간 동안 코치의 지도를 받으면서 이 문제를 해결하기 위한 소프트웨어의 설계와 제작 방법을 파악하는 것이다. 학생들은 항상 그룹으로 작업하기 때문에(프로젝트가 개인 프로젝트일지라도) 동료들의 피드백과 지원을 받을 수 있다.

라보라토리아는 이 교육 부트캠프를 실제 직장과 비슷하게 만들어 참가자들이 실제 소프트웨어 팀에 속해 있다는 느낌을 받을 수 있도록 하는 것이 중요하다고 생각했다. 사용자, 동료, 코치의 피드백은 직장에서 이뤄지는 피드백과 흡사하기 때문에 여성들은 계속해서 학습 영역과 성과 영역에 동시에 머무르게 된다. 실행하는 동안의 학습이 이루어지는 것이다. 마리아나는 이렇게 말한다. "학생들이 수업을 듣기만 하는 전통적인 교육 환경과는 다르게 계속되는 프로젝트에 참여하는 것은 상당히 어려운 일입니다. 이것은 교육보다는 도전에 가깝습니다. 우리는 학생들이 인터넷과 동료와 코치를 최대한 활용하기 위해 진정으로 노력하는 모습을 보고 싶습니다." 이런 설정은 스스로 교사가 되어 연구, 실험, 협업을 통해 학습할 수 있도록 학생들을 훈련시킨다. 이 모든 기술이 이후

경력을 쌓는 내내 학습자가 되는 데 도움을 줄 것이다. 라보라토
리아 직원들도 이런 지속적인 개선을 디폴트로 삼는다. 이들은 모
든 코호트에서 얻은 교훈으로 프로세스를 계속 다듬어 나간다. 채
용, 온보딩, 교육 프로세스의 조정에 대한 실험을 하고 더 많은 농
촌 지역의 여성에게 다가갈 수 있는 새로운 방법을 테스트한다. 그
렇게 6개월 프로그램의 각 단계에서 어떤 유형의 프로젝트가 가장
효과적인지, 학생과 졸업생을 연결하는 더 좋은 방법은 무엇인지
에 대한 식견을 쌓는 것이다.

　　팬데믹 기간 동안 어쩔 수 없이 줌Zoom을 통한 수업으로 전환
한 라보라토리아는 대면 교육이 아닌 가상 교육을 통해 도시로 이
동할 여건이 되지 않는 오지의 여성들을 더 많이 모집할 수 있다는
것을 발견했다. 이 비영리 단체는 팬데믹이 끝난 후에도 프로그램
을 계속 가상으로 운영하기로 결정했다. 인상적인 결과가 나왔다.
참여 여성들의 소득이 극적으로 증가한 것이다. 프로그램 시작 전
에는 대부분이 실직 상태였지만, 프로그램 시작 때 일자리가 있던
여성도 급여가 거의 3배 가까이 증가했다. 마리아나는 이렇게 이
야기한다. "졸업생들과 이야기를 나눠 보면, 그들이 삶을 바꿀 수
있는 직업을 갖게 된 데 큰 만족을 느끼는 것을 알 수 있습니다. 하
지만 졸업생들이 얻는 가장 중요한 것은 자신을 보는 방식을 바꾸
고, 학습을 보는 방식을 바꾸고, 인생을 보는 방식을 바꾼다는 것
입니다. '내가 원하는 미래는 내 스스로 만들어 간다. 기술이 없다

면, 내 목표를 달성하기 위해 기술을 키울 것이다'라는 식의 주체성을 느끼는 것입니다. 이게 정말 강력한 힘을 발휘하죠."

　　라보라토리아 졸업생을 고용하는 많은 기업이 여성들의 협업과 실험 정신, 그리고 이 단체의 교육 방식에 깊은 인상을 받을 뿐 아니라 라보라토리아에 자신들의 회사에 학습 문화를 주입하는 것을 도와달라고 요청하기도 한다. 이에 라보라토리아는 기업이 다양한 인재를 얻도록 돕고 사내 인력을 위한 워크숍을 주관하는 일을 하게 되었다. 이 프로그램은 참여한 여성들의 삶을 변화시킬 뿐 아니라 그들 가족과 지역 사회의 궤도를 극적으로 개선하고 그들이 몸담은 기업을 키운다. 이 단체에서 실시한 라보라토리아의 영향력 평가는 이 비영리 단체의 졸업생들이 지역사회에서 역할 모델이 됨으로써 다른 많은 여성들도 전문적인 경력을 쌓을 수 있는 가능성에 눈을 뜨게 된다는 것을 보여 준다.[2] 그 결과 라보라토리아는 현재까지 브라질, 칠레, 콜롬비아, 멕시코, 페루에서의 프로그램으로 수천 명의 여성을 교육했고 그중 85퍼센트가 라틴아메리카나 그외 지역의 기술 직종에 종사하고 있다. 이 모든 것이 가능했던 것은 창립자들이 호기심을 갖고 만성 성과 증후군에서 벗어나, 학습과 성과, 두 영역을 포용했기 때문이다.

ANTCPT

삶과 지역 사회를 변화시키다

혁신에 전념하던 기술 분야의 기업들이 중대한 도전 앞에서 만성 성과 증후군과 부진에 발목을 잡힌다는 것은 아이러니한 일이다.[3] 그들은 소프트웨어 개발자를 충분히 확보하는 데 어려움을 겪으면서도 지원자 풀을 확장하는 새로운 방법을 개척하기보다는 대부분 동일한 접근 방식을 계속 사용했다. 성과의 역설은 우리 사회 전체를 만성 성과 증후군에 빠져들게 만들었다. 그것이 우리의 디폴트가 되었다. 성과의 역설은 가정, 팀, 조직, 지역 사회에 스며들었다.

다행히 이 역설에서 벗어나는 일은 누구에게든 가능하다. 우리는 이전의 여러 장에 걸쳐 학습과 성과의 2가지 영역을 활용해 삶을 변화시킨 많은 사람을 만났다. 그들은 지역사회와 그 너머까지 영향을 미쳤다. 지노 바르바로는 제이크 스텐치아노Jake Stenziano와 함께 부동산 회사를 설립하고 학습 영역에 참여해 엄청난 성공을 거두었다. 하지만 그들은 거기에서 멈추지 않았고, 다가구 부동산 투자자가 되고자 하는 다른 사람들에게 학습 기회를 제공하는 일을 전문적으로 하는 제이크 앤 지노라는 회사를 설립했다. 린다 라비트는 학습 영역을 이용해 처음에는 교사에서 주부이자 엄마로, 그리고 한부모 가정의 가장으로 다시 사회생활을 해야 했을 때는 비서로, 그리고 결국에는 미국에서 가장 성공한 여성 소유 건설 회사의 창립자로 자신의 능력을 갱신했다. 그리고 여기서 멈추지 않고 25년 동안 같은 업계의 다른 여성들과 그룹을 이루고 정기적으로 만나 서로 배우고 지원하며 선한 힘을 더 많이 발휘할 수 있도록 영향력을 넓혔다. 알렉스 스테파니는 노숙자에게 가끔 먹을 것을 주는 일이 진정으로 그를 지원하는 일이 아니라는 것을 깨달은 후 런던의 노숙자 문제를 다루는 일을 하기로 결심했다. 알렉스는 학습 영역에 참여했고 결국 크라우드소싱 플랫폼인 빔을 설립하게 되었다. 빔은 3800명 이상의 사람들이 일자리를 찾고 커리어를 시작해 안정된 길을 걸을 수 있게 해 주었다. 안젤루 에제일로는 학습 영역을 통해 변호사 일을 그만두고 유색인종 젊은이들이 환경과 상호작용하는 방식을 변화시키는 비영리 단체를 만들었다. 그녀는 그 과정에서 수백 명의 젊은이들을 환경 분야로 이끄는 파이프라인을 형성해, 이 분야에 절실히 필요한 다양성을 끌어들이고 새로운 인력 공급원을 만들었다. 패트릭 칸과 그의 동료들은 대중들에게 사람들이 공과금을 신속하게 납부할 수 있도록 돕는 앱을 제공해 생활을 상당히 편리하게 만드는 한편, 알고 있는 것을 뛰어넘어 파파야에서 일하는 소외 계층의 비율을 높일 방법을 찾기 시작했다. 6명의 백인 남성으로 시작한 이 회사는 현재 인력의 60퍼센트가 소외 계층 출신으로 이루어져 있다. 이 회사의 성공은 다른 기업들에게 다양성의 가치를 입증하고 있다.

이런 모든 변화는 학습 영역만으로는 불가능하다. 성과 영역이 없다면 결과도 없다. 변화와 영향력을 창출하는 비결은 의도적으로 두 영역을 이용하는 것이다. 엠브레이스와 그들이 구한 수십만 명의 아기들의 경우에도 마찬가지였다. 디라이트와 그들을 통해 삶의 질이 향상된 1억 명 이상의 사람들의 경우에도 마찬가지였다. 윌리 푸트과 루트 캐피털, 리지 딥 메츠거, 마이크로소프트, 스크래치 랩스, 버서틀, 항공 업계를 비롯한 수많은 기업도 마찬가지였다.

우리에게도 마찬가지다. 학습과 성과, 두 영역의 힘을 활용하는 것은 나를 만성적인 스트레스와 불만으로부터 살아 있다는, 내 삶의 충실한 관리자가 되었다는 느낌으로 이동하게 해 주었다. 내 건강상의 위기는 배움의 여정을 자극했고 그 과정에서 나는 지금까지 일을 단지 봉급을 받기 위한 수단으로만 생각했다는 것을 깨달았다. 사실은 일을 통해 그보다 훨씬 더 많은 것을 얻을 수 있었다. 다른 길을 모색하면서 나는 결국 계속 성장하고 다른 사람들의 성장에 기여할 수 있는 경로를 찾게 되었다. 또한 두 영역은 내 몸에서 무슨 일이 일어나고 있는지 알게 해 주었고, 극적인 라이프스타일의 변화로 건강과 웰빙을 되찾을 수 있게 해 주었다. 하지만 성과 영역이 없었다면 나는 아무런 영향력도 발휘하지 못했을 것이고 여전히 불만을 느끼고 있었을 것이다. 내 삶을 진정으로 풍요롭게 하고 내가 다른 사람들의 삶을 풍요롭게 하는 데 도움을 줄 수 있게 만든 것은 두 영역의 결합이었다. 이렇게 두 영역은 우리의 삶을 변화시킨다. 우리 각자가 어디에서 출발하든 그것은 중요치 않다.

지노 바르바로와 나는 위기로 인해 두 영역의 필요성을 발견했지만, 그렇다고 상황이 악화될 때까지 기다릴 필요는 없다. 우리는 두 영역에 주도적으로 참여함으로써 훨씬 더 큰 성장과 성과에 이를 준비를 갖출 수 있다. 완전히 새로운 여정을 시작하면 그에 따른 혜택이 바로 눈앞에 펼쳐질 것이다.

과정의 기쁨을 맛보다

만성 성과 증후군에서 벗어나면 삶이 바뀌기 시작한다. 역량, 삶, 직업, 영향력이 나아져서만이 아니다. 연구에 따르면, 학습에 참여하는 것 자체에도 이점이 따른다고 한다. 우리는 탐구와 발견을 통해 경이로운 감정을 느낀다. 또한 도전을 극복할 수 있음을 알게 됨으로써 불안감이 줄어들고,[4] 우리의 기술이 발전하고 기여도가 늘어나면서 개인적인 만족감을 느낀다. 그리고 일시적 좌절을 견디고 관계를 더욱 깊게 발전시키는 법을 배우면서[6] 더 큰 행복과 웰빙을 경험한다.[5] 중요한 것은 목적지만이 아니다. 여정 또한 중요하다. 사실 당면한 실용적인 목적이 아니더라도 탐험과 발견의 과정은 삶의 풍요로운 일부가 될 수 있다. 누구나 집에서 편안하게 심해, 화성, 르네상스 시대의 피렌체, 고대 문명, 가능한 현실에 대한 허구의 묘사, 신체 내부, 뇌의 작동 방식, 자연의 웅장함 등 궁금한 것이라면 무엇이나 탐구할 수 있다. 그 과정에서 우리는 경이, 이해의 심화, 더 많은 호기심을 경험한다. 경외감과 경이로움만이 장점은 아니다. 발견 과정에서의 건강과 웰빙도 향상된다. 여러 연구가 학습 지향적 태도를 취할 때 현재의 어려움을 일시적인 것으로 볼 수 있기 때문에 스트레스, 불안, 우울감의 수준이 낮아지는 경험을 한다는 것을 발견했다.[7] 학습 영역에 참여하면 "이 문제를 해결하거나 개선하기 위해 무엇을 할 수 있을까?"라는 질문을 하게 되며 때문에 삶에 대해 주체적인 입장에 서게 된다. 많은 연구가 학습 지향적 태도의 채택이 사람들을 더 끈기 있고 회복력이 커지게 만든다는 것을 보여 준다.[8] 이는 사람들이 학습 영역을 통해 적응하고 장애를 극복하고 목표를 달성할 수 있다는 것을 이해하기 때문이다.

또한 학습 영역은 보다 건설적인 갈등 해결로 이어진다.[9] 셀린 다논Céline Darnon과 동료들은 사람들이 다른 사람을 능가하는 것보다 학습에 더 관심이 있을 경우, 자신의 주장을 증명하기보다는 2가지 관점을 통합할 길을 모색함으로써 갈등을 해결하는 경향이 있다는 사실을 발견했다.[10] 데이비드 예거David Yeager 등의 연구에 따르면 사람들이 따돌림, 괴롭힘 또한 다른 형태의 공격을 경험할 때, '사람이 변화할 수 있다는 믿음'을 가지게 되면, 보복보다는 건설적인 피드백을 공유하는 방식으로 반응할 가능성이 높아지며,

이를 통해 더 나은 인간관계와 삶의 만족을 얻을 수 있다는 결과를 보여 주고 있다.[11] 카리나 슈만Karina Schumann, 자밀 자키Jamil Zaki, 캐럴 드웩은 연구를 통해 사람들이 공감을 타고난 특성이 아닌 개발할 수 있는 자질로 볼 때, 어려운 상황에서 더 공감적으로 행동하는 경향이 있다는 것을 보여 주었다.[12] 즉 다른 사람이 나와 다르게 보거나 생각하거나 행동할 경우에도, 우리가 공감을 키울 수 있는 능력이라고 믿을 때 상대의 입장에 서서 그들을 더 잘 이해할 수 있게 된다는 것이다.

학습 영역은 우리가 목표를 더 성공적으로 달성하고, 더 높은 성과에 이르고, 더 나은 건강, 관계, 공동체를 얻을 수 있게 해 줄 뿐 아니라 이전에는 상상할 수 없었던 역량으로 우리를 이끌어 준다. 우리가 살고 있는 곳은 학습자의 천국이자 비학습자의 늪이다. 학습, 이 21세기의 기본 문해력을 회피하면 뒤처지거나 그보다 더 나쁜 상황에 처할 수 있다. 배움의 포용으로 세상은 당신의 놀이터가, 번창과 기여의 비옥한 토양이 된다.

세상에서 가장 어려운 도전과 맞서다

에스더 뒤플로Esther Duflo와 그녀의 남편 아비지트 바네르지Abhijit Banerjee는 프랑스 파리와 인도 콜카타라는 전혀 다른 환경에서 성장했다. 하지만 두 사람 모두 빈곤의 고통을 더는 일에 관심

을 갖게 되었다. 《보그 인디아Vogue India》에 따르면 바네르지의 부모
님은 경제학 교수였다.[13] 어린 시절 그가 콜카타 빈민가의 아이들
과 축구를 할 때면 그의 어머니는 그런 빈곤을 이끄는 역학 관계
에 대해 언급하곤 했는데, 이것이 그의 호기심을 불러일으켰다. 에
스더의 아버지는 수학 교수였지만, 다른 사람을 돕는 데 대한 관
심에 불을 붙인 것은 소아과 의사였던 어머니였다. 어머니는 엘살
바도르, 아이티, 르완다를 여행하고 파리로 돌아와 자신이 본 것을
이야기해 주었다. 에스더는 자신이 얼마나 운이 좋은지 깨달았고
가장 도움이 필요한 사람들을 위해 일하고 싶다는 생각에 이르렀
다. 수십 년이 지난 후 두 사람 모두 개발 경제학에 관심을 가진 학
자가 되었다. 그들은 이 분야가 너무 이론적이라는 데 좌절을 느꼈
다. 그들은 실질적인 변화를 원했다. 아비지트는 《보그 인디아》에
서 이렇게 이야기했다. "단순히 자신 있는 일을 하고 개인적인 깨
달음을 얻는 것은 우리가 원하는 것이 아니었습니다. 개발 경제학
을 연구하는 전체 방식에 변화를 일으키고 싶었습니다. 그것이 우
리의 야심이었어요."

　하지만 우선 해야 할 일은 방법을 찾는 것이었다. 에스더가 테
드2010TED2010 강연에서 이야기했듯이, 두 사람은 개발 경제학에
서 무작위 대조 시험(과학과 의학 분야에서 강력한 도구)이 사용되지
않는다는 사실을 깨달았다.[14] 하지만 사회 혁신도 과학자들이 효능
을 평가하는 데 사용하는 것과 동일한 테스트 과정을 거친다면 어

떨까? "이렇게 하면 정책 결정에서 어림짐작을 없앨 수 있습니다."
에스더의 말이다. 이들은 무작위 대조 시험(실험실이 아닌 사람들의
일상적인 환경에서)으로 어떤 정책이 저소득층에 실질적인 영향을
미칠 수 있는지 파악하기 시작했다. 그들은 동료인 마이클 크레머
Michael Kremer와 함께한 초기 연구에서 어떤 개입이 가장 적은 비용
으로 교육적 성과를 개선할 수 있는지 연구했다.[15] 더 많은 교과서
(교과서가 없는 경우가 많았다)가 필요할까, 무료 학교 급식(배고픈 아
이들이 많았다)이 필요할까, 보조 교사(뒤처지는 아이들이 많았다)가
필요할까? 그들은 이를 알아내기 위해 케냐와 인도의 현지 단체들
과 협력해 현장 실험을 진행했다. 연구진은 학교들을 무작위로 여
러 그룹으로 나누고 각기 다른 시간에 다른 종류의 추가 지원을 받
게 했다. 기본적으로 이들은 3장에서 만난 사이먼 티스미네즈키가
입시를 성장시키기 위해 했던 것과 같은 일, 즉 실험, 테스트, 반복
을 실천했다. 다만 에스더, 아비지트, 마이클은 빈곤을 줄이고 전체
인구의 삶의 질을 개선할 수 있는 방안을 찾는 데 이 방법을 사용
했다. 연구는 교과서나 무상 급식은 학습 성과에 영향을 미치지 않
는 것으로 나타났다(아이들에게 교과서가 주어졌을 때 우수 학생들의
성적이 약간 상승한 것을 제외하면). 반면에 가장 뒤처지는 아이들에
게 보조 교사의 유무는 큰 차이를 만들었다.

이들은 다른 나라와 다른 사안(영양, 신용 접근성, 소비자 선택권,
출산율, 신기술의 유용성 등)으로 실험을 확장했다. 가장 중요한 것은

그들이 개발 경제학 분야의 연구가 항상 진행되던 만성 성과 패턴
에서 벗어나는 데 도움을 주었다는 점이다. 이제 무작위 대조 시험
은 정책 아이디어를 평가하기 위한 방법이 되었으며, 실제적인 영
향력을 발휘하게 되었다. 1995년 이래 이 연구가 개발도상국에 미
친 영향은 세계 최빈국의 1인당 GDP가 2배로 증가하는 데 한몫을
했다.[16] 아동 사망률은 절반으로 감소했고, 학교에 다니는 아동의
비율은 56퍼센트에서 80퍼센트로 증가했다. 이 공로로 에스더 뒤
플로, 아비지트 바네르지, 마이클 크레머는 2019년 노벨 경제학상
을 수상했다. 에스더는 여성으로는 두 번째 수상자이며 최연소 수
상자다. 에스더와 아비지트 부부는 노벨상을 수상한 여섯 번째 부
부로, 피에르 퀴리와 마리 퀴리가 초대 회원인 '생명 과학의 파트
너Partners in Life and Science' 클럽의 회원이 되었다.

　　그럼에도 우리가 사는 세상에는 여전히 큰 문제들이 남아 있
고 새로운 문제들이 계속 등장하고 있다. 이런 문제들을 극복하기
위해 우리는 성과의 역설을 극복하고 학습에서 뒤처지지 않도록
해야 한다. 가장 효과적이라고 생각하는 것만 실행하고 생각을 테
스트하거나 실험하지 않는다면 이내 정체될 것이다. 교육, 더 넓게
는 정부, 팀과 조직 내에서 사용하는 정책과 구조, 그 어떤 것이 되
었든 우리는 무엇이 가장 효과적인지에 대한 강력한 의견을 형성
한 뒤로는 더 이상의 조사 없이 바로 실행에 들어가고 싶은 유혹에
쉽게 빠진다. 하지만 이 과정을 거치지 않으면 발전을 이룰 수가

없다. 무엇이 최선인지에 대한 의견이 일치되지 않는다면 권력에
의한 선택이 되게끔 버려두는 꼴이 된다. 여전히 많은 부분에서 만
성 성과 증후군에 갇혀 있는 우리 사회의 모습이 그 결과물이다.

양극화를 해소하다

　사회적 양극화 심화의 문제에 대해 좀 더 깊이 생각해 보자.
우리는 나와 달리 생각하는 사람들을 보다 잘 이해하기 위해 노력
하고 있는가? 우리는 다른 이념을 대표하는 저명한 지식인의 글을
읽거나 그들의 이야기를 들으며 이론적 근거를 이해하려고 노력하
고 있는가? 다른 정당의 사람들과 교류하고, 질문을 하고, 학습 지
향적인 대화에 참여하면서 그들의 생각이 어떤지, 어떤 경험이 그
들을 그런 식으로 생각하게 했는지 파악하고 있는가? 무작정 위험
을 감수하라는 말이 아니다. 다만 우리 모두가 더 호기심을 갖고
이해의 폭을 넓힐 수 있다는 이야기를 하려는 것이다. 이는 다양한
관점을 가진 사람들의 팟캐스트 인터뷰를 듣는 것처럼 간단한 일
일 수도 있다.

　어디에 있든 이런 일을 할 수 있다. 많은 사람이 그렇듯이, 일
리노이주에서 고등 교육 분야의 일을 하는 내 MBA 동기인 티 고
다드Tiy Goddard는 투표를 하기 위해 줄을 섰다가 투표와 후보들에
대해 아는 것이 거의 없다는 점을 깨달았다.[17] 투표 기계에 가까워

지고 있는 와중에 그녀는 친구들에게 정신없이 문자를 보내 투표
에 대한 의견을 물었다. 티와 함께하는 독서 클럽 친구들 몇 명은
이런 흔한 상황을 새로운 국면으로 접어들게 할 힘이 자신들에게
있다고 판단했다. 이후 선거가 다가올 때면 그들은 선거 며칠 또는
몇 주 전에 만나 입후보자의 입장에 대해 이야기하고, 함께 정보를
찾고, 유용한 관점을 더해줄 만한 다른 사람들에게 질문을 보내고,
아직 어떤 질문이 남아 있는지 파악하기 시작했다. 이로써 티는 완
전히 새로운 투표 경험을 하게 됐다. 선호하는 정당이나 가족이 하
라는 대로 투표를 하는 대신 스스로 결정을 내릴 수 있는 힘을 얻
은 것이다. 이는 학습 영역의 참여를 통해 우리가 민주주의를 강화
하는 데 기여할 수 있는 작은 방법 중 하나다.

　　스탠퍼드 교수인 제임스 피쉬킨James Fishkin과 래리 다이아몬드
Larry Diamond는 양극화 문제를 해결하기 위해 학습 영역이 중심이 되
는 아메리카 인 원룸America in One Room이라는 이름의 숙의 민주주의
deliberative democracy(의사결정 과정에서 여러 사람이 특정 문제에 대해 깊
이 생각하고 충분히 의논하는 과정이 중심이 되는 민주주의 형식-옮긴이)
방법을 개발했다.[18] 이는 다양한 인종, 민족, 정치적 배경을 가진
미국인들을 무작위로 모아 경제, 세금, 이민, 의료, 외교 정책, 기후
변화 등 현재 미국을 분열시키는 주요 사안에 대해 '숙의'하도록
하는 것이다. 각 참가자에게는 정치적 성향에 구애받지 않고 각 사
안의 장단점을 제시하는 균형 잡힌 브리핑 서류가 주어진다. 이후

그룹은 함께 대면 혹은 온라인으로 숙의에 임한다. 규칙은 단 하나다. "구성원들은 반드시 서로를 존중하고 서로의 발언을 허용해야 한다."[19] 다이아몬드는 이렇게 말했다. "우리가 준비한 대면 숙의와 온라인 숙의 모두에서 사람들이 이 방법을 정말 좋아한다는 것을 발견했습니다. 정책 문제에 대한 의견 차이를 좁히는 것뿐 아니라 상대측 구성원에 대해 가지고 있던 반감 심지어 혐오감마저 초월하는 경우가 많았습니다. 따라서 당파적 의견이 약화되고 사안에 대해 공통으로 적용 가능한 기반을 발견하게 되었습니다."

피쉬킨과 다이아몬드는 숙의 민주주의 연구소Deliberative Democracy Lab를 설립해 연구를 계속하면서 이 방법을 확장해 수백만 명의 사람들이 숙의에 참여하고 양극화를 완화하는 데 도움을 줄 길을 찾기 시작했다. 주도적인 학습과 성장에 관심을 갖고 그것을 우리의 일부로 내면화하면, 우리는 더 많은 질문을 던지고, 더 신중하게 경청하고, 더 공감하고, 나와 다른 생각이 어디에서 비롯되었는지 이해하게 된다. 이렇게 할 때 우리는 서로가 많은 공통점을 가지고 있지만, 서로 다른 신념, 습관, 공동체를 바탕으로 이런 공통적 속성을 추구하는 방식이 다를 뿐이란 점을 발견하게 된다.

예를 들어 거의 모든 사람이 주체성, 소속감, 신뢰, 배려를 원하지만 이들을 다른 방식으로 추구한다. 정치적 좌파에 속하는 많은 사람은 모두에게 안전망을 제공하는 광범위한 사회 구조를 발전시킴으로써 배려의 감각을 추구한다. 반면에 정치적 우파의 많

은 사람들은 물리적으로 가장 가까운 사람들과 이해와 신뢰, 상호
지원에 뿌리를 둔 강력한 관계를 형성하는 방식을 택한다. 이들은
공동체로서 자립을 추구하는 경향이 있다. 정치 중심이나 다른 나
라에 있는 멀리 떨어진 사람들, 자신을 이해하지 못하거나 도와주
지 않을 수도 있는 사람들에게 덜 의존하기 위해서 말이다. 알래스
카 시골에서 눈보라를 뚫고 가다가 차가 고장이 났다면 911에 전
화할 수 없을 테니 미리 장작을 차에 실은 누군가 지나가길 바라는
편이 낫다. 양쪽 모두 배려와 안전망을 구축하는 방식에 대한 각각
의 이론을 가지고 있다. 하나는 자립과 긴밀한 인간관계를 통한 방
식이고, 다른 하나는 정부 주도 구조를 통한 방식이다.

   조너선 하이트Jonathan Haidt가 그의 책《바른 마음The Righteous
Mind》에서 설명하고 있듯이, 정치적 스펙트럼의 양쪽에 있는 대부
분의 사람은 배려, 공정성, 충성심, 권위, 신성함, 자유 등 인간의
감정·행동의 동일한 도덕적 토대에 이끌리지만 우선하는 것과 추
구하는 방식은 다르다.[20] 무엇보다도 우리가 공유하는 인간성을 더
깊이 이해하게 되면, 더 효과적으로 유대를 형성하고 소통하며 협
업할 수 있다. 또한 학습 영역은 우리가 속한 시스템(팀, 조직, 커뮤
니티, 더 넓은 세상, 그 어떤 것이든)을 더 잘 이해하도록 도와 가치 있
는 목적과 그것을 추구하는 효과적인 방법을 찾을 수 있는 더 큰
지혜를 선사할 것이다.

각자의 목적지를 향하여

인류가 처한 난제들을 생각할 때면 압도된다는 느낌을 받는다. 여기에는 인류가 성과의 역설에 속아 만성 성과 증후군에 갇혀 있기 때문이다. 하지만 거기에서 벗어나는 방법을 배운다면 낙관적인 태도를 갖고, 자원이 풍부하다고 느끼면서, 변화에 기여할 수 있는 행동을 취할 수 있다는 자신감을 갖게 된다. 나라는 사람이 그저 수십억 명의 사람들 중 하나일 뿐이라는, 대양 속의 미미한 한 방울 물에 불과하다는 생각에 빠지면 무력감을 느끼고 주체성을 자각하지 못한다. 대신 우리는 내가 영향을 미칠 수 있는 것들, 우리가 이룰 수 있는 진전에 집중해야 한다. 우리 모두는 자신의 행동과 선택, 살아가는 방식에 대한 주체성을 갖고 있다. 누구든 해안과 평행하게 헤엄쳐 이안류를 극복하고 새로운 목적지로 향할 수 있는 해류를 발견하고 개발할 수 있다. 또한 우리 모두는 아끼는 가족, 동료, 상호작용을 하는 사람들에게 영향력을 행사하며, 그와 동시에 그들로부터 배우고, 그들과 함께 배울 수 있다.

그럼에도 아직까지 효과적인 방법을 찾지 못했다면 학습 영역에 참여해 더 나은 방법을 찾아야 한다. 성장의 프로펠러를 강화할수록 자신을 발전시키고 다른 사람의 성장을 돕는 일을 더 효과적으로 할 수 있게 될 것이다. 또한 조직과 지역 사회에 영향을 주는 방법을 배워야 한다. 결국 조직과 커뮤니티에 영향을 미치는 것은 우리와 같은 사람들이기 때문이다.

우리는 나이가 들어 인생의 마지막이 가까워질 때, 내가 만들어 낸 삶과 나의 모습, 내가 다른 사람들에게 한 기여를 되돌아보고 자랑스러워하기를 소망한다. 그렇게 되기 위해서는 지금 잠시 멈춰서 나의 정체성과 목적에 대해 생각해 보아야 한다. 나는 누구인가? 나는 어떤 사람이 되고 싶은가? 내가 가장 중요하게 생각하는 가치는 무엇인가? 나는 삶에서 어떤 목적을 추구할 것인가? 그리고 어떻게 효율을 높이면 지구에서의 내 귀중한 시간을 보내는 방법에 만족을 느낄 수 있을까?

성찰

* 만성 성과 증후군에서 벗어나면 내 삶과 다른 사람들의 삶은 어떻게 개선될까?

* 나는 나의 지혜와 타인에 대한 이해를 확장하기 위해 꾸준히 다양한 관점과 지식을 찾고 있는가?

* 나는 다른 관점에 노출될 때 그 안에 어떤 진실이 있을지 궁금해 하는가?

* 이 책을 읽는 것이 우리 팀이나 조직의 사람들이 공동의 이해와 관행을 발전시키는 데 도움이 될까? 내 가족과 친구들은 어떨까?

과제

* 어떤 통찰력을 얻었나?

* 나는 언제 무엇을 할 것인가?

* 나는 어떤 사람이 될 것인가?

맺는말
학습은 계속된다

월터 아이작슨Walter Isaacson이 레오나르도 다빈치의 전기에서 묘사했듯이, 모든 방면에 뛰어났던 이 교양인은 지금까지 존재했던 그 어떤 사람보다 호기심이 많았다.[1] 그가 독학으로 뛰어난 다방면의 지식을 쌓을 수 있었던 것은 무엇보다 배우는 것을 좋아했기 때문이다. 학교 교육을 거의 받지 않은 그는 만성 성과 증후군에 갇힌 적이 없었다. 대신 시작한 일을 끝내지 않아 후원자들의 큰 좌절감을 안겨 준 것으로도 악명이 높았는데, 탐구하고 숙고하고 조정하는 것을 너무나 좋아했기 때문이었다. 다빈치는 모나리자를 그리는 데 14년이 넘게 걸렸고, 이 작품은 그가 숨을 거둘 때까지도 그의 스튜디오에 자리하고 있었다. 다빈치에 관한 한, 그의 가장 위대한 걸작은 미완성이다. 사실 그의 모든 그림이 그렇다. 그는 "작품에는 완성이 없다. 그냥 버려둔 것일 뿐이다"[2]라고 말하기도 했다. 나도 이에 동의한다. 그림, 시, 희곡, 그리고 책을 포함한 수많은 다른 예술 작품들도 마찬가지라고 생각한다. 그렇다면 이 책도 평생에 걸쳐 작업할 수 있었을 것이다. 그리고 그 작업은 즐거웠을 것이다. 하지만 작가는 언젠가 출판을 해야 한다. 소프트웨어 개발자는 코드를 출시해야 한다. 디자이너는 아이디어를 구현해야 한다. 분명한 건 성과를 내는 것이야말로 영향력을 확장하는 방법이라는 것이다. 또한 이는 우리가 계속해서 배우고 성장하기 위한 소중한 피드백의 원천이 되기도 한다.

　　이 책에 대한 피드백이나 학습과 높은 성과에 기여할 수 있는 더 좋은 방법이 있다면 feedback@briceno.com으로 이메일을 보내 주길 바란다. 마찬가지로 나도 독자 여러분들로부터 끝없이 배우고 싶기 때문이다.

감사의 말

사람들은 책을 출판하는 것이 아이를 낳는 것과 비슷하다고 말한다. 그에 대해서는 알 길이 없지만, 이 책에 정말 많은 사람이 참여했다는 것만은 분명히 말할 수 있다. 캐럴 드웩, 칩 콘리, 더그 에이브럼스Doug Abrams, 제니퍼 허쉬Jennifer Hershey가 없었다면 이 책은 존재하지 못했을 것이다. 캐럴 드웩의 획기적인 연구는 이 책의 원천이나 다름없다. 단순한 학식을 넘어, 영향력을 발휘하기 위한 그의 헌신, 타인에 대한 믿음, 멘토링, 지원이 없었다면 나는 이 일을 할 수 없었을 것이다. 이외에 다른 많은 분들도 마찬가지다. 항상 마음 깊이 감사드린다.

처음에는 책을 쓸 계획이 없었다. 어느 날 출판과는 전혀 관련이 없는 용건으로 칩 콘리에게 연락을 했고, 그는 너그럽게도 당시에는 전혀 모르는 사이였던 내게 대화를 제안했다. 그 통화를 계기로 칩은 나를 아이디어 아키텍츠Idea Architects의 더그 에이브럼스와 연결해 주었다. 그렇게 에이브럼스는 내 출판 대리인의 자격으로 발렌타인Ballantine의 제니퍼 허쉬와 출판 계약을 맺도록 다리를 놓아주었다. 칩의 진취성, 더그의 참여, 제니퍼의 적극성이 없었다면 이 책은 존재하지 않았을 것이다. 정말 감사드린다. 칩은 그때부터 나의 소중한 멘토이자 길잡이가 되어 주었다. 이것은 학습 영역에의 참여(질문을 던지는 것)가 어떻게 예상치 못한 모험, 관계, 성장으로 이어질 수 있는지를 보여 주는 또 하나의 예이기도 하다.

나는 뛰어난 팀워크로 전문가들과 협업할 수 있는 영광을 누렸다. 함께 일하는 것이 무척이나 즐거웠던, 뛰어난 기술, 호기심, 팀워크, 회복력으로 아이디어를 설득력 있고 매력적인 방식으로 구현한 공동 집필자 닉 칠레스Nick Chiles를 비롯해 많은 분으로부터 도움을 받았다. 여러 편집자가 집필에 도움을 주었다. 그중에서도 사라 레이논Sarah Rainone의 편집은 거의 마법과 같았다. 타이 모세스Tai Moses, 더그 에이브럼스, 레이첼 노이먼Rachel Neumann, 라라 러브 하딘Lara Love Hardin, 에밀리 하틀리Emily Hartley, 드러먼드 무어Drummond Moir, 다비 셔먼Davi Sherman, 토니 시아라 포인터Toni Sciarra Poynter, 레나타 돌츠Renata Dolz, 알리사 니커보커Alyssa Knickerbocker도 여러 단계에서 뛰어난 편집과 발전적인 피드백으로 도움을 주었다. 이 원고를 공동 집필하는 2년 반 동안은 거의 마을 하나가 필요했다. 아프리카 속담인 "빨리 가려면 혼자 가고, 멀리 가려면 함께 가라"를 생각하게 하는 과정이었다.

이 책은 팀워크로 만들어 졌지만, 그 누구보다 책의 완성도에 큰 기여를 한 사람은 발렌타인의 편집자인 메리 레이닉스Mary Reynics였다. 그녀의 세심한 주의, 전문적 지식, 헌신, 협업, 참을성, 끈기는 그 무엇에도 견줄 수 없었다. 그녀는 하늘이 내린 파트너였으며, 그녀가 없었다면 이 책은 지금과 같은 모습일 수 없었을 것이다. 그녀에게 깊은 감사를 전한다.

케이티 로버트슨Katie Robertson, 수 베빙턴Sue Bevington, 켈리 월토니스트Kelly Woltornist, 게리 슈스미스Gary Shoesmith, 커스틴 웬즈Kirsten Wenz, 토머 코헨, 알리시아 긴즈버그, 존 치오도John Chiodo, 제프 슈워츠먼Jeff Schwartzman, 수잔 포터Susan Potter, 에릭 알레베스트Erik Allebest, 칩 콘리, 리즈 코헨Liz Cohen, 론 버거, 하비에르 오사Javier Osa, 마누엘 칼레로Manuel Calero, 마위 아스게돔Mawi Asgedom, 알리 파르니안Ali Parnian, 피터 위닉Peter Winick, 빌 셔먼Bill Sherman, 제시카 더필드Jessica Duffield, 리 소스비Ree Soesbee, 토드 체체스Todd Cherches, 마한 타바콜리, 아서 우즈Arthur Woods, 제자 옹Jezza Ong, 더그 브롬리Doug Bromley 등 많은 친구, 동료, 클라이언트, 파트너들이 초고를 읽고 귀중한 피드백을 건네주었다. 익명으로 피드백을 수집했기 때문에 여기에서 언급하지 못한 다른 분들께도 감사하다.

나는 집필 과정에서 학습과 성과에서 본보기가 되는 100명이 넘는 분들과 인터뷰를 진행했고, 그분들은 너그럽게 시간을 할애해 이야기를 나누어 주었다. 인터뷰는 재미있고 유익한 학습 영역이 되었고, 책의 식견과 이야기를 더욱 풍성하게 만들었다. 책에 언급된 분들도 이야기가 정확한지, 유용한지를 확인하기 위해 시간을 내 글을 검토해 주었다. 많은 동료 작가와 컨설턴트들이 저와 이야기를 나누고 조언을 공유해 주었다. 그 모든 분들은 물론 그분들을 연결해 주신 분들께도 감사드린다.

경력을 쌓으며 내 인생을 사는 내내 많은 분들로부터 의미 있는 방식으로 지원을 받았다. 특히 론 버거, 리사 블랙웰, 앤절라 더크워스, 그리고 더없이 친절하고 겸손했던, 함께 일할 수 있어 영광이었던 고 앤더스 에릭슨으로부터 큰 영향을 받았다. 이미 언급한 분들 외에 피터 센지Peter Senge, 워렌 베니스, 에이미 에드먼슨, 애덤 그랜드, 존 코터John Kotter, 로버트 케건Robert Kegan, 리사 라스코우 라헤이Lisa Laskow Lahey, 그렉 월튼, 데이비드 예거, 메리 머피Mary Murphy, 하이디 그랜드Heidi Grant, 피터 헤슬린Peter Heslin, 돈 반더왈Don Wandewalle, 제니 버넷Jeni Burnette, 마리아 쿠투미수, 데이브 파우네스쿠Dave Paunesku, 카밀 패링턴Camille Farrington, 데이비드 록David Rock, 스티브 블랭크Steve Blank, 에릭 리스Eric Ries, 마샬 골드스미스Marshall Goldsmith, 패트릭 렌시오니Patrick Lencioni, 다니엘 핑크Daniel Pink 등 많은 연구자, 전파자, 실행자들로부터 도움을 받았다.

발렌타인과 펭귄 랜덤 하우스Penguin Random House의 저자 개발, 디자인, 제작, 마케팅, 홍보, 기타 팀은 누구나 쉽게 접근할 수 있으면서도 수준 있는 책을 만드는 데 꼭 필요한, 또 함께 즐겁게 일할 수 있는 팀들이었다. 타이 러브Ty Love, 자넬 줄리안Janelle Julian, 벨라 로버츠Bella Roberts, 스테이시 브루스Staci Bruce, 머라이어 샌포드Mariah Sanford를 비롯한 출판 에이전시, 아이디어 아키텍츠의 다른 직원들께도 감사드린다. 명료하고 매력적인 이미지를 함께 제작해 준 일러스트레이터 마누엘라 구티에레즈 몬토야Manuela Gutierrez Montoya와 아나스타샤 마트비엔코Anastasiia Matviienko께도 감사를 전한다.

나의 누이 이사벨Isabel, 그리고 우리를 최우선으로 생각해 주신 부모님, 알베르토 브리세뇨Alberto Briceño와 베아트리스 브리세뇨Beatriz Briceño께 깊이 감사드린다. 언제나 이 세 사람으로부터 지지와 안정감, 사랑, 격려를 받았다.

나한테는 단단한 뿌리가 되어 주고 진화하는 세상의 본보기로 영감을 주는 소중한 친구들이 있다. 무엇보다도 나의 가장 든든한 길잡이이며, 읽기의 스승이고, 건설적인 비평가, 연인이자 인생의 동반자인 앨리슨 브리세뇨Allison Briceño에게 감사를 전한다. 뉴멕시코 자연 속을 하이킹하면서 우리가 나눈 대화는 이 책에 담긴 많은 아이디어의 요람이 되었다. 앨리슨은 프로젝트 내내 나에게 영양가 있는 코칭을 해 주고 문제 해결을 도와주었다. 그녀는 원고를 여러 번 읽고 피드백을 제공했다. 무엇보다도 우리가 함께 보낸 25년의 시간이 없었다면 나는 이 책을 쓰지 못했을 것이고, 다른 사람이 되었을 것이다.

이 책은 마무리되었지만 우리의 이야기는 끝나지 않았다. 나는 현재와 미래의 협력자들과 함께 나서는 새로운 모험을 늘 고대하고 있다. 마지막으로 현재에 감사하면서 자신과 타인의 삶을 풍요롭게 하기 위해 배움의 선두에 서 있는 독자들께 감사하다.

참고문헌

1장 성과의 역설

1   Personal interview with "Anjali," February 2, 2022. Anjali's and Salma's real names have been altered to protect anonymity.

2   Personal interviews with Gino Barbaro, January 18, 2021; Gino Barbaro and Jake Stenziano, November 22, 2021, and December 13, 2021.

3   Personal interview with Douglas Franco, November 2, 2022.

4   B. Chris Brewster, Richard E. Gould, and Robert W. Brander. "Estimations of rip current rescues and drowning in the United States." Natural Hazards and Earth System Sciences 19, no. 2 (2019): 389–397.

5   See Carol S. Dweck. Mindset: The New Psychology of Success. Random House, 2006.

6   See Camille A. Farrington, Melissa Roderick, Elaine Allensworth, Jenny Nagaoka, Tasha Seneca Keyes, David W. Johnson, and Nicole O. Beechum. Teaching Adolescents to Become Learners: The Role of Noncognitive Factors in Shaping School Performance—A Critical

Literature Review. Consortium on Chicago School Research, 2012.

7   Maria Cutumisu. "The association between feedback-seeking and performance is moderated by growth mindset in a digital assessment game." Computers in Human Behavior 93 (2019): 267-278.
Maria Cutumisu and Nigel Mantou Lou. "The moderating effect of mindset on the relationship between university students' critical feedback-seeking and learning." Computers in Human Behavior 112 (2020): 106445.

2장 배움의 장에 뛰어들어라

1   See Nina Keith and K. Anders Ericsson. "A deliberate practice account of typing proficiency in everyday typists." Journal of Experimental Psychology: Applied 13, no. 3 (2007): 135-145.

2   Niteesh K. Choudhry, Robert H. Fletcher, and Stephen B. Soumerai. "Systematic review: The relationship between clinical experience and quality of health care." Annals of Internal Medicine 142, no. 4 (2005): 260-273.

3   Neil Charness, Michael Tuffiash, Ralf Krampe, Eyal Reingold, and Ekaterina Vasyukova. "The role of deliberate practice in chess expertise." Applied Cognitive Psychology 19, no. 2 (2005): 151-165.

4   See Richard Williams. Black and White: The Way I See It. Simon & Schuster, 2014.

5   See John G. Nicholls. "Achievement motivation: Conceptions of ability, subjective experience, task choice, and performance." Psychological Review 91, no. 3 (1984): 328-346.
Carol S. Dweck. "Motivational processes affecting learning." American Psychologist 41, no. 10 (1986): 1040-1048.
Timothy Urdan. "Achievement goal theory: Past results, future directions." In Martin L. Maehr and Paul P. Pintrich (eds.), Advances in Motivation and Achievement 10 (1997): 99-141.

6   K. Anders Ericsson. "The path to expert golf performance: Insights from the masters on how to improve performance by deliberate practice." Optimising Performance in Golf (2001): 1–57.
K. Anders Ericsson and Len Hill. "Digging it out of the dirt: Ben Hogan, deliberate practice and the secret: A commentary." International Journal of Sports Science & Coaching 5, no. 2 (2010): S23—S27.

7   K. Anders Ericsson. "Deliberate practice and acquisition of expert performance: A general overview." Academic Emergency Medicine 15, no. 11 (2008): 988–994.

8   Personal interview with Lizzie Dipp Metzger, July 29, 2022.

9   Lizzie Dipp Metzger, "Impossible things are happening every day," New York Life 2017 Chairman's Council (keynote address, The Venetian, Las Vegas, NV, USA, February 23, 2018).

10 Forbes This was in 2021. Data provided by SHOOK Research, LLC. Source: Forbes.com. Neither SHOOK nor Forbes receives any compensation in exchange for placement on its Top Financial Security Professional (FSP) rankings (including the Best-in-State Financial Security Professional rankings), which are determined independently. FSP refers to professionals who are properly licensed to sell life insurance and annuities. FSPs may also hold other credentials and licenses that would allow them to offer investments and securities products through those licenses. Investment performance is not a criterion. SHOOK's research and rankings provide opinions intended to help individuals choose the right FSP and are not indicative of future performance or representative of any one client's experience. You can find the full methodology here: forbes.com/sites/rjshook/2022/07/28/methodology-americas-top-financial-security-professionals-2022/.

11 Sabine Sonnentag and Barbara M. Kleine. "Deliberate practice at work: A study with insurance agents." Journal of Occupational and Organizational Psychology 73, no. 1 (2000): 87–102.

12 No Rules Rules Reed Hastings and Erin Meyer. No Rules Rules: Netflix and the Culture of Reinvention. Penguin, 2020.

13 See "Press Room: About Cirque," Cirque du Soleil, cirquedusoleil.com/press/kits/corporate/about-cirque.

14 Personal interview with Marie-Noëlle Caron, September 14, 2016.

15 Melanie S. Brucks and Szu-Chi Huang. "Does practice make perfect? The contrasting effects of repeated practice on creativity." Journal of the Association for Consumer Research 5, no. 3 (2020): 291–301.
Patrick J. Kiger. "Practice Does Not Necessarily Make Perfect When It Comes to Creativity." Insights by Stanford Business, September 10, 2020, gsb.stanford.edu/insights/practice-does-not-necessarily-make-perfect-when-it-comes-creativity.

16 Graham Jones, Bernardita Chirino Chace, and Justin Wright. "Cultural diversity drives innovation: Empowering teams for success." International Journal of Innovation Science 12, no. 3 (2020): 323–343.

17 Vicky L. Putman and Paul B. Paulus. "Brainstorming, brainstorming rules and decision making." Journal of Creative Behavior 43, no. 1 (2009): 29–40.

18 Paul B. Paulus, Nicholas W. Kohn, and Lauren E. Arditti. "Effects of quantity and quality instructions on brainstorming." Journal of Creative Behavior 45, no. 1 (2011): 38–46.
See also:
Melanie S. Brucks. "The Creativity Paradox: Soliciting Creative Ideas Undermines Ideation." PhD diss., Graduate School of Business, Stanford University, 2018.

19 Alan R. Dennis, Randall K. Minas, and Akshay P. Bhagwatwar. "Sparking creativity: Improving electronic brainstorming with individual cognitive priming." Journal of Management Information Systems 29, no. 4 (2013): 195–216.

20 See Michael A. McDaniel, Frank L. Schmidt, and John E. Hunter.

"Job experience correlates of job performance." Journal of Applied Psychology 73, no. 2 (1988): 327–330.

Rick Hayman. "The Role of Deliberate Practice in Developing Adolescent Golfing Excellence." PhD diss., University of Central Lancashire, 2012.

K. Anders Ericsson. "Deliberate practice and the acquisition and maintenance of expert performance in medicine and related domains." Academic Medicine 79, no. 10 (2004): S70—S81.

K. Anders Ericsson. "Deliberate practice and acquisition of expert performance: A general overview." Academic Emergency Medicine 15, no. 11 (2008): 988–994.

21 George Ainslie. Picoeconomics: The Strategic Interaction of Successive Motivational States Within the Person. Cambridge University Press, 1992.

Ted O'Donoghue and Matthew Rabin. "Present bias: Lessons learned and to be learned." American Economic Review 105, no. 5 (2015): 273–279.

22 David M. Rubenstein. How to Lead: Wisdom from the World's Greatest CEOs, Founders, and Game Changers. Simon & Schuster, 2020.

"Apple CEO Tim Cook on The David Rubenstein Show," The David Rubenstein Show: Peer-to-Peer Conversations, YouTube, May 2018, youtube.com/watch?v=2ZfGBGmEpRQ.

23 David M. Rubenstein. How to Lead: Wisdom from the World's Greatest CEOs, Founders, and Game Changers. Simon & Schuster, 2020.

"Amazon CEO Jeff Bezos on The David Rubenstein Show," The David Rubenstein Show: Peer-to-Peer Conversations, YouTube, September 2018, youtube.com/watch?v=f3NBQcAqyu4.

3장 일하면서도 배울 수 있다

1 Personal interview with Marcelo Camberos, February 9, 2021.

Personal interview with Esteban Ochoa, February 24, 2021.

Personal interview with Trey Reasonover, June 2, 2021.

Personal interview with Simon Tisminezky, June 25, 2021.

2   Free Solo Elizabeth Chai Vasarhelyi and Jimmy Chin. Free Solo. United States: National Geographic Documentary Films, 2018.

3   Robert Kegan. "What 'form' transforms? A constructive-developmental approach to transformative learning." In Contemporary Theories of Learning, pp. 29–45. Routledge, 2008.

4   Personal interview with Traca Savadogo, February 8, 2021.

4장 학습자가 갖춰야 할 태도

1   Billboard hit songs "Beyoncé," Billboard, billboard.com/artist/beyonce.

2   Amy Wallace. "Miss Millennium: Beyoncé," GQ, January 10, 2013, gq.com/story/beyonce-cover-story-interview-gq-february-2013.

3   Anastasia Tsioulcas and Hazel Cills. "Beyoncé Sets a New Grammy Record, While Harry Styles Wins Album of the Year," NPR, February 6, 2023, npr.org/2023/02/05/1152837932/2023-grammy-awards-winners-beyonce.

4   "Beyoncé—***Flawless ft. Chimamanda Ngozi Adichie," Beyoncé, YouTube, November 24, 2014, youtube.com/watch?v=IyuUWOnS9BY.

5   "Turning the Tables: Your List of the 21st Century's Most Influential Women Musicians," NPR, November 20, 2018, npr.org/2018/11/20/668372321/turning-the-tables-your-list-of-the-21st-centurys-most-influential-women-musicia.

6   Jessica Shalvoy. "Foo Fighters Bring Rock Back to the Forum But 11-Year-Old Drummer Nandi Bushell Steals the Show: Concert Review," Variety, August 27, 2021, variety.com/2021/music/news/foo-fighters-nandi-bushell-los-angeles-forum-concert-1235050726.

7   Nandi Bushell (@Nandi_Bushell), August 17, 2020, twitter.com/nandi_

bushell/status/1295419281073672195.

8   "Dave Grohl Finally Conceded Defeat in His Drum Battle with a 10-Year Old," The Late Show with Stephen Colbert, CBS, November 19, 2020, cbs.com/shows/video/5bWmWSe4Wfe_4z3uZ5BO7X5hwL6gHAgG.

9   See Isabella Bridie DeLeo. "The Complete Timeline of Dave Grohl and Nandi Bushell's Epic Drum Battle," Fatherly, updated December 15, 2021, fatherly.com/play/the-complete-timeline-of-dave-grohl-and-nandi-bushells-epic-drum-battle.

10   "Dave Grohl meets Nandi Bushell—BEST DAY EVER—EPIC!!!—New York Times," Nandi Bushell, YouTube, November 9, 2020, youtube.com/watch?v=rS4ZBM1_UlM.

11   Christi Carras. "On a Winning Streak Against Dave Grohl, There's Nothing Nandi Bushell Can't Do," Los Angeles Times, October 12, 2020, latimes.com/entertainment-arts/music/story/2020-10-12/nandi-bushell-interview-drum-battle-dave-grohl.

12   K. Anders Ericsson, Michael J. Prietula, and Edward T. Cokely. "The Making of an Expert," Harvard Business Review, July–August 2007 Issue, hbr.org/2007/07/the-making-of-an-expert.

13   Ibid.

14   Eduardo Briceño, "How to get better at the things you care about," TED Talk, November 5, 2016, ted.com/talks/eduardo_briceno_how_to_get_better_at_the_things_you_care_about. Special thanks to professors Carol Dweck and K. Anders Ericsson for helping me prepare this talk.

15   purposeful practice K. Anders Ericsson and Robert Pool. Peak: Secrets from the New Science of Expertise. Eamon Dolan, 2016.

16   Jonathan Fields, "Anders Ericsson: Dismantling the 10,000 Hour Rule," Good Life Project, podcast audio, May 16, 2016, goodlifeproject.com/podcast/anders-ericsson.

17   Anders Ericsson and Robert Pool. "Malcolm Gladwell Got Us Wrong:

Our Research Was Key to the 10,000-Hour Rule, but Here's What Got Oversimplified," Salon, April 10, 2016, salon.com/2016/04/10/malcolm_gladwell_got_us_wrong_our_research_was_key_to_the_10000_hour_rule_but_heres_what_got_oversimplified.

18 Personal interview with Olivier Perrin, February 18, 2021.

19 Patrick J. McGinnis. "Luke Holden—Wicked Lobstah: Vertical Integration and the Luke's Lobster Success Story." FOMO Sapiens with Patrick J. McGinnis, podcast audio, May 9, 2019, patrickmcginnis.com/luke-holden-wicked-lobstah-vertical-integration-and-the-lukes-lobster-success-story.
    Personal communications with Luke Holden, December 5, 2022, and March 14, 2023.

20 Personal interview with Douglas Franco, November 2, 2022.

21 Dax Shepard. "Celebrating the GOAT GOD." Armchair Expert with Dax Shepard, podcast audio, February 5, 2021, armchairexpertpod.com/pods/tom-brady-zxrhd.

22 Personal interview with Carlos Moreno Serrano, September 23, 2022.

23 "Sonatype Core Values Champions Videos," performed by Carlos Moreno Serrano, July 19, 2022, San Francisco, video.

24 Personal interview with Shannon Polson, February 17, 2021.

25 Personal communications with Alicia Ginsburgh, April 9, 2021.

26 K. Anders Ericsson, Michael J. Prietula, and Edward T. Cokely. "The Making of an Expert," Harvard Business Review, July–August 2007 Issue, hbr.org/2007/07/the-making-of-an-expert.

27 Robert Root-Bernstein, Lindsay Allen, Leighanna Beach, Ragini Bhadula, Justin Fast, Chelsea Hosey, Benjamin Kremkow et al. "Arts foster scientific success: Avocations of Nobel, National Academy, Royal Society, and Sigma Xi members." Journal of Psychology of Science and Technology 1, no. 2 (2008): 51–63.

28 K. Anders Ericsson, Ralf T. Krampe, and Clemens Tesch-Römer. "The

role of deliberate practice in the acquisition of expert performance."
Psychological Review 100, no. 3 (1993): 363-406.

29　Francesco Cirillo. The Pomodoro Technique: The Acclaimed Time-
Management System That Has Transformed How We Work. Currency,
2018.

30　Jean Monnet. Memoirs: Jean Monnet. Doubleday & Company, 1978.

31　Liam Viney. "Good Vibrations: The Role of Music in Einstein's
Thinking," The Conversation, February 14, 2016, theconversation.com/
good-vibrations-the-role-of-music-in-einsteins-thinking-54725.

32　Camille A. Farrington, Melissa Roderick, Elaine Allensworth, Jenny
Nagaoka, Tasha Seneca Keyes, David W. Johnson, and Nicole O.
Beechum. Teaching Adolescents to Become Learners: The Role of
Noncognitive Factors in Shaping School Performance—A Critical
Literature Review. Consortium on Chicago School Research, 2012.

33　Jacquelynne Eccles, Terry F. Adler, Robert Futterman, Susan B.
Goff, Caroline M. Kaczala, Judith L. Meece, and Carol Midgley.
"Expectancies, values, and academic behaviors." In Janet T. Spence
(ed.), Achievement and Achievement Motives. W. H. Freeman, 1983:
75-146.

34　See Angela Duckworth and James J. Gross. "Self-control and grit:
Related but separable determinants of success." Current Directions in
Psychological Science 23, no. 5 (2014): 319-325.

35　See "The Science of Learning." Deans for Impact (2015).

5장 실수의 힘

1　Robert A. Duke, Amy L. Simmons, and Carla Davis Cash. "It's not how
much; it's how: Characteristics of practice behavior and retention of
performance skills." Journal of Research in Music Education 56, no. 4
(2009): 310-321.

2　Andrew Huberman, "Using Failures, Movement & Balance to

Learn Faster," Huberman Lab, podcast audio, February 15, 2021, hubermanlab.com/using-failures-movement-and-balance-to-learn-faster/.

3   Jason S. Moser, Hans S. Schroder, Carrie Heeter, Tim P. Moran, and Yu-Hao Lee. "Mind your errors: Evidence for a neural mechanism linking growth mind-set to adaptive posterror adjustments." Psychological Science 22, no. 12 (2011): 1484–1489.

4   Personal interview with Marcelo Camberos, February 9, 2021.

5   Personal interview with "Tomoe Musa," March 4, 2021. Tomoe's real name has been altered to protect anonymity.

6   Abraham Harold Maslow. The Psychology of Science: A Reconnaissance. Gateway/Henry Regnery, 1966.

7   "Joy of Mistakes," Eduardo Briceño, joyofmistakes.com.

8   David Damberger, "What happens when an NGO admits failure," TED Talk, March 13, 2014, ted.com/talks/david_damberger_what_happens_when_an_ngo_admits_failure.

9   "Admitting Failure," Engineers Without Borders Canada, admittingfailure.org.

10   Robin DiAngelo. White Fragility: Why It's So Hard for White People to Talk About Racism. Beacon Press, 2018.

11   Personal interview with Dona Sarkar, January 25, 2021.

12   Matthew Syed. Black Box Thinking. Portfolio, 2015.

13   Montréal: International Civil Aviation Organization, 2022.

14   Nina Bai. " 'Black Boxes' in Stanford Hospital Operating Rooms Aid Training and Safety," Stanford Medicine News, September 28, 2022, med.stanford.edu/news/all-news/2022/09/black-box-surgery.html.

15   Ray Dalio. Principles. Simon & Schuster, 2017.

16   Personal interviews with Andrew Kimball, October 20, 2020, January 21, 2021, and July 26, 2021.

17   Personal interview with Dipo Aromire, November 9, 2020.

18   Personal interview with Tomer Cohen, July 16, 2021.

19   Personal interview with Gino Barbaro, January 18, 2021.
     Personal interviews with Gino Barbaro and Jake Stenziano, November 22, 2021, and December 13, 2021.

20   "Welcome to Jake & Gino," Jake and Gino, jakeandgino.com.

6장 학습은 성과의 반대말이 아니다

1   Aesop. "The Tortoise and the Hare," Project Gutenberg, gutenberg.org/files/45384/45384-h/45384-h.htm#link2H_4_0034.

2   The Secret Rhonda Byrne. The Secret. Simon & Schuster, 2006.

3   Carol Dweck. "What Having a 'Growth Mindset' Actually Means." Harvard Business Review 13, no. 2 (2016): 2–5.

4   Redmond, WA, USA: Microsoft Corporation, October 23, 2018.

5   K. Anders Ericsson. "Deliberate practice and the acquisition and maintenance of expert performance in medicine and related domains." Academic Medicine 79, no. 10 (2004): S70—S81.

6   Rajeev's real name has been altered to protect anonymity.

7   Claudia M. Mueller and Carol S. Dweck. "Praise for intelligence can undermine children's motivation and performance." Journal of Personality and Social Psychology 75, no. 1 (1998): 33–52.

8   Personal interview with Marcelo Camberos, February 9, 2021.

9   Personal interview with Ron Berger, March 8, 2021.

10   See Karla M. Johnstone, Hollis Ashbaugh, and Terry D. Warfield. "Effects of repeated practice and contextual-writing experiences on college students' writing skills." Journal of Educational Psychology 94, no. 2 (2002): 305–315.

11   See Jo Boaler. Mathematical Mindsets: Unleashing Students' Potential Through Creative Math, Inspiring Messages and Innovative Teaching. John Wiley & Sons, 2015.

12   See John W. Hunt and Yehuda Baruch. "Developing top managers:

The impact of interpersonal skills training." Journal of Management Development 22, no. 8 (2003): 729–752.

13 David S. Yeager, Jamie M. Carroll, Jenny Buontempo, Andrei Cimpian, Spencer Woody, Robert Crosnoe, Chandra Muller et al. "Teacher mindsets help explain where a growth-mindset intervention does and doesn't work." Psychological Science 33, no. 1 (2022): 18–32.

7장 진정한 성장은 어떻게 이루어지는가

1 Personal interview with Lizzie Dipp Metzger, July 29, 2022. She is an insurance agent with New York Life Insurance Company.

2 Lizzie Dipp Metzger is a financial planner with Eagle Strategies LLC.

3 Emilio's real name has been altered to protect anonymity.

4 Personal interview with Linda Rabbitt, May 20, 2021.
Mahan Tavakoli, "Succeeding Against All Odds to Become a Profile in Success with Linda Rabbitt | Changemaker," Partnering Leadership, podcast audio, February 9, 2021, www.partneringleadership.com/succeeding-against-all-odds-to-become-a-profile-in-succes -with-linda-rabbitt-changemaker.

5 Mahan Tavakoli, "Impactful Leadership with a Genuine Drive to Help with Steve Harlan | Greater Washington DC DMV Changemaker," Partnering Leadership, podcast audio, February 2, 2021, partneringleadership.com/impactful-leadership-with-a-genuine-drive-to-help-with-steve-harlan-changemaker.

6 Richard M. Ryan and Edward L. Deci. "Multiple identities within a single self: A self-determination theory perspective on internalization within contexts and cultures." In Mark R. Leary and June Price Tangney (eds.). Handbook of Self and Identity. 2nd ed. Guilford Press, 2012: 225–246.
Peter J. Burke. "Relationships among multiple identities." Advances in Identity Theory and Research (2003): 195–214.

7   See Beth Crossan, John Field, Jim Gallacher, and Barbara Merrill. "Understanding participation in learning for non-traditional adult learners: Learning careers and the construction of learning identities." British Journal of Sociology of Education 24, no. 1 (2003): 55-67.

8   Stanton Wortham. Learning Identity: The Joint Emergence of Social Identification and Academic Learning. Cambridge University Press, 2005.

9   Alice Kolb and David Kolb. "On becoming a learner: The concept of learning identity." Learning Never Ends: Essays on Adult Learning Inspired by the Life and Work of David O. Justice (2009): 5–13.
    Andrew Wojecki. " 'What's identity got to do with it, anyway?' Constructing adult learner identities in the workplace." Studies in the Education of Adults 39, no. 2 (2007): 168–182.

10 See Tamarah Smith, Rasheeda Brumskill, Angela Johnson, and Travon Zimmer. "The impact of teacher language on students' mindsets and statistics performance." Social Psychology of Education 21 (2018): 775–786.
    Claudia M. Mueller and Carol S. Dweck. "Praise for intelligence can undermine children's motivation and performance." Journal of Personality and Social Psychology 75, no. 1 (1998): 33–52.

11 Thomas Szasz. The Second Sin. Anchor Press, 1973.

12 Personal interview with Meirav Oren, April 16, 2021.

13 Paul A. O'Keefe, Carol S. Dweck, and Gregory M. Walton. "Implicit theories of interest: Finding your passion or developing it?" Psychological Science 29, no. 10 (2018): 1653–1664.

14 Lizzie Dipp Metzger, "Impossible things are happening every day," New York Life 2017 Chairman's Council (keynote address, The Venetian, Las Vegas, NV, USA, February 23, 2018).

15 Angela Duckworth. "Guided Mastery," Psychology Today, October 18, 2021, psychologytoday.com/us/blog/actionable-advice-help-kids-

thrive/202110/guided-mastery.

16   Personal interview with Alex Stephany, August 18, 2022. Lucas's real name has been altered to protect anonymity.

17   Personal interview with Linda Rabbitt, May 20, 2021.

18   Lisa Rosh and Lynn Offermann. "Be Yourself, but Carefully." Harvard Business Review 91, no. 10 (2013): 135–139.

19   See Marco Antonsich. "Searching for belonging—an analytical framework." Geography Compass 4, no. 6 (2010): 644–659.
     See also:
     Kaisa Kuurne, and M. Victoria Gómez. "Feeling at home in the neighborhood: Belonging, the house and the plaza in Helsinki and Madrid." City & Community 18, no. 1 (2019): 213–237.

8장 학습하는 조직은 무엇이 다른가

1   Hit Refresh Satya Nadella, Greg Shaw, and Jill Tracie Nichols. Hit Refresh. Harper Business, 2017.

2   "Perks: Surf's Up at Patagonia," Bloomberg, August 31, 2011, bloomberg.com/news/photo-essays/2011-08-31/perks-surf-s-up-at-patagonia.

3   Alaina McConnell. "Zappos' Outrageous Record for the Longest Customer Service Phone Call Ever," Business Insider, December 20, 2012, businessinsider.com/zappos-longest-customer-service-call-2012-12.

4   Marc Andreessen and Balaji Srinivasan, "Startups and Pendulum Swings Through Ideas, Time, Fame, and Money," a16z Podcast, podcast audio, May 30, 2016, future.com/podcasts/startup-technology-innovation.

5   Personal interviews with Andrew Kimball, October 20, 2020, January 21, 2021, and July 26, 2021.

6   Elizabeth A. Canning, Mary C. Murphy, Katherine T. U. Emerson,

Jennifer A. Chatman, Carol S. Dweck, and Laura J. Kray. "Cultures of genius at work: Organizational mindsets predict cultural norms, trust, and commitment." Personality and Social Psychology Bulletin 46, no. 4 (2020): 626–642.

7   Personal interview with Gino Barbaro, January 18, 2021.
     Personal interviews with Gino Barbaro and Jake Stenziano, November 22, 2021, and December 13, 2021.

8   See "Policies & Practices: Purpose, Values & Principles," Procter & Gamble, us.pg.com/policies-and-practices/purpose-values-and-principles.

9   Peter Cappelli and Anna Tavis. "The Performance Management Revolution." Harvard Business Review 94, no. 10 (2016): 58–67.

10   Personal interview with Dona Sarkar, January 25, 2021.

11   "Microsoft Inclusion Journey: Work in Progress," Microsoft, microsoft.com/en-us/inclusion-journey.

12   Personal interview with Jeff Schwartzman, February 11, 2021.

13   "Learning and Development," Telenor, telenor.com/career/culture/learning-and-development.

14   "New World Record: Telenor Employees Write E-learning History," GlobeNewswire, November 11, 2021, globenewswire.com/en/news-release/2021/11/11/2332231/0/en/New-world-record-Telenor-employees-write-e-learning-history.html.

15   "Engage and Inspire on Employee Appreciation Day," New York Life, newyorklife.com/newsroom/people-employee-appreciation-day.

16   Personal communications with Mark Scozzafava, December 12, 2022. The surveys were administered in 2020.

17   Sabine Sonnentag and Barbara M. Kleine. "Deliberate practice at work: A study with insurance agents." Journal of Occupational and Organizational Psychology 73, no. 1 (2000): 87–102.

18   "Deloitte Ventures," Deloitte, deloitte.com/uk/en/pages/innovation/

solutions/ventures .html.

19 Gary James. "Coats Thrives Through Innovation, Sustainability," BedTimes, November 19, 2019, bedtimesmagazine.com/2019/11/coats-thrives-through-innovation-sustainability.

20 Ei Pa Pa Pe-Than, Alexander Nolte, Anna Filippova, Christian Bird, Steve Scallen, and James D. Herbsleb. "Designing corporate hackathons with a purpose: The future of software development." IEEE Software 36, no. 1 (2018): 15–22.

21 Personal communications with Brad Willoughby, November 15, 2022.

22 Personal interviews with Andrew Kimball, October 20, 2020, January 21, 2021, and July 26, 2021.

23 Jason Warnke. "Going Beyond with Extended Reality," Accenture, March 16, 2022, accenture.com/us-en/about/going-beyond-extended-reality.

24 Personal interview with Mahan Tavakoli, January 15, 2021.

25 stereotype threat Claude M. Steele. Whistling Vivaldi: How Stereotypes Affect Us and What We Can Do. W. W. Norton & Company, 2010.

26 Personal interview with Patrick Kann, May 28, 2021. Personal communications with Eugene Baah, October 27, 2022.

27 Mary Ann Azevedo. "Papaya Raises $50M to Give You a Way to Pay Bills via Its Mobile App," TechCrunch, December 15, 2021, techcrunch.com/2021/12/15/papaya-raises-50-million-to-give-you-a-way-to-pay-bills-via-its-mobile-app.

9장 유연한 조직이 살아남는다

1 Personal interview with Razmig Hovaghimian, August 15, 2022.

2 Tom Kelley and David Kelley. Creative Confidence: Unleashing the Creative Potential Within Us All. Currency, 2013.

3 Embrace Global, embraceglobal.org.

4 Personal communications with Sam Goldman and Ned Tozun,

December 8, 2022.

5   Jessica Pothering. "D.light Raises $50 Million in Debt as Investors Warm Up (Again) to Off-Grid Solar," ImpactAlpha, July 25, 2022, impactalpha.com/d-light-raises-50-million-in-debt-as-investors-warm-up-again-to-off-grid-solar.

6   "Our Impact," d.light, dlight.com/social-impact.

7   design thinking or human-centered design—foster learning teams See Maria Orero-Blat, Daniel Palacios-Marqués, and Virginia Simón-Moya. "Team-Based Learning Through Design Thinking Methodology: A Case Study in a Multinational Company." In INTED2020 Proceedings. IATED, 2020: 3712–3719.

8   "History," IDEO, designthinking.ideo.com/history.

9   See Esther Han. "5 Examples of Design Thinking in Business," Harvard Business School Online, February 22, 2022, online.hbs.edu/blog/post/design–thinking-examples.

10   See "Design Thinking," IDEO, ideou.com/pages/design-thinking.

11   "Human-Centered Design Sits at the Intersection of Empathy and Creativity," IDEO, ideo .org/ tools.

12   David L. Paul and Reuben R. McDaniel, Jr. "A field study of the effect of interpersonal trust on virtual collaborative relationship performance." MIS Quarterly 28, no. 2 (2004): 183–227.

13   false consensus bias Brian Mullen, Jennifer L. Atkins, Debbie S. Champion, Cecelia Edwards, Dana Hardy, John E. Story, and Mary Vanderklok. "The false consensus effect: A meta-analysis of 115 hypothesis tests." Journal of Experimental Social Psychology 21, no. 3 (1985): 262–283.

14   Satya Nadella, Greg Shaw, and Jill Tracie Nichols. Hit Refresh. Harper Business, 2017.

15   Kara Platoni. "Baby, It's Cold Outside," Stanford Magazine, January/February 2009, stanfordmag.org/contents/baby-it-s-cold-outside.

16 Jane Chen, Razmig Hovaghimian, Linus Liang, and Rahul Panicker. Team Embrace Final Report. Stanford University. May 9, 2007.

17 For some individuals (such as those with low levels of the hormone DHEAS—dehydroepiandrosterone sulfate), negative situations and moods can feed certain types of creativity, such as individual artistic creativity.

Modupe Akinola and Wendy Berry Mendes. "The dark side of creativity: Biological vulnerability and negative emotions lead to greater artistic creativity." Personality and Social Psychology Bulletin 34, no. 12 (2008): 1677–1686.

Some renowned artists were known to suffer from depression, including Vincent van Gogh, Sylvia Plath, Charles Dickens, Virginia Woolf, Pyotr Ilyich Tchaikovsky, and Frida Kahlo, among others.

Nadra Nittle. "The Link Between Depression and Creativity," Verywell Mind, updated February 20, 2023, verywellmind.com/the-link-between-depression-and-creativity-5094193.

But for collaborative, problem-solving-oriented creativity, a positive mood tends to be beneficial for most people and teams. Yuhyung Shin. "Positive group affect and team creativity: Mediation of team reflexivity and promotion focus." Small Group Research 45, no. 3 (2014): 337–364.

More recent research suggests that in teams, promotion-focused affect—whether positive like happiness or negative like anger—may foster creativity, while prevention-focused affect like tension or fear may reduce it. Kyle J. Emich and Lynne C. Vincent. "Shifting focus: The influence of affective diversity on team creativity." Organizational Behavior and Human Decision Processes 156 (2020): 24–37.

10장 팀워크가 발휘하는 마법

1   Personal interview with Willy Foote, March 25, 2021.

2   See John G. Nicholls. "Achievement motivation: Conceptions of ability,
     subjective experience, task choice, and performance." Psychological
     Review 91, no. 3 (1984): 328–346.
     See also:
     Damon Burton. "Winning isn't everything: Examining the impact
     of performance goals on collegiate swimmers' cognitions and
     performance." The Sport Psychologist 3, no. 2 (1989): 105–132.

3   François Chiocchio, Simon Grenier, Thomas A. O'Neill, Karine Savaria,
     and J. Douglas Willms. "The effects of collaboration on performance:
     A multilevel validation in project teams." International Journal of
     Project Organisation and Management 4, no. 1 (2012): 1–37.

4   Satya Nadella, Greg Shaw, and Jill Tracie Nichols. Hit Refresh. Harper
     Business, 2017.

5   Personal interview with Razmig Hovaghimian, August 15, 2022.

6   Chip Conley. Wisdom at Work: The Making of a Modern Elder.
     Currency, 2018. Personal interview with Chip Conley, December 29,
     2020.

7   Tim Ferriss, "Cindy Eckert—How to Sell Your Company For One Billion
     Dollars (#314)," The Tim Ferriss Show, podcast audio, May 10, 2018,
     tim.blog/2018/05/10/cindy -whitehead.

8   Ethan S. Bernstein. "The transparency paradox: A role for privacy
     in organizational learning and operational control." Administrative
     Science Quarterly 57, no. 2 (2012): 181–216.

9   Personal interview with Jenny Radenberg, February 11, 2021.

10   Avery Koop. "Ranked: The World's 20 Biggest Hedge Funds," Visual
     Capitalist, December 7, 2022, visualcapitalist.com/worlds-20-biggest-
     hedge-funds-2022.

11   Ray Dalio. Principles. Simon & Schuster, 2018.

12   Richard Feloni. "Employees at the World's Biggest Hedge Fund
     Spend a Couple Hours Every Week Studying Each Other's Meetings,"

Business Insider, August 30, 2016, businessinsider.com/bridgewater-associates-management-principles-training–2016-8.

13 Ray Dalio, "How to build a company where the best ideas win," TED Talk, April 24, 2017, ted.com/talks/ray_dalio_how_to_build_a_company_where_the_best_ideas_win.

14 Amy C. Edmondson. The Fearless Organization: Creating Psychological Safety in the Workplace for Learning, Innovation, and Growth. John Wiley & Sons, 2018.

15 Amy C. Edmondson. "Learning from mistakes is easier said than done: Group and organizational influences on the detection and correction of human error." Journal of Applied Behavioral Science 32, no. 1 (1996): 5–28.

16 Amy Edmondson. "Psychological safety and learning behavior in work teams." Administrative Science Quarterly 44, no. 2 (1999): 350–383.

17 Henrik Bresman and Amy C. Edmondson. "Exploring the relationship between team diversity, psychological safety and team performance: Evidence from pharmaceutical drug development." No. 22-055. Harvard Business School Working Paper, 2022.

18 inquiry Ibid.

19 Connect David L. Bradford and Carole Robin. Connect: Building Exceptional Relationships with Family, Friends, and Colleagues. Currency, 2021.

20 Nathan Collins. "Pathways," Stanford Medicine Magazine, August 21, 2017, stanmed.stanford.edu/carla-shatz-vision-brain.

11장 성장을 위한 리더십

1 Personal interview with Mike Stevenson, January 14, 2021.

2 See Stephen M. R. Covey. Trust and Inspire: How Truly Great Leaders Unleash Greatness in Others. Simon & Schuster, 2022.
See also:

Mahan Tavakoli, "168 How Truly Great Leaders Unleash Greatness in Others with Stephen M. R. Covey | Partnering Leadership Global Thought Leader," Partnering Leadership, podcast audio, June 16, 2022, www.partneringleadership.com/how-truly-great-leaders-unleash-greatness-in-others-with-stephen-m-r-covey-partnering-leadership-global-thought-leader.

3   See Daniel A. Wren and Arthur G. Bedeian. The Evolution of Management Thought. 8th ed. John Wiley & Sons, 2020.

4   Warren Bennis. Managing People Is Like Herding Cats: Warren Bennis on Leadership. Executive Excellence Pub, 1997.

5   Personal interview with David Tashjian, January 12, 2022.
     See also:
     Sophia Kristjansson and David Tashjian. "Case study: Transparency and candor and a growth mindset." People & Strategy 39, no. 4 (2016): 26.

6   Jim Harter and Amy Adkins. "Employees Want a Lot More From Their Managers," Gallup, April 8, 2015, gallup.com/workplace/236570/employees-lot-managers.aspx.
     State of the Global Workplace: 2022 Report. Gallup, 2022, gallup.com/workplace/349484/state-of-the-global-workplace-2022-report.aspx.

7   Sandro Formica and Fabiola Sfodera. "The Great Resignation and Quiet Quitting paradigm shifts: An overview of current situation and future research directions." Journal of Hospitality Marketing & Management 31, no. 8 (2022): 899–907.

8   Personal interview with Francesca Lenci, August 10, 2022.

9   Personal communications with Francesca Lenci, December 12, 2022.

10   See Ellyn Shook and Christie Smith. From Always Connected to Omni-Connected. Accenture, 2022.

11   Geoffrey L. Cohen. Belonging: The Science of Creating Connection and Bridging Divides. W. W. Norton & Company, 2022.

12 Personal interviews with Ian MacGregor, March 11, 2021, and April 28, 2022.

13 Personal interview with Meirav Oren, April 16, 2021.

14 Carol S. Dweck. "From needs to goals and representations: Foundations for a unified theory of motivation, personality, and development." Psychological Review 124, no. 6 (2017): 689–719.

15 Rich Lesser, 2021, linkedin.com/posts/richlesserbcg_ twominutesontuesday-growthmindset-activity–677255995676 9067008-3aLS.

12장 뛰어난 리더는 뛰어난 학습자다

1 Personal interviews with Ian MacGregor, March 11, 2021, and April 28, 2022.

2 after-action reviews, a practice borrowed John E. Morrison and Larry L. Meliza. Foundations of the after action review process. Institute for Defense Analyses, Alexandria, VA, 1999.
Nathanael L. Keiser and Winfred Arthur, Jr. "A meta-analysis of the effectiveness of the after-action review (or debrief) and factors that influence its effectiveness." Journal of Applied Psychology 106, no. 7 (2021): 1007–1032.

3 Personal interviews with Ashley Good, January 5, 2021, and February 8, 2021.

4 Personal interview with Tomer Cohen, July 16, 2021.

5 Personal interviews with Douglas Franco, April 12, 2021, and November 2, 2022.

6 Reed Hastings and Erin Meyer. No Rules Rules: Netflix and the Culture of Reinvention. Penguin, 2020.

7 Adam Grant. Think Again: The Power of Knowing What You Don't Know. Viking, 2021.

8 Personal interview with Julia Barbaro and Gino Barbaro, February 4,

2021.

9   Francis J. Flynn and Chelsea R. Lide. "Communication miscalibration: The price leaders pay for not sharing enough." Academy of Management Journal (2022).

10   Elliot Aronson, Ben Willerman, and Joanne Floyd. "The effect of a pratfall on increasing interpersonal attractiveness." Psychonomic Science 4, no. 6 (1966): 227–228.

11   Personal interview with Mahan Tavakoli, January 15, 2021.

12   Personal interview with Meirav Oren, April 16, 2021.

13   Personal interview with Ajay Kapur, January 29, 2021.

14   Personal interview with Francesca Lenci, August 10, 2022.

13장 이제부터 성과의 시간이다

1   Personal interview with "Anjali," February 2, 2022. Anjali's and Salma's real names have been altered to protect anonymity.

2   John Wooden and Steve Jamison. Wooden: A Lifetime of Observations and Reflections On and Off the Court. McGraw Hill, 1997.

3   K. Anders Ericsson, Michael J. Prietula, and Edward T. Cokely. "The Making of an Expert," Harvard Business Review, July–August 2007 Issue, hbr.org/2007/07/the-making-of-an-expert.

4   See Atul Gawande. The Checklist Manifesto. Metropolitan Books, 2009.

5   Kaitlyn E. May and Anastasia D. Elder. "Efficient, helpful, or distracting? A literature review of media multitasking in relation to academic performance." International Journal of Educational Technology in Higher Education 15, no. 1 (2018): 1–17.

6   Cal Newport. Deep Work: Rules for Focused Success in a Distracted World. Grand Central Publishing, 2016.

7   Dan Ariely, Uri Gneezy, George Loewenstein, and Nina Mazar. "Large stakes and big mistakes." Review of Economic Studies 76, no. 2 (2009): 451–469.

Edward L. Deci, Richard Koestner, and Richard M. Ryan. "A meta-analytic review of experiments examining the effects of extrinsic rewards on intrinsic motivation." Psychological Bulletin 125, no. 6 (1999): 627–668.

8 Kou Murayama, Madoka Matsumoto, Keise Izuma, and Kenji Matsumoto. "Neural basis of the undermining effect of monetary reward on intrinsic motivation." Proceedings of the National Academy of Sciences 107, no. 49 (2010): 20911–20916.

9 Neel Doshi and Lindsay McGregor. Primed to Perform. Harper Business, 2015.

10 Bettina Seipp. "Anxiety and academic performance: A meta-analysis of findings." Anxiety Research 4, no. 1 (1991): 27–41.

11 Vera Brandes. Interview by Sabine Krüger. "Wie Keith Jarretts Welterfolg fast ausfiel. 'The Köln Concert,' " WDR 3, January 23, 2015.

12 Tim Harford. Interview by Guy Raz. "Tim Harford: How Can Chaos Lead to Creative Breakthroughs?" NPR. May 10, 2019, npr.org/transcripts/719557642.

13 Charles Waring. " 'The Köln Concert': How Keith Jarrett Defied the Odds to Record His Masterpiece," uDiscover Music, January 24, 2023, udiscovermusic.com/stories/koln-concert-keith-jarrett.

14 The Wall Street Journal when Corinna da Fonseca-Wollheim. "A Jazz Night to Remember," The Wall Street Journal, October 11, 2008, wsj.com/articles/SB122367103134923957.

14장 마침내 역설을 극복하다

1 Personal interview with Mariana Costa Checa and Andrew Kimball, January 21, 2021.

2 Daniela Sarzosa. Analyzing the Social and Economic Returns of Laboratoria's Bootcamp. Laboratoria, April 21, 2021.

3 Jaideep Ghosh. " 'Holy curiosity of inquiry': An investigation

into curiosity and work performance of employees." European Management Journal (2022).

4   See Chuanxiuyue He and Mary Hegarty. "How anxiety and growth mindset are linked to navigation ability: Impacts of exploration and GPS use." Journal of Environmental Psychology 71 (2020): 101475.

5   Hanwei Wang and Jie Li. "How trait curiosity influences psychological well-being and emotional exhaustion: The mediating role of personal initiative." Personality and Individual Differences 75, no. 3 (2015): 135–140.

6   Todd B. Kashdan and John E. Roberts. "Trait and state curiosity in the genesis of intimacy: Differentiation from related constructs." Journal of Social and Clinical Psychology 23, no. 6 (2004): 792–816.

7   Xu Jiang, Christian E. Mueller, and Netanel Paley. "A systematic review of growth mindset interventions targeting youth social–emotional outcomes." School Psychology Review (2022): 1–22.

8   David S. Yeager and Carol S. Dweck. "Mindsets that promote resilience: When students believe that personal characteristics can be developed." Educational Psychologist 47, no. 4 (2012): 302–314.

9   Todd B. Kashdan, C. Nathan DeWall, Richard S. Pond, Paul J. Silvia, Nathaniel M. Lambert, Frank D. Fincham, Antonina A. Savostyanova, and Peggy S. Keller. "Curiosity protects against interpersonal aggression: Cross-sectional, daily process, and behavioral evidence." Journal of Personality 81, no. 1 (2013): 87–102.

10   Céline Darnon, Dominique Muller, Sheree M. Schrager, Nelly Pannuzzo, and Fabrizio Butera. "Mastery and performance goals predict epistemic and relational conflict regulation." Journal of Educational Psychology 98, no. 4 (2006): 766–776.

11   David S. Yeager, Kali H. Trzesniewski, Kirsi Tirri, Petri Nokelainen, and Carol S. Dweck. "Adolescents' implicit theories predict desire for vengeance after peer conflicts: Correlational and experimental

evidence." Developmental Psychology 47, no. 4 (2011): 1090–1107.

12   Karina Schumann, Jamil Zaki, and Carol S. Dweck. "Addressing the empathy deficit: Beliefs about the malleability of empathy predict effortful responses when empathy is challenging." Journal of Personality and Social Psychology 107, no. 3 (2014): 475–493.

13   Shahnaz Siganporia. "Into the Lives of Nobel Prize–Winning Economists Abhijit Banerjee and Esther Duflo," Vogue India, March 5, 2020, vogue.in/magazine-story/into-the-lives-of-nobel-prize-winning-economists-abhijit-banerjee-and-esther-duflo.

14   Esther Duflo, "Social experiments to fight poverty," TED Talk, February 12, 2010, ted.com/talks/esther_duflo_social_experiments_to_fight_poverty.

15   "Research to Help the World's Poor," The Nobel Foundation, nobelprize.org/prizes/economic-sciences/2019/popular-information.

16   Ibid.

17   Personal interview with Tiy Goddard, July 19, 2021.

18   James Fishkin, Alice Siu, Larry Diamond, and Norman Bradburn. "Is deliberation an antidote to extreme partisan polarization? Reflections on 'America in One Room.' " American Political Science Review 115, no. 4 (2021): 1464–1481.

19   Personal communications with Larry Diamond, March 20, 2023.

20   Jonathan Haidt. The Righteous Mind: Why Good People Are Divided by Politics and Religion. Pantheon, 2012.

맺는말: 학습은 계속된다

1   Walter Isaacson. Leonardo da Vinci. Simon & Schuster, 2017.

2   Michael A. Conway. "Beyond sight: The artist and mystic intuition." The Furrow 65, no. 12 (2014): 592–599.